KB181518

일본 전후 정치사

일본 민주주의의 보수적 기원과 전개

SENGO SEIJI SHI, new edition
by Masumi Ishikawa

Originally published in Japanese in by Iwanami Shoten, Publishers, Tokyo.
This Korean language edition Published in 2006
by Humanitas Publishing Co., Seoul
by arrangement with the author c/o Iwanami Shoten, Publishers, Tokyo.

커리큘럼 현대사 02

일본 전후정치사

일본 민주주의의 보수적 기원과 전개

초판 1쇄 | 2006년 3월 8일
개정판 1쇄 | 2006년 9월 7일
개정판 3쇄 | 2015년 11월 2일

지은이 | 이시카와 마스미
옮긴이 | 박정진

펴낸이 | 정민용
편집장 | 안중철
편　집 | 윤상훈, 이진실, 최미정, 장윤미(영업)
기획위원 | 박상훈

펴낸 곳 | 후마니타스(주)
등록 | 2002년 2월 19일 제300-2003-108호
주소 | 서울 마포구 양화로 6길 19(서교동) 3층
전화 | 편집_02.739.9929/9930 영업_02.722.9960 팩스_0505.333.9960

홈페이지 | www.humanitasbook.co.kr
페이스북 | facebook.com/humanitasbook
트위터 | @humanitasbook
블로그 | humanitasbook.tistory.com
이메일 | humanitasbooks@gmail.com

인쇄 | 천일_031.955.8100 제본 | 일진_031.908.1407

값 15,000원

ISBN 89-90106-24-9 04300
89-90106-14-1 (세트)

* 1판 1쇄본은 개정판으로 바꿔 드립니다.

일본 전후 정치사

일본 민주주의의 보수적 기원과 전개

이시카와 마스미 지음
박정진 옮김

후마니타스

차례

제3부 보수 정치의 확대

제4부 전환기에 선 일본 정치

『일본 전후정치사』가 출간된 이후 『황해문화』(2006년 여름호)에 이 책의 오류를 지적하는 서평이 게재되었다. 원고를 재검토한 결과 실제로 일본 인명 및 고유명사의 표기상 오류와 오역이 상당수 발견되어 1판 1쇄를 회수하고 오류를 수정하여 개정판을 출간하게 되었다.
이 과정에서 성공회대학교 권혁태 교수가 전문을 감수해 주었으며, 구루메(久留米) 대학의 야마다 료스케(山田良介) 선생이 인명 표기를 검토했다. 또한 서평을 통해 이 책의 오류를 처음 지적해 준 한신대학교 하종문 교수도 수정 의견을 보내주었다. 애초에 그의 문제제기가 없었다면 오류는 수정되지 못했을 것이다. 마지막으로 후마니타스는 『일본 전후정치사』의 개정 작업을 통해 출판의 '사회적 책임'에 대한 교훈을 얻었을 뿐 아니라, '사회적 교정 기능'을 확인할 수 있었음을 밝힌다.

일러두기

1. 이 책은 石川眞澄, 『戰後政治史(新版)』(岩波新書, 2004)를 완역한 것이다.
2. 한글 전용을 원칙으로 했다. 고유명사의 우리말 표기는 국립국어원의 외래어 표기법을 따랐다. 그러나 관행적으로 굳어진 경우에는 이를 따랐으며, 필요한 경우 괄호 안에 한자나 원어를 병기했다. 단, 본문 중의 인명(人名)은 가독성을 고려하여 한자나 원어를 병기하지 않고 책의 뒷부분에 인명색인과 함께 밝혔다.
3. 저자 주와 역자 주는 괄호 안에 배치했으며 역자 주는 '역자 주'임을 표기했다. 단, 별도의 설명이 필요한 역자 주는 본문 중에 박스형식으로 밝혀 주었다.
4. 독자의 이해를 위해, 번역본에서는 본문을 총 4부로 나누었으며, 각 부가 시작될 때마다 연표를 첨부했다. 또한, 책의 앞부분에 일본 내각의 조직도를 첨부했다.
5. 일본 각료의 명칭과 관련해서 성(省)의 수장은 ㅇㅇ상, 청(廳)의 수장은 ㅇㅇ장관으로 표기했다(일본의 각료에 대해서는 22~24쪽 참조).

이 책은, 일본 현대정치사를 집필하기로 했으나 그 뜻을 이루지 못하고 2004년 11월 사망한 나카무라 후쿠지(中村福治) 교수의 소망에 따라 기획되었다. 나카무라 교수는 일본 리츠메이칸대학 교수로 재직하면서 한국의 비판적 연구자들과 인간적 깊이를 갖고 교류하였으며, 후마니타스에 남다른 애정을 보여 주었다. 참고로 이 책은 일본 규슈대학 이즈미 가오루(出水薫) 교수 등 한국을 연구하는 일본의 소장 정치학자들의 추천으로 출간하게 되었다.

- 편집자 주

역자 서문

저자 이시카와 마스미는 '전후정치사'를 가능한 "논(論)하지 않겠다"고 했다. 일본 정치를 간략·적확하게 기록하는 것에 의의를 두겠다는 것이다. 이 책은, 짧은 분량에도 불구하고, 일본 정치사에서 기억해야 할 수많은 사건과 인물 및 그들의 언행을 거의 빠짐없이 재현하는 데 성공한 것으로 평가받고 있다. 일본 정치사를 압축적으로 정리하는 데 가장 큰 수고는 아마 '선별'하는 것이었을 테고, 그 가운데서도 버리는 작업이 더욱 중요했을 것이다. 저자에게 이러한 작업의 기준은 '현장감'이었다. 이는 그의 이력과도 관련이 있다. 저자는 스스로 이 책이 '정치 기자가 쓴 일본 전후정치사'의 성격을 가진다고 했다. 저자의 삶은 전후 일본 정치사와 거의 일체화되어 있지만, 그의 업은 이를 밀착해서 관찰하고 정확히 전달하는 것이었다. 실제로 그는 사실 확인에 엄밀한 것으로 알려져 있고, 특히 숫자에 정통한 정치기자로 정평이 나 있다. 이 책의 부록으로 실린 자료는 습관적으로 첨부된 것이 아니라, 다른 저작(『데이터 전후정치사』[1], 『전후정치사』(구판)[2], 『추락하는 정치』[3], 『지금, 정당은 무엇인가』[4] 등)에서 언급해 왔던 자신의 논의를 수치화하여 종합한 것이다.

저자의 다른 저작들에 비한다면, 『일본 전후정치사』는 예외적이기도 하다. 저자 특유의 해석이 극도로 억제되어 있는 대신, 풍부한 사례들을 가장 많이 담

1】『データ戦後政治史』(東京: 岩波新書, 1984).

2】『戰後政治史(舊版)』(東京: 岩波新書, 1995).

3】『落ちてゆく政治』(東京: 岩波ブックレット, 1998).

4】『いま, 政黨は何か』(東京: 岩波書店, 1999).

고 있기 때문이다. 이시카와가 "사(史)에 충실"하고자 한 것은, 자신의 논리를 앞세우기보다 독자 스스로 생각하도록 하겠다는 의도일 것이다. 물론 사례의 선별 과정에서 주관이 개입되는 것은 피할 수 없다. 하지만 간혹 자신의 경험을 절대화하기도 하는 정치인들의 기록과는 분명한 차이가 있다. 마치 해설 기사처럼 읽히기도 하는 저자의 기술 방식은 일면 사전과 역사책의 경계에 있는 것처럼 보이기도 한다. 짧고 명료하지만 사실의 나열로만 그치지는 않는다. 이 때문에 일본 정치를 대상으로 한 기존의 학술서와는 다른 차원의 읽을거리를 제공해 주기도 한다. 이 책이 일본의 독자들, 특히 식자층에서 널리 읽히는 이유는 여기에 있다. 베테랑 정치 기자로서의 능력일지도 모르겠다. 물론 이는 단점이 될 수도 있다. 적어도 일본 정치에 낯선 한국의 독자들에게는 '불친절함'으로 비춰질 수 있기 때문이다. 이 책의 진면목에 좀 더 접근하기 위해서는, 저자의 일본 정치 '론'에 대한 사족이 필요할 것 같다.

이시카와는 일본 정치를 표현하는 몇 가지 독창적인 조어들을 만들어 왔다. 먼저, 가장 잘 알려진 그의 '토건국가'(土建國家)론을 보자. 1983년에 집필한 논문("'토건국가' 일본 : 정권재생산 시스템의 안정과 동요")[5]에서, 그는 흔히 이익 배분 정치로 알려진 일본 정치의 요체를 "세금이라는 형태로 모인 중앙의 자금을 얼마만큼 지역(주민)에 배분할 것인가에 있다"고 일괄하고 있다. 저자는 여기서 자민당의 집표를 받쳐 주는 장치로서 '공공사업'을 지적했다. 거액이 이동하기 때문이다. 지역의 농민들은 도로나 다리처럼 '만들어진 것'을 수혜하거나, '만드는 것'에 직접 참여함으로써 소득을 획득하게 된다. 그리고 이에 대한 사례로 기꺼이 여당의원들의 집표 기계가 된다. 여기서 등장하는 '토건국가'라는 표현은, 공공사업을 매개로 한 자민당 정권의 재생산 시스템이 일본을 기형화시키고 있는 현실

5】"'土建國家' ニッポン一政權再生産システムの安定と動搖", 『世界』, 1983年 8月.

을 비유한 것이다. 저자는 여기서 멈추지 않고 공공사업의 배분 상황을 실제 수치로 환산하고자 했다. 나아가 '중앙의 돈을 가져다주는 여당의 선생'에 대한 지역민들의 신뢰가 점차 허구가 되어갈 것임을 간파하고 있다. 토건국가는 형성과 더불어 이미 '동요'하고 있다는 것이다.

이시카와의 이러한 견해는 곧 선거제도에 대한 문제의식으로 확대되었다. 저자는 일본의 정치개혁과 관련해 독자적인 논진(論陣)을 펼쳤던 것으로도 유명하다. 1990년 가이후 내각이 '불퇴진의 결의'로 소선구제 도입을 추진했을 당시, 『아사히신문』(朝日新聞) 정치 담당 편집위원이었던 저자는 이에 대해 절대 반대론으로 일관했다. 여론도 정치개혁이라는 미명하에 소선구제의 도입을 대세로 여기고 있었기 때문에, 당시 그의 주장은 거의 '고립무원'에 가까웠던 것으로 알려져 있다. 하지만 그에게 가장 중요한 과제는 "정책의 내용이 아니라, 금전으로 환산할 수 있는 이익을 누구에게 얼마만큼 가져다주는가가 선택의 기준"이 되어온 일본의 선거를 정상으로 회복하는 일이었다. 그런 그에게 선택의 범위를 제한하는 소선구제는 의미 있는 대안일 수 없었다. 그는 소선구제가 사표를 대량으로 양산해 민의를 왜곡시킬 우려가 있다고 주장했다. 그리고 이 때문에 적은 득표수로도 자민당의 정권 재생산을 지속시키는 효과를 발휘할 것이라고 경고했다. 『일본 전후정치사』에 일본의 선거구제와 정수의 변화, 그리고 의석수들이 빠짐없이 기록되어 있는 것은, 저자의 이러한 신념과 무관하지 않다.

일본 정치에 대한 비판적 시각은 다른 각도에서도 나타난다. 사실 이시카와의 관심은 줄곧 야당을 향해 있었다. 이 점은 그가 전후 일본 정치의 상징어 격인 '55년 체제'를 '1과 1/2정당 체제'라고 굳이 바꾸어 부르는 데서 확인할 수 있다. 전후 일본 정치는 보수와 혁신의 대결 속에 이루어진 것이 사실이지만, 한 번도 양당제가 실현되지 않았다는 점을 상기시키고 있는 것이다. 왜 보수와 혁신의 관계가 '1과 1/2'이라는 비율로 유지되어 왔나? 바꾸어 말하면, 왜 혁신계는 이 반쪽짜리 세력 기반에 안주해 왔나? 그의 또 다른 저서(『자민당』[6])에 의하면, 보수집권당, 즉 자민당의 장기 집권을 지탱해 준 것은 오히려 야당이었다. 여기서 문제가 되는 야당은 사회당이다. 그에 따르면, 사회당은 자민당의 '지나침'을 견제하는 정도로 국민들에게 인정받아 당세를 확장했고, 그에 걸맞는 크기로밖에 성장하지 못했다. 따라서 저자는 비(非)자민 정권의 등장을 55년 체제의 붕괴가 아닌 보수 정치의 확대라는 차원에서 논의를 전개한다. 여기에는 현실을 잘못 인식하고 가능성을 저버린 사회당에 대한 호된 질책이 담겨 있다.

사회당을 비롯한 야당 세력에 대한 그의 비판은 단순한 관전평에 그치지는 않았다. 그의 장례식 때는 일본의 유력 야당 정치인들이 빠짐없이 참석했다. 당시 도이 다카코 전 사민당 당수는 고인에 대해 '나의 호헌론을 호되게 질책하면서도 따뜻하게 격려해 주었다'라고 했다. 간 나오토 전 민주당 대표는 젊은 시절 그의 집에서 논쟁으로 밤을 새웠던 일화를 전하기도 했다. 저자가 생전에 가장 문제시한 것은 사실 자기 혁신에 실패한 혁신계이다. 전후 최초로 비자민 연립 정권이 형성될 즈음에 집필된 그의 논문[7]에서는, 그 기원을 1958년 5월의 총선거에서 찾고 있다. 사회당 사상 최고의 득표율을 기록했을 때이다. 하지만 당시 사회당은 불가능에 가까웠던 정권 교체를 내걸고 있었고, 좌절은 곧 패배주의로 연결되었다. 그는 이를 현실에 부합하지 않은 "정서적 슬로건과 실제적 목표의 혼란"에서 기인한 것으로 보았다. 사회당은 그 뒤로도 총선 결과에 대해 '패배선언'을 반복했다. 특히 1960년대 에다 사부로의 당 구조 개혁론이 파벌논쟁으로 귀결된 것에 대해, 저자는 "자생적인 정책전환의 맹아를 좌익 교조주의가 짓눌러 버렸다"며 맹렬히 비판했다. 사회당의 노선 전환이 지체되는 과정은 『일본 전후정치사』에서도 확인이 가능하다. 애써 숨길 수 없을 만큼 저자의 정

6] 石川眞澄 · 廣瀨道貞, 『自民黨』(岩波書店, 1987).
7] "自己變革できなかった戰術確信", 『世界』, 1992年 11月.

치적 신념이 배어 있는 부분이기 때문이다. 그래서 그는 사회민주주의론자로 분류되기도 한다.

한편, 한반도 문제에 대한 이시카와의 인식은 어떠했을까. 『일본 전후정치사』에서는 한국전쟁, 한일 국교 정상화 등을 거론하고 있다. 여기서는 대체로 일본 내 혁신계 지식인들의 입장을 계승하고 있다는 점이 확인된다. 하지만 그의 정치론과 한반도 문제와의 접점이 쉽게 발견되지는 않는다. 이는 저자의 관심이 부족해서라기보다, 전후 일본 정치에서 한반도 문제가 차지하는 폭을 드러내는 것이라고 할 수 있다. 아쉽지만, 한반도 문제에 대한 저자의 입장은 그의 또 다른 이력 속에서 유추할 수밖에 없다. 1999년 12월 도쿄에서 시민단체 '바우 넷 재팬'(VAWW-NET ジャパン)이 위안부 문제와 관련 '여성국제전범법정'을 개최해 천황에게 유죄판결을 내린 일이 있다. 우익들로부터 격렬한 지탄을 받고 있었지만, '일본 저널리스트 회의'에서는 그들에게 특별상을 수여했다. 당시 '일본 저널리스트 회의'의 대표는 다름 아닌 이시카와였다. 현재 일본에서는 소위 '납치문제'를 계기로 북한 네거티브 운동이 한창이다. 그 위력은 때때로 냉전시대 한국의 반공론을 능가하기도 한다. 이에 대해 정면으로 문제 제기를 하고 있는 시민단체는 '일조 국교 정상화 촉진 국민운동협회'가 유일하다. 타계 직전까지 이시카와는 이 협회의 이사로 있었다.

전후 일본 정치를 관통하는 문제는 소위 '55년 체제'를 어떻게 볼 것인가에 있을 것이다. 이시카와는 이것의 형성 및 유지 과정을 필연적인 것으로 보지 않았다. 자민당 중심의 보수 정치에서 균열을 보고자 했고, 이를 정치적 힘으로 외화시키지 못한 혁신계를 질타하고 있다. 이는 저자 스스로의 자기반성일지도 모르겠다. 돌이켜 보면, 자민당 결성의 정신은 평화헌법의 개정이었다. 사회당을 비롯한 혁신계는 자민당의 '절반' 정도의 힘으로 이를 저지해 왔다. 하지만 이 55년 체제의 붕괴는 자민당 장기 집권의 종식으로, 또는 혁신계의 정권 교체로 귀결되지 않았다. 55년 체제의 붕괴로 평화헌법의 개정은 자연스러운 정치 일정에 올라와 있지만, 이것이 어떠한 과정과 형태로 진행될 것인가에 대해서도 여전히 미지수이다. 1990년대 후반부터 현재에 이르기까지, 일본 정치는 전환기 속에 있는 것이다. 이에 대한 집필은 야마구치 지로에게 맡겨졌다. 그는 '고이즈미 붐'의 발생과 종식이라는 현상과 연동시켜 향후 일본 정치의 과제를 제시하고 있다. 물론 전환기 일본 정치가 어떠한 국가 노선을 결정할 것인가의 문제는 여전히 진행 중이다. 따라서 『일본 전후정치사』에서도 이 부분은 공백으로 남아 있다.

최근 고이즈미 준이치로 총리가 '우정 사업 민영화'라는 슬로건으로 총선에서 전례 없는 압승을 거두었다. 공동 저자 야마구치는 이를 자신의 블로그(http://www.yamaguchijiro.com)에서 "파시즘 일보 직전의 일본"으로 묘사했다. 평화국가 노선에 대해 희망을 갖고 있는 저자들의 입장에서 고이즈미 붐의 재현은 반가운 현상이 아닌 듯하다. 하지만 이에 대한 판단은 독자들의 몫이라고 본다. 서두에서 밝힌 대로 『일본 전후정치사』에서 저자들이 의도하는 바는 자신들의 결론을 강요하는 데 있지 않기 때문이다. 이 책을 번역하는 과정에서도 저자들의 의도를 훼손하지 않도록 하는 것에 주안점을 두었다. 책 속에 등장하는 많은 사례들은 대부분 일본 정치의 키워드라고 할 수 있다. 따라서 이에 대한 의역은 피하고자 했다. 저자가 구사한 용어들도 가능한 있는 그대로 표기했다. 한국 독자들에게는 익숙하지 않을 수 있지만, 한국어로 대체할 수 없는 역사성이 담겨 있다고 판단했기 때문이다. 대신 지나치게 간명하게 보이거나, 또는 비약으로 느껴질 수 있는 부분에 대해서는 역자 주를 추가했다. 전체적으로 약간 벅차 보이는 31개의 장도 총 4부로 재구성했다. 그럼에도 불구하고 이 책은 독자들의 기대를 충족시켜줄 만한 '손쉬운' 입문서는 아닐지 모르겠다. 그러나 이것이 곧 약점이 되는 것은 아니라고 생각한다. 우리가 보통 대략적인 정보를 취한 뒤 접고

마는 정치사 서적들과 달리, 이 책은 새로운 문제의식을 제시해 준다는 점에서, 그리고 이를 뒷받침해 줄 다양한 역사적 재료들을 담고 있다는 점에서, 일본 정치를 이해하는 데 있어 보다 모범적인 출발이 될 수 있다고 확신한다.

독자들의 성원에 힘입어 『일본 전후정치사』가 새롭게 출판되었다. 감사의 마음과 더불어, 역자로서는 부끄러운 심정을 금할 길 없다. 개정판에 붙여 많은 오류와 오역이 발견되었기 때문이다. 이 점을 깨닫게 되기까지 한신대학교 하종문 교수의 예리하고 정확한 지적이 있었다. 역자로서 원 저자에 대한 송구스러움과, 후학으로서 부족함을 절실하게 느끼게 하는 소중한 가르침이었다. 이에 대해 성공회대학교 권혁태 교수가 몸소 감수에 나서 주었다. 감수에서는 오류에 대한 면밀한 수정만이 아니라, 표기상의 통일, 그리고 보다 읽히기 쉬운 문장으로 거듭나도록 하는 작업에 이르기까지, 시종 세심한 검증과 구체적인 제안이 이루어졌다. 부족한 역자로 인해 권혁태 교수는 새로운 번역에 가까울 정도의 노력과 귀중한 시간을 투여한 셈이다. 여기에 구루메(久留米)대학교의 야마다 료스케(山田良介) 선생으로부터 일본인 인명 표기에 대한 꼼꼼한 재검토도 추가되었다. 결국 『일본 전후정치사』는 이 분들의 애정 어린 질책과 헌신으로 완전히 새롭게 태어났다고 해도 과언이 아니다. 이 자리를 빌어, 보다 완성도 높은 한국어판 『일본 전후정치사』를 위해 애써주신 모든 분들께 고개 숙여 감사의 말씀을 전하는 바이다. 마지막으로 개정판에 있어서도 정민용 대표를 비롯한 후마니타스 관계자분들의 변함없는 성원과 따듯한 배려가 있었다. 일본 전후정치사의 기획은 물론 한국 독자를 위한 편집과 구성상의 아이디어들, 그리고 그 실행은 전적으로 이 분들의 노고에 의한 것임을 밝히고 싶다.

2006년 8월

박정진

한국어판 서문

이 책의 저자 이시카와 마스미 씨가 2004년 7월에 병으로 세상을 떠났기 때문에, 신판의 증보 부분을 집필했던 본인이 대신해서 한국어판 서문을 쓰게 되었다. 이시카와 씨는 오랫동안 『아사히신문』의 정치부 기자로서, 전후정치를 현장에서 관찰해 왔던 저널리스트였다. 특히 사회당을 장기간 담당했기 때문에, 보수와 혁신을 불문하고 많은 정치인들과 친교를 맺어 왔다. 또한 저널리스트로서는 흔치 않게 선거에 관한 실증 분석을 계속해 왔다. 저자는 일본에서 선거연구의 선구자이기도 하다.

이 책의 초판은 1995년, 즉 전후 50년을 기해 간행되었다. 이 책의 목적은, 이시카와 씨가 "시작하며"에서 밝힌 바와 같이, 전후정치를 논하는 것이 아니라, 전후정치를 가능한 정확하게 기록하는 것이다. 이 책은 간행 이래 많은 독자들을 확보해 왔다. 같은 취지의 책들 가운데, 이 책만큼 간명하게 정리된 책이 없었다는 사정도 있었을 것이다. 다만 초판이 출판된 지 10년 가까이 지났기 때문에 그 후 일본정치의 커다란 변화들을 다루기 위해서는, 본인 자신도 독자의 한 사람으로서, 증보 신판의 간행이 필요하다고 생각하고 있었다. 하지만 이시카와 씨는 병상에 있었고, 이 때문에 최근 10년에 관한 원고를 집필할 만한 상태가 아니었다. 따라서 이시카와 씨와 친교를 가져왔던 본인이 가필을 수락하게 되었다. 그러나 이 책의 간행 직전에, 이시카와 씨는 타계하고 말았다. 애석한 마음을 금할 길 없다.

고이즈미 정권이 발족한 이래, 일본정치는 크게 요동하고 있다. 내정과 외교 모두에서 전후정치의 기본 틀이 붕괴하고 있다고도 말할 수 있다. 2005년 9월

11일 총선거에서 자민당은 압승을 거두었다. 소선구제를 강하게 비판해 왔던 이시카와 씨가 생존해 있었더라면, "내가 그토록 경고했건만" 이라고 개탄했을 것이다.

정당이나 정책의 틀이란 유효 시간이 경과하게 되면 붕괴하기 마련이다. 바로 그렇기 때문에, 그러한 틀이 지금까지 어떤 역할을 수행했는지, 그리고 시대나 환경의 변화 속에서 왜 기능 부전에 빠지게 되었는지를 이해하는 것은 매우 중요하다. 이 책은 전후 일본 정치가 지금까지 걸어온 길을 이해하는 데 있어 최상의 교재라고 믿어 의심치 않는다. 한국의 독자들이 이 책을 통해 전후 일본 정치에 대한 이해를 높이게 된다면, 공저자로서 가장 큰 기쁨이다.

마지막으로, 이 책의 번역을 맡아준 박정진 씨의 노고에 진심으로 감사를 전하고자 한다.

2005년 12월

야마구치 지로(山口二郎)

시작하며

이 책은 홋카이도대학의 야마구치 지로 교수가, 1995년 1월에 출판되었던 구판에 그 후 약 10년간의 내용을 보완해 재출판한 것이다. 물론 이 작업은 구판의 저자인 본인의 의무이다. 하지만 필자의 건강이 좋지 않아 이를 수행하지 못할 것이라는 소식을 접한 야마구치 교수는 정확하면서도 매우 빠른 속도로 작업을 대신해 주었다. 무엇보다 이 점에 대해 깊은 감사의 마음을 전하지 않을 수 없다. 말 그대로 '60%의 협기와 40%의 정열'을 지닌 벗의 도움으로 이 저서는 생명을 유지할 수 있었던 것이다.

지금으로부터 60년 전인 1945년 일본이 패전하던 날, 나는 중학교 1학년이었다. 따라서 전후 60년이라는 전 기간은 내가 살아온 날들과 거의 대부분 겹친다. 특히 전후 10년을 보내면서 나는 22세의 청년이 되었다. 이 기간은 개인적으로도 중요한 의미를 가진다.

일본 헌법이 그 중 하나이다. 학교에서는 일본어 대역본으로 된 영문 헌법 전문을 교재로 주었다. 아직 중학생이었음에도 불구하고 우리는 영어로 된 헌법을 배우고 있었던 것이다. 당시에는 신문이나 라디오에서도 일본의 헌법 제정이 미 점령군에 의해 '강제된' 것이라는 사실이 불문시되어 있었고, 교사들도 당연하다는 듯이 "헌법의 원판이 영어이기 때문에 영어로 공부합시다"라고 당당히 말하고 있었다. 이것이야말로 전후 교육의 근본적인 문제점이라고 목청을 높이는 사람들이 있기는 하다. 하지만 이들에게 한마디 말해두고 싶은 것이 있다. 당시에는 일본 정부가 준비한 헌법개정안(마쓰모토 갑, 을 안)[8]도 세상에 이미 알려져 있었다. 그럼에도 불구하고, '강제된' 일본 헌법안이 더 훌륭하다는 사실을 일반 민중들은 굳이 교사들이 가르쳐 주지 않아도 분명히 이해하고 있었다.

대학을 졸업한 후 나는 신문기자가 되었고, '60년 안보투쟁'이 있던 다음 해에 정치부에 소속되었다. 그 후 1996년 3월 본인의 생일을 기해 정년을 맞기까지, 신문사 내에서 약간의 인사이동은 있었지만, 거의 변함 없이 정치부 기자로서 기사를 써왔다.

마루야마 마사오 씨는, 일본 신문사의 정치부란 "엄밀하게 말하자면 정계부(政界部)라고 부르는 것이 맞다"[9]라고 통렬하게 비판한 바 있었다. 나는 이 비판을 언제나 상기하면서 일을 해왔다. 실제로 기자직을 업으로 삼고 있는 이상 정계의 사건들을 아주 세세하게 보고 들을 수 있었던 것은 분명하다. 이 때문에 사실의 단순한 기록을 넘어, 그 사실의 배경이 된 인물들의 심리나 분위기 등을 직감할 수 있었다. 그리고 운 좋게도 젊은 시절부터 노정치가들과 접할 기회가 많았던 탓에 그들에게서 오래된 과거사를 들을 수 있었음은 물론, 본인 스스로 나이가 들면서부터는 젊은 정치가들로부터도 자극을 받을 수 있었다.

이 책의 많은 부분은 '정치 기자가 쓴 일본 전후정치사'의 성격을 가지고 있다. 물론 아무리 정계를 직접 보고 들을 수 있었다 하더라도, 내가 알고 있는 것

8] 이에 대해서는 본문 제3장을 참조할 것-역자 주.

9] 丸山眞男, 『現代政治の思想と行動(上)』(未來社, 1956), 강조는 원문 그대로임. 그 밖에 『丸山眞男集』 大六卷(岩波書店, 1995) 참조.

은 방대한 사실 가운데 미미한 일부에 지나지 않는다. 따라서 이 책을 집필하는 데 있어 수많은 선행 기록과 연구 논문에 의존하지 않을 수 없었다. 이를 수행한 분들의 이름을 일일이 거론할 수는 없지만, 그 분들에게 깊은 존경의 마음을 전하는 바이다.

이 책은 전후 일본 정치를 '논'(論)하는 것을 주된 목적으로 하지 않는다. 이 책은 전후 일본에서 어떠한 일들이 전개되어 왔는가를 압축적으로 기록하는 것에 일차적 의의를 두고 있다. 그렇다고 해서 이 책이 필자인 이시카와와 야마구치의 주관을 완전히 배제한 것은 물론 아니다. 두 집필자의 경험과 의식이 자연스럽게 우러나오는 것 자체를 숨기려는 의도는 없다. 서두에서 본인의 개인사를 소개한 것도 이 때문이다. 다만 오래된 습관 때문에 사실의 기록과 사견의 기록이 뒤섞여 버리는 일이 일어나지 않도록 주의를 기울였고, 가능한 한 사실을 왜곡하지 않도록 노력했다.

야마구치 교수는 나보다 25년 후인 1956년에 태어났고, 대학을 졸업한 후 현재에 이르기까지 20여 년 동안 학문을 연구해 왔다. 그러나 그는 상아탑에 안주하기보다 현실 정치를 세밀하게 관찰해 왔고, 잘 알려진 바와 같이 비판 정신으로 충만한 수많은 논문을 세상에 내 놓았다. 이 점에서 이 책은 필자들의 이력 차이에서 오는 위화감은 전혀 없을 것이라고 확신하며, 야마구치 교수로부터 최적의 그리고 최상의 원고를 받을 수 있었던 것에 진심으로 감사하고 있다.

이 책의 확대·보완을 위해, 구판에 수록되어 있었던 약 20쪽 분량의 "보론: 민의의 궤적"이라는 장을 전부 삭제했고, 그 대신 색인을 첨부했다. 이를 통해 '논'이 아니라 '사'(史)에 보다 충실할 수 있게 되었다고 본다. 이러한 작업을 포함하여 구판에서 신판으로 개정하는 작업은 이와나미 출판사의 사카마키 가쓰미 씨에게 의뢰했다. 사실 이 책의 원형은 20년 전에 출판된 바 있는 『데이터 전후정치사』(이와나미신서)이며, 사카마키 씨에게는 이미 그 때부터 신세를 지고 있다. 한 권의 책을 만들어 내기 위해 편집자 사카마키 씨가 기울였던 노고에 대해서는 그저 부끄러울 따름이다. 이 기회에 그가 힘을 기울여 준 세 권의 책에 대해서도 감사의 마음을 전하고자 한다.

2004년 7월

이시카와 마스미(石川眞澄)

저자 이시카와 마스미 씨는 이 책의 "시작하며"를 집필한 직후인 2004년 7월 16일에 타계했다. 이시카와 씨의 마지막 문장이 된 "시작하며"에는 일본의 전후 민주주의에 대한 그의 열망이 담겨 있어 새삼 마음이 무겁다. 애석하게도 이시카와 씨는 이 책의 출판을 보지 못하고 세상을 떠났다. 다만 고인의 명복을 빌 뿐이다. —야마구치 지로

전후 수상 일람

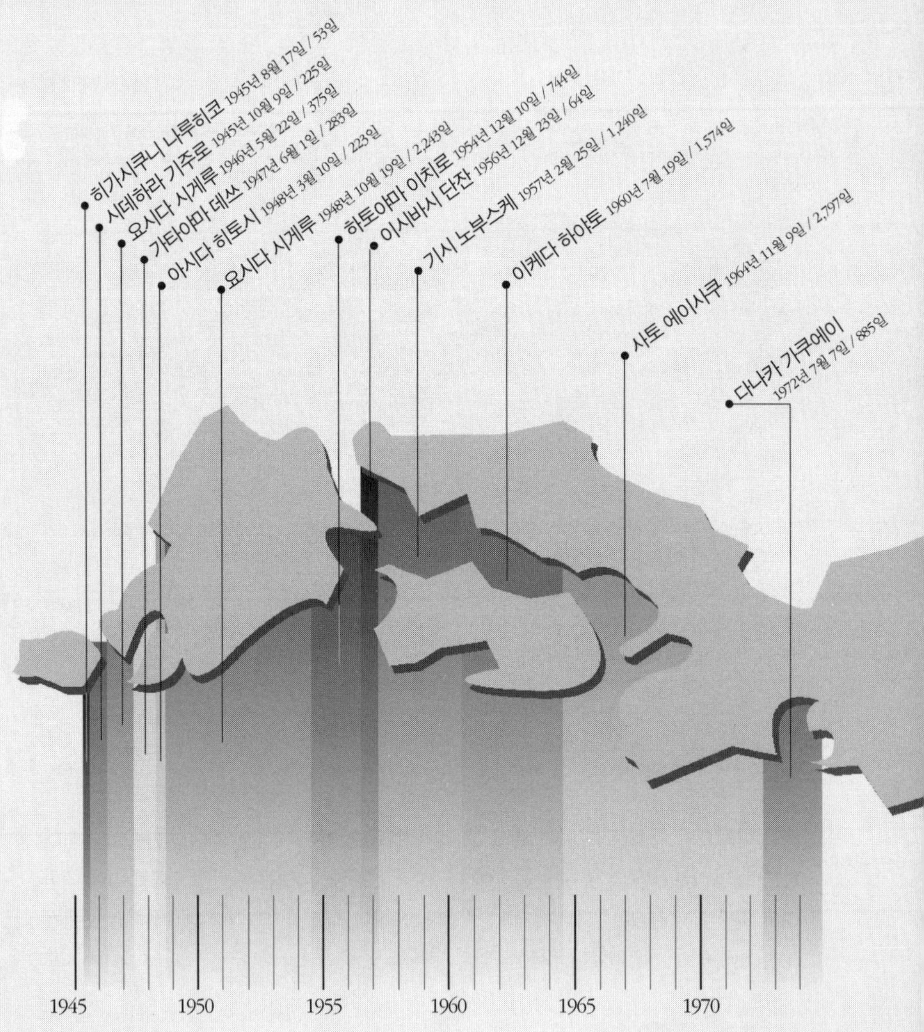

히가시쿠니 나루히코 1945년 8월 17일 / 53일
시데하라 기주로 1945년 10월 9일 / 225일
요시다 시게루 1946년 5월 22일 / 375일
가타야마 데쓰 1947년 6월 1일 / 283일
아시다 히토시 1948년 3월 10일 / 223일
요시다 시게루 1948년 10월 19일 / 2,243일
하토야마 이치로 1954년 12월 10일 / 744일
이시바시 단잔 1956년 12월 23일 / 64일
기시 노부스케 1957년 2월 25일 / 1,240일
이케다 하야토 1960년 7월 19일 / 1,574일
사토 에이사쿠 1964년 11월 9일 / 2,797일
다나카 가쿠에이 1972년 7월 7일 / 885일
1945
1950
1955
1960
1965
1970

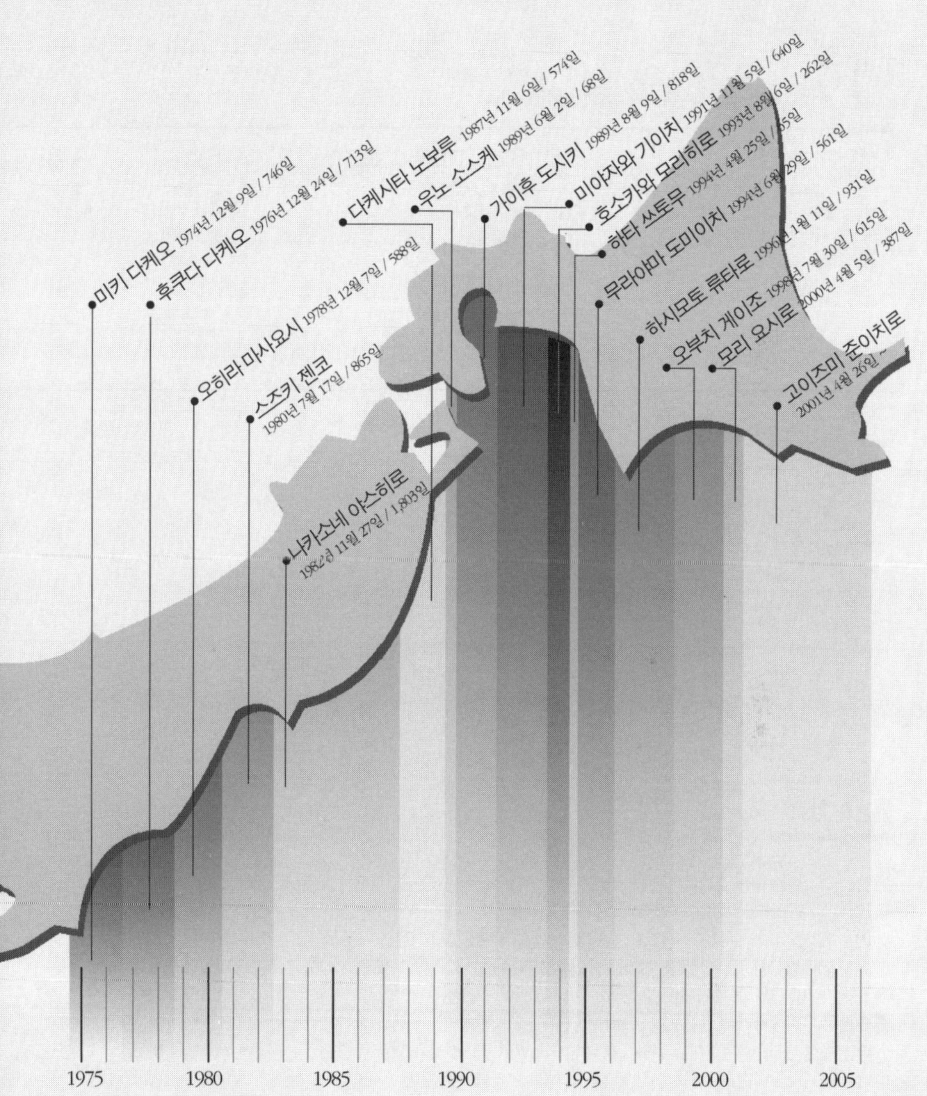

미키 다케오 1974년 12월 9일 / 746일
후쿠다 다케오 1976년 12월 24일 / 713일
오히라 마사요시 1978년 12월 7일 / 588일
스즈키 젠코 1980년 7월 17일 / 865일
나카소네 야스히로 1982년 11월 27일 / 1,803일
다케시타 노보루 1987년 11월 6일 / 574일
우노 소스케 1989년 6월 2일 / 68일
가이후 도시키 1989년 8월 9일 / 818일
미야자와 기이치 1991년 11월 5일 / 640일
호소카와 모리히로 1993년 8월 6일 / 262일
하타 쓰토무 1994년 4월 25일 / 65일
무라야마 도미이치 1994년 6월 29일 / 561일
하시모토 류타로 1996년 1월 11일 / 931일
오부치 게이조 1998년 7월 30일 / 615일
모리 요시로 2000년 4월 5일 / 387일
고이즈미 준이치로 2001년 4월 26일 ~
1975
1980
1985
1990
1995
2000
2005

일본 내각 조직도

1 일본 중앙 성 · 청(내각)의 내부 조직

내각부		국가공안위원회 (경찰청)	방위청
대신관방(大臣官房)	정책통괄관(統括官)	장관관방(長官官房)	장관관방
상훈(賞勳)국		생활안전국	방위국
남녀공동참여 기획국		형사(刑事)국	운용(運用)국
국민생활국		교통국	인사교육국
오키나와진흥국		경비국	관리국
		정보통신국	

재무성	문부과학성		후생노동성		
대신관방	대신관방	국제통괄관	대신관방		정책통괄관
주계(主計)국	생애학습정책국		의정(醫政)국	건강국	
주세(主稅)국	초등중등교육국		의약(醫藥)국	노동기준국	
관세국	고등교육국		취업안정국		
이재(理財)국	과학기술 · 학술정책국		직업능력개발국		
국제국	연구진흥국		고용균등 · 아동가정국		
	연구개발국		사회 · 원호(援護)국	노건(老健)국	
	스포츠 청소년국		보험국	연금국	

일본의 각료

일본의 각료는 통상 총리를 비롯한 각 '성'(省)과 '청'(廳)의 수장을 통칭해서 국무대신(國務大臣)이라고 한다. 일본의 내각법에 의하면, 총리를 제외한 국무대신은 '원칙상' 14인이다. 보통 성의 수장은 OO대신, 또는 OO상으로, 청의 수장은 OO장관으로 불린다. 예를 들어 외무성의 수장은 외무대신 또는 외무상인 반면, 방위청의 수장은 방위청 장관이 된다. 여기서 성이 청보다는 상위 기관이기 때문에, 이러한 호칭은 분명히 구분해서 쓰인다. 예외적으로 내각 전체를 총괄하는 내각 관방의 수장은 관방장관으로 불린다. 이는 총리와의 상하를 구분하기 위해서이다.

다만 특정 성 또는 청이 폐지되거나, 청이 성으로 승격되는 경우가 있어 각 수장의 관직명은 시기별로 다르다. 예를 들면, 평화헌법이 만들어진 후에는 군대가 없어졌기 때문에, 육군상, 해군상, 공군상이라는 직명도

총무성

대신관방
인사·은급(恩給)국
행정관리국
행정평가국
자치행정국
자치재정국
자치세무국
정보통신정책국
종합통신기반국
우정(郵政)기획관리국
통계국
정책통괄관
우정공사통괄관

법무성

대신관방
민사(民事)국
형사국
교정(矯正)국
보호국
인권옹호국
입국관리국

외무성

대신관방
종합외교정책국
아시아대양주국
북미국
중남미국
구주(區州)국
중동아프리카국
경제국
경제협력국
조약(條約)국
국제정보국

농림수산성

대신관방
종합식료국
생산국
경영국
농촌진흥국

경제산업성

대신관방
경제산업정책국
통상정책국
무역경제협력국
산업기술환경국
제조산업국
상무(商務)정보산업국

국토교통성

대신관방
종합정책국
토지·수자원국
도시·지역정비국
국토계획국
하천국
도로국
주택국
철도국
자동차교통국
해사(海事)국
항만국
항공국
홋카이도국
정책통괄관

환경성

대신관방
종합환경정책국
지구환경국
환경관리국
자연환경국

주: 2001년 1월 6일 개편(현재까지 변동 없음)

없어졌다. 한편, 2001년 중앙성청이 재편되는 과정에서 과거의 환경청이 환경성으로 승격되어, 그 이전의 관직명은 환경청 장관이지만 그 이후는 환경대신 또는 환경상이 된다.

한편 '국무상'(國務相)은 내각에서, 특정의 행정 사무를 분담 또는 관리하지 않는 '무임소대신'(無任所大臣), 다시 말해 특정 성이나 관청을 관할하지 않는 국무대신을 말한다. 현재의 경우 대표적으로 관방장관을 국무상으로 부르기도 한다. 이 용어는 업무의 특성을 드러낼 뿐 공식적인 법률 용어는 아니다. 그리고 국무상의 역할과 다른 성 및 청의 수장을 겸임하는 경우도 있고, 시기별로 국무상의 역할 또한 다르기 때문에 주의할 필요가 있다.

일본 내각 조직도

2 일본 중앙 성 · 청(내각)에 속해 있는 특별 기구 및 외국

내각관방(內閣官房)
중앙성청 등
개혁추진본부
내각법제팀
안전보장회의
사법제도개혁심의회
인사원 (人事院)

회계검사원
(내각과는 별도조직)

내각부
경제재정자문회의 (특별회의)
종합과학기술회의 (특별회의)
중앙방재(防災)회의 (특별회의)
남녀공동참여기획회의 (특별회의)
궁내청(宮內廳) (특별회의)
금융청(외국[外局])

국가공안위원회-경찰청
방위청-방위시설청

총무성
공정거래위원회 (외국)
공해등(公害等)조정위원회 (외국)
우정사업청(외국)
소방청 (외국)

법무성
검찰청 (특별기관)
사법시험관리위원회 (외국)
공안심사위원회 (외국)
공안조사청 (외국)

외무성

재무성
조폐국 (특별기관)
인쇄국 (특별기관)
국세청 (외국)

문부과학성
문화청 (외국)

후생노동성
사회보험청 (외국)
중앙노동위원회 (외국)

농림수산성
식량청 (외국)
임야청 (외국)
수산청 (외국)

경제산업성
자원에너지청 (외국)
특허청 (외국)
중소기업청(외국)

국토교통성
국토지리원 (특별기관)
선원(船員)노동위원회 (외국)
기상청 (외국)
해상보안청 (외국)
해난(海難)심판청 (외국)

환경성

주: 2001년 1월 6일 개편(현재까지 변동 없음)

제1부 패전과 정당의 부활

1939
- 제2차 세계대전 1939~1945년

1941
- 태평양 전쟁 1941~1945년 / 하와이 진주만 공격 12월 8일

1942
- 익찬선거 4월 30일

1945
- 어전회의와 포츠담 선언의 수락 8월 10일
- 일본의 항복 선언 8월 15일

패 전

- 히가시쿠니 내각 8월 17일
- 시데하라 내각 10월 9일
- 사상정치범의 석방 10월 10일
- 일본자유당의 결성 11월 9일

1946
- 제1차 요시다 내각 5월 22일
- 공직추방 10월
- 전후 최초의 중의원 총선거 4월 10일
- 일본 헌법 제정, 공포 11월 3일

1947
- 신헌법하에서 최초의 중의원 총선거 4월 25일
- 일본 헌법 실시 5월 3일
- 가타야마 내각(사회-민주 연립) 6월 1일

1948
- 쇼와 전공 비리사건 1월
- 아시다 내각(민주-사회-국민 연립) 3월 10일
- 야마자키 수상 옹립 시도 사건 10월
- 제2차 요시다 내각 10월 9일

1949
- 제3차 요시다 내각 2월 11일

1950
- 한국전쟁 1950~1953년
- 제1차 공직추방 해제 10월 13일

1951
- 강화조약 체결 및 일미안전보장조약 조인 9월 8일

01 패전

포츠담선언

1945년 8월 14일 일본 정부는 포츠담선언을 받아들이기로 결정했다. 이로써 교전 중이었던 미·영·중·소 등의 연합국들에 대한 '전 일본 군대의 무조건 항복'이 이루어졌다. 다음날 15일 정오, 천황은 라디오 방송을 통해 패전을 알렸다. 음반에 녹음되어 있던 것이었지만, 대부분의 국민은 난생 처음 천황의 목소리를 들었다.

포츠담선언은 독일 베를린 근교의 포츠담에서 열린, 트루먼 미국 대통령과 처칠 영국 수상의 회담에서 작성되었다. 이후 장제스 중화민국 총통이 전보를 통해 공동선언에 찬성한다는 의사를 밝힘으로써 7월 26일 3국의 명의로 선언이 발표되었다. 소련의 스탈린 수상도 회담에는 참석하고 있었지만, 8월 8일 소련이 참전한 후에 비로소 공동선언에 동참했다.

어전회의와 중신

항복은 8월 9일과 14일에 쇼와(昭和) 천황의 참석하에 열린 어전회의에서, 천황 스스로의 결단에 따라 결정되었다. 어전회의는 구헌법에서도 관련 조항을 찾아볼 수 없는 초헌법적 기구였고 참석자의 범위도 일정하지 않았다. 항복 결정에 있어 가장 중요한 순간이 된 9일 회의에는, 스즈키 간타로 수상, 도고 시게노리 외무상, 아나미 고레치카 육군대신, 요나이 미쓰마사 해군대신, 우메즈 요시지로 육군참모총장, 도요다 소에무 해군군령부총장(이상은 최고전쟁지도회의 구성원) 등이 참가했고, 여기에 히라누마 기이치로 추밀원(樞密院, 중요한 국무에 대한 천황의 자문에 응해 의견을 제출하는 기관. 정·부의장 각각 1인, 고문관 24인으로 구성) 의장이 동참했다. 그 외 내각서기관장 사코미즈 히사쓰네(중신 오카다 게이스케의 사위, 이후에 중의원 의원, 참의원 의원, 경제기획청 장관 역임)와 기록을 담당한 해군 군무국장 호시나 젠시로(이후에 중의원 의원) 등이 배석했지만, 이들에게는 의견을 제시할 수 있는 권한이 주어지지 않았다.

9일의 어전회의에 앞서 개최된 최고전쟁지도회의에서는 수상, 외무상, 해군상이 포츠담선언의 수락을 주장했던 반면, 육군상, 참모총장, 군령부총장은 철저한 항전을 고수해, 3 대 3의 대결 구도를 보이고 있었다. 이 때문에 이례적으로 천황의 결단에 의존하는 상황이 된 것이다. 그러나 천황의 결의가 나오게 된 배경에는 내대신(內大臣, 천황의 측근에서 황실 사무와 국무의 두 방면에 대해 의견을 말하는 한편, 교지◉와 고쿠지◉를 보관한다. 또한 차기 수상을 추천하기도 한다) 기도 고이치와 전직 수상 고노에 후미마로 공작, 오카다 게이스케 해군대장, 요나이 미쓰마사 해군대장 등, 소위 '중신'(重臣)으로 불려 왔던 반군부적 입장의 인물들이 중심이 되어 추진해 온 전쟁 종결 공작이 있었다. 이 공작은 1944년 7월 개전 당시의 도조 히데키 내각이 붕괴될 즈음부터 서서히 드러나기 시작했다. 시종장◉이자 추밀원장으

교지 御璽

천황의 인장.

고쿠지 國璽

국가의 인장.

시종장 侍從長

천황의 시중을 드는 관직의 책임자.

로서 천황의 최 측근에 있었던 스즈키 수상도 여기에 동조하고 있었다. 또한 중신 마키노 노부아키의 사위이자 전후 일본 정치에서 커다란 역할을 수행하게 되는 요시다 시게루도 고노에 등과 가까운 인물로, 이들 중신 그룹에서 공작에 참여하고 있었다.

국체호지

패전을 받아들이는 과정에서 중신들의 관심사는 오직 국체를 보호하고 유지하는 일, 곧 '국체호지'(國體護持)에 있었다. 이 점에서는 군부도 물론 같은 입장이었다.

국체란 한마디로 대대로 내려온 유일혈통[萬世一系]인 천황에게만 통치권이 있다고 간주하는 국가의 정치체계라고 할 수 있다. 9일 어전회의의 결과를 접한 정부는 10일 포츠담선언의 수락을 중립국을 경유해 연합국에 타전했지만, 그 내용 중에는 "선언에서 제기하고 있는 조건 중, 천황에 의한 국가통치의 대권(大權)을 변경시킨다는 요구 사항이 포함되지 않도록 한다는 양해하에" 수락한다는 문구가 적혀 있었다.

이에 대해 연합국 측은 번스 미 국무장관의 이름으로 11일 다음과 같은 회답을 보내왔다(일본 정부가 이 회답을 수령한 것은 13일로 알려져 있다).

"항복한 시점부터 천황 및 일본 정부의 국가 통치 권한은 …… 연합군 최고사령관의 제한하에 두도록 한다", "일본의 최종적인 정부 형태는, 포츠담선언에 따라 일본 국민의 자유로운 의사 표현에 의해 결정되어야 한다."

이 중 통치권을 최고사령관의 "제한하에 두도록 한다"는 부분의 원문을 보면 "subject to(~에 종속된다)"로 되어 있었다. 하지만 이 문장이 주전론자(主戰論者)를 자극할 수도 있다는 이유로 외무성이 다르게 번역했다고 한다. 이 문장과 더불어 "천황 …… 의 국가 통치 권한"이라는 표현은 천황의 권한을 전제로 한다는 것, 즉 이를 암묵적으로 인정하고 있는 것이라는 해석을 가능하게 했다. 나중에 밝혀진 사실이지만 당시 미국 측도 그러한 뉘앙스를 풍기도록 의도했다. 그러나 일본 측에서는 이를 둘러싼 논쟁이 가열되었고, 이것이 14일에 재차 천황의 '신성한 결단'[聖斷]에 맡겨져 가까스로 정식 수락이 결정되었다.

이와 같이 전쟁 종결은, 중신들을 중심으로 한 소수의 지도자들에 의해 시종일관 '국체호지'를 견지하면서 실현되었다. 이 과정에서 최고전쟁지도회의에 속해 있던 수상, 외무상, 육군상, 해군상을 제외하면, 내각은 정치 의사결정에 있어 실로 조연에 불과했다.

전쟁을 혐오하는 분위기

일반 국민들 사이에 전쟁을 혐오하는 분위기가 있었다는 사실은, 전후 특별고등경찰(사상, 언론의 통제를 주요 임무로 한 경찰) 측의 자료를 통해 확인할 수 있다. 하지만 이는 지도층에 영향을 미칠 정도로 광범위하게 드러나지는 않았다. 오히려 9일의 어전회의에서 아나미 육군상은, 항복을 수락할 경우 이에 항전할 국민이 있을 것이고, 이것이 내란으로까지 확대될 가능성이 있다는 취지의 발언을 했다. 이에 대해 히라누마 추밀원 의장은, 식량 위기 등의 사정을 고려할 때 "전쟁을 그만두는 것보다 오히려 지속하는 쪽이 국내 치안을 불안하게 할 수 있다는 점도 고려해야 한다"라고 반론한 기록이 남아 있다. 전쟁 지속이 불가하다는 논리에서 국민들이 고려된 것은 고작 치안상의 이유였던 것이다.

한편, 제국의회는 전쟁 종결에 거의 관여하지 않았다. 구(舊)정당인인 사이토 다카오나 우에하라 에쓰지로 등이 천황의 종전 결단을 촉구하는 내용의 상소를 계획했지만, 내대신 기도에 의해 거부되었다는 에피소드가 전해지는 정도였다.

익찬의회

전쟁 말기에는 중의원을 '익찬의회'(翼贊議會)라고 불렀다. 익찬의회는 1942년 4월 30일의 '익찬선거'를 통해 당선된 의원들로 구성되었다. 그 이전의 중의원은 1937년 하야시 센주로 내각 당시의 총선거로 구성되었기 때문에, 그 임기가 1941년이면 만료되어야 했다. 이것을 제2차 고노에 내각이 전시(중일전쟁)라는 이유로 1년을 연기했다. 그리고 1941년 12월 8일 이후 대전의 기폭제가 된 대미, 대영 전쟁에서 일본이 승리함에 따라 정부와 군의 인기가 높아졌다. 도조 내각은 그 기회를 이용해 선거를 치른다는 계산이었다. 이를 위해 1942년 2월 23일 귀족원 의원 18명을 비롯한 33명의 협력자를 모아 익찬정치체제협의회[약칭 '익협'(翼協), 회장은 아베 노부유키 전 수상, 육군대장]를 결성해, 이 단체가 후보를 추천하도록 했다. 당연히 익협은 정부 및 군부에 협조적이었던 인물들로만 구성되어 있었다. 따라서 익협의 추천은 곧 정부·군의 추천과 다름없는 것이었다.

익찬선거

'익협'은 정원 466명의 후보자를 거의 모두 추천했지만, 익협의 추천을 받지 않은 입후자도 613명에 달했다. 정부는 임시 군사비에서 각각 5,000엔의 선거자금을 지급하는 등 익협 추천 후보자들의 당선을 비호한 반면, 비추천 후보 진영에 대해서는 경찰과 헌병대 등을 동원해 선거운동을 노골적으로 방해했다. 그 결과 익협 추천 후보가 381명이나 당선되어 당선율이 81.8%에 달했다. 그러나 정부의 심각한 선거 간섭 속에서도 85명의 비추천 당선자가 나왔다는 점은 주목할 만한 것이었다.

비추천 당선자는, 동방회(東方會)의 나카노 세이고, 기무라 다케오(이후에 자민당 의원) 등과, 황도회(皇道會)의 히라노 리키조(이후에 사회당 의원 및 농업상), 국수대중당(國粹大衆黨)의 사사카와 료이치, 건국회(建國會)의 아카오 빈 등 우익계 인사가 대부분이었다. 그 밖에 하토야마 이치로, 안도 마사즈미, 하나무라 시로, 고노 이치로, 가와지마 쇼지로, 아시다 히토시, 사이토 다카오, 호시지마 니로, 이누카이 다케루, 미키 부키치, 나라하시 와타루, 오자키 유키오, 미키 다케오 등도 비추천으로 당선되었다. 이들은 모두 전후 보수 정치의 주역이 된다.

또한 전후 사회당의 건설을 주도한 니시오 스에히로, 미즈타니 조자부로, 고노 미쓰, 미야케 쇼이치, 가와마타 세이온 등도 비추천으로 당선되었다.

익찬선거의 결과로 구성된 중의원 즉, 익찬의회는 패전에 이르기까지 일본의 어용의회로 존재했다.

02 점령과 개혁

항복문서의 조인

1945년 8월 15일 포츠담선언의 수락이 국민들에게 알려진 후, 스즈키 간타로 내각은 총사퇴했다. 항복 및 점령에 대한 군의 저항을 견제하기 위해, 후임 수상으로는 황족 출신인 히가시쿠니노미야 나루히코[東久邇宮稔彦, 황족의 신분을 벗은 후에는 히가시쿠니 나루히코(東久邇稔彦)로 개명]를 지명했다.

8월 30일에는 연합군 최고사령관 더글라스 맥아더 원수가 마닐라에서 오키나와(沖繩)를 경유해 가나가와(神奈川) 현 아쓰기(厚木)에 있는 해군항공대 기지에 도착했다. 그리고 같은 날 4,200명의 부대원을 태운 미 제11공정사단(空挺師團)의 운송기 150대가 도착함으로써 점령이 시작되었다(최초로 일본에 진주한 부대는, 이틀 전인 28일 아쓰기에 도착한 찰스 텐치 대령 지휘하의 1,888인의 선발 부대였다). 9월 2일에는 요코스카(横須賀) 해상에 있던 미국 전함 미주리호 선상에서 항복문서의 조인식이 이루어졌다. 일본 측에서는 시게미쓰 마모루 외무상과 우메즈 요시지로 육군참모총장이 서명했다.

일본 국내와 아시아 각 지역에 배치되어 있던 일본군은 큰 저항 없이 약 60일 만에 무장 해제되었다. 만주, 사할린, 쿠릴열도 등에 진주해 있던 일본군

병사 수십만 명(약 86만 명으로 알려져 있다)은, 소련군에 의해 무장해제된 후 시베리아를 비롯한 소련 영내의 각 지역으로 끌려갔다. 이들은 1년 내지 수년에 걸쳐 가혹한 환경과 열악한 대우 속에서 강제 노동에 복무했고, 이 중 약 6만 8,000명이 사망했다.

일본은 '혼슈(本州), 홋카이도(北海道), 규슈(九州), 시코쿠(四國) 및 연합국이 결정한 기타 섬 지역(포츠담선언)'이 미국에 의해 단독 점령됨으로써, 같은 패전국이었던 독일처럼 연합국에 의해 분할 점령되는 일은 면할 수 있었다. 원래 뒤늦게 참전했던 소련이 구시로(釧路)와 루모이(留萌)를 연결하는 선을 기준으로 한 홋카이도 북쪽 지역을 점령할 의향을 보였지만, 미국이 이를 거부했기 때문이다. 반면, 한반도 북위 38도선 이북은 소련이 점령했고, 이남은 미국이 점령했다. 이로써 한반도 분단의 기초가 만들어졌다.

간접 통치

애초에 맥아더는 군정을 선포하여 일본을 직접 통치하려는 구상을 가지고 있었다. 그리고 실제로 9월 3일 이를 공식적으로 포고하려고도 했었다. 그러나 전날인 2일, 이 방침을 전해 들은 일본 정부의 강한 반대 요청이 있었다. 맥아더는 결국 이를 받아들여 일본 정부를 통한 간접 통치의 형태를 취하기로 했다. 원래 1944년 말부터 미국의 대일 정책을 입안해 왔던 3성 조정위원회(SWNCC, State-War-Navy Coordinating Committee)가 8월 22일부터 31일에 걸쳐 초안한 "항복 후 미국의 초기 대일방침"(SWNCC-150/ 3~4. 이후 9월 6일 대통령의 승인을 얻어 150-4/A "화이트 하우스 지령"이 되었고, 9월 22일 공표되었다)에는 이미 "최고사령관은 …… 천황을 포함한 일본 정부 기구 및 기타 기관을 통해 권한을 행사해야 한다"라는 원칙, 즉 간접 통치 방식이 게재되어 있었다. 다만 이 방침에는 기존의 정치형태를 "이용하려는 것일 뿐, 결코 이를 지지한다는 의미는 아니다"라는 주석이 달려 있었다.

초기 대일방침

초기 대일방침에는 그 외에도, ① 봉건적·권위주의적 경향을 시정하기 위해 "정치 형태를 변경하고자 하는 시도에 대해서는, 그것이 일본국 정부에 의한 것이든 일본 국민들에 의한 것이든 상관없이 이를 허용하고 또한 지지" 할 것과, 이 과정에서 정부나 국민의 실력 행사가 있다고 해도, 점령군은 스스로의 안전과 점령 목적에 필요한 경우를 제외하고는 간섭하지 말 것, ② "종교와 신앙의 자유", "집회 및 공개 토론의 권리를 갖는 민주적 정당의 장려", "정치적인 이유로 …… 감금되어 있는 자"의 석방 등, 기본적 인권을 보장할 것, ③ 재벌 해체를 시사하는 "일본 상공업의 대부분을 지배해 온 산업 및 금융상의 콤비네이션을 해체할 것" 등의 내용이 담겨 있었다. 이처럼 점령의 시작은 곧 새로운 민주주의의 시작이기도 했다.

이 초기 방침은 점령 정책의 대체적인 방향을 보여 주는 것이었지만, 동시에 일본 정부에 의한 것이든 국민들 스스로에 의한 것이든 상관없이, 스스로의 힘으로 민주화와 자유화를 추진하기를 기대하는 메시지이기도 했다. 물론 무력을 배경으로 한 절대 권력(미군정)에 의해 허용되고 장려되는 자주성이라는 것이, 과연 얼마나 의미가 있는지는 의심스러운 것이다. 하지만 패전 후 40일간, 일본 정부는 그 나마의 '자주적' 노력조차 거의 포기하고 있었다. 아니 일본 정부로서는 '민주'(民主)에 대한 이해 자체가 거의 백지에 가까울 정도였다고 해도 과언이 아니었다.

천황-맥아더 회견

초기 대일방침에 따라 정치범의 석방 명령이 하달된 지 4일 후인 9월 26일, 3

월에 〈치안유지법〉 위반 혐의로 구속되었던 철학자 미키 기요시가 옥중에서 사망했다. 하지만 법무대신 이와다 주조는 10월 3일까지도, "정치범의 석방 여부는 고려하고 있지 않다"라고 말하고 있었다.

9월 27일에는 천황이 미국 대사관에 있던 맥아더를 방문했다. 방문 당시 천황은 스스로 전쟁 책임을 인정하면서 자신에 관한 처우를 맥아더에게 맡긴다고 말했고 이러한 '결단'에 맥아더도 감동했다는 미담이 전해졌다. 하지만 2002년 외무성이 공개한 당시 회견 기록에는 천황이 전쟁 책임에 대해 언급했다는 기술은 존재하지 않는다. 그 후 천황-맥아더 회담은 총 11회에 걸쳐 이루어졌다. 당시 회담의 내용은 통역을 맡았던 마쓰이 아키라가 남긴 메모에 기록되어 있다. 이 기록을 보면, 천황은 주로 전후 일본을 둘러싼 세계 정세나 일본의 치안 보장 문제에 관해 의견을 표명했음이 확인된다. 특히 천황은 냉전 대립에 있어 공산주의의 위협에 대해 언급했고, 일본의 안전보장에 미국이 적극적으로 관여해 주기를 요청했다. 마지막 회담에서, 천황은 도쿄(東京)재판에서 자신을 소추의 대상에서 제외시켜 준 맥아더에게 감사의 말을 전하고 있다.

이야기를 잠시 천황이 최초로 맥아더를 방문한 1945년 9월의 시점으로 되돌려 보자. 당시에 미군이 찍은 기념사진 한 장이 화제가 되었다. 사진을 보면, 가벼운 군복 차림의 맥아더는 소매를 걷어올린 양손을 허리에 대고 있고 다리도 약간 벌린 상태로 편안하게 서 있는 모습이다. 반면 그 옆에는 모닝정장을 차려입은 천황이 맥아더의 어깨에도 미치지 않는 단신의 모습으로 직립부동의 자세를 보이고 있다. 승자와 패자의 대조적인 모습이 역력하게 보이는 장면이 아닐 수 없다. 29일자 각 일간지는 일제히 이 사진을 1면 톱으로 실었다. 그러나 내각정보국은 이를 '불경'하다는 이유로 즉시 발매 금지 조치를 내렸다. 연합군 총사령부(GHQ, General Headquarters)는 곧 이 조치를 철회시켰다.

인권지령

정치범의 석방을 고려하지 않고 있다는 이와다 법무상의 발언이 있던 10월 3일, 야마자키 이와오 내무상은 로이터통신 기자에게, "사상 취조를 담당하는 비밀경찰은 현재에도 활동하고 있다. 반(反)황실적 선전 활동을 하고 있는 공산주의자는 가차 없이 체포할 것이다. 또한 정치 전복을 꾀하는 자도 계속 체포할 것이다", "공산당원에 대한 구금은 지속될 것이다", "정치 형태의 변혁 특히 천황제 금지를 주장하는 자는 모두 공산주의자로 간주하고, 〈치안유지법〉에 따라 체포할 것이다"(『아사히신문』 10월 5일자)라고 말했다. 그러나 같은 지면에는 "정치범의 즉시 석방/내무상 등의 파면 요구/사상경찰 폐지, 최고사령관의 통첩"이라는 기사가 헤드라인을 장식하고 있었다. 당시 내무상의 발언은 4일자 미군 기관지 『스타스앤드스트라이프스』(*Stars and Stripes*)에 실렸고, 이를 본 연합군 총사령부가 즉각 행동을 개시한 것이다.

인권지령이라고 불린 이 명령에 따라, 〈치안유지법〉을 비롯한 '사상, 신앙, 집회, 언론의 자유에 대한 통제를 확립·유지'하기 위해 만들어졌던 15개 법률과 관계 법령이 폐지되었다. 또한 특별 고등경찰 등 사상경찰이나 내무성 경보국◉ 등의 기관도 폐지되었다. 그리고 내무상, 내무성 경보국장, 경시총감, 오사카 부 경찰국장, 도부현의 각 경찰국장, 대도시의 경찰부장, 도도부현의 각 경찰부 소속 특수경찰 등 약 4,000명이 파면 및 해고되었다. 그리고 10월 10일 이후로 2,465명의 정치범, 사상범이 석방되었다. 그 중에는 도쿠다 규이치, 시가 요시오, 미야모토 겐지 등 공산주의자도 포함되어 있었다. 도쿠다, 시가는 옥중에서 18년, 미야모토는 12년을 비전향으로 있었다.

경보국 警保局
당시 전국의 경찰 사무를 관장하던 기관.

10월 4일, 이 명령을 받은 히가시쿠니 내각은 실행이 불가능하다고 판단했고, 다음날 5일 총사직했다. 재임 53일의 단명 정권이었다. 천황은 연합군 총사령부의 양해를 얻어 후속 내각의 수상으로, 영미파로 알려진 전 외무상(1924~27년, 1929~31년) 시데하라 기주로를 임명했다.

인권 확보 5대 개혁

수상이 바뀌었지만, 연합군 총사령부는 '위로부터의 민주화'를 중단하지 않았다. 10월 11일, 맥아더는 신임 인사차 온 시데하라에게 '헌법의 자유주의화'를 요구하는 한편, 다음과 같은 "인권 확보 5대 개혁"을 지령했다.

1. 선거권 부여를 통한 일본 여성의 해방
2. 노동조합의 결성 장려, 유년 노동의 폐해 교정
3. 보다 자유로운 교육을 실시하기 위해 학교 개설
4. 비밀경찰 및 그들의 권한 남용 등, 국민들을 부단히 공포로 몰아넣는 각종 제도의 폐지. 인민을 압정으로부터 보호할 사법제도의 확립
5. 독점적 산업 지배의 개선을 위한 일본 경제구조의 민주화

이는 〈치안유지법〉 등의 폐지(10월 15일 칙령), 여성참정권 도입 등의 내용을 담은 〈중의원 의원선거법〉 개정(정부 제출 법안, 12월 15일 성립), 〈노동조합법〉 통과(12월 18일, 실시는 1946년 3월 1일) 등으로 실행에 옮겨졌다. 또한 재벌 해체에 대해 정부는 미쓰이(三井), 스미토모(住友), 야스다(安田), 미쓰비시(三菱) 등 4대 재벌의 자발적 해체 계획을 11월 4일 연합군 총사령부에 제출했다. 총사령부는 6일 이를 기본적으로 받아들이면서도 보다 확실한 해체를 추진하도록 하는 내용의 각서를 제시했다.

지도자 교체

이와 같은 제도개혁과 병행해서 일본 지도층이 빠른 속도로 교체되었다. 가

장 시급하게 이루어진 것은 전쟁범죄자 적발이었다. 9월 11일, 도조 히데키 등 개전 당시의 각료를 포함한 39명의 A급 전범 용의자에 대한 체포 명령이 내려졌다. 이때 도조는 권총으로 자살을 시도했으나 탄환이 심장을 빗나가 실패했다. 12월 6일에는 기도 고이치 후작, 고노에 후미마로 공작 등 7명이 A급 전범 용의자로 지명되었다. 고노에는 11월 22일에 제국헌법 개정 "고노에 안(案)"을 천황에게 보고하는 등의 활동을 하고 있었으나, 체포 직전인 12월 16일 독약을 먹고 자살했다.

결국 개전 공동 모의, 기습에 의한 살인, 전시 중 학대 행위 등의 죄목으로 A급 전범 28명이 기소되었다. 이들은 1946년 5월 3일부터 도쿄의 이치가야(市ヶ谷)에서 열린 극동국제군사재판을 받았으며, 판결은 1948년 11월 12일에 이루어졌다. 28명의 명부와 재판의 결과는 다음과 같다.

A급 전범

- **교수형** (7인)

도조 히데키(수상, 육군상), 히로타 고키(수상, 외무상), 도이하라 센시[육군 대장, 봉천(奉天) 특무기관장], 이타가키 세이시로(육군 대장, 육군상, 관동군 참모), 기무라 헤이타로(육군 대장, 도조 내각 육군 차관), 마쓰이 이와네[육군 대장, 중지나 방면(中支那方面)군 사령관], 무토 아키라(육군 중장, 육군 군무국장)

- **종신금고** (16인)

아라키 사다오(육군 대장, 육군상·문상), 하시모토 긴고로[육군 대좌, 급진파 장교들 모임인 사쿠라회(櫻會)의 중심 인물, 중의원 의원], 하타 슌로쿠(육군 원수, 육군상, 지나 파견군 사령군), 히라누마 기이치로(수상, 추밀원 의장), 호시노 나오키(국무상, 기획원 총재, 도조 내각 서기관장), 가야 오키노리[도조 내각 장상(藏相), 사면 후 중의원 의원, 이케다 내각 법상], 기도 고이치(내대신), 고이소 구니아키(육군 대장, 수상), 미나미 지로(육군 대장, 육군상, 조선 총독), 오카 다카즈미(해군 중장, 해군성 군무국장), 오시마 히로시(육군 중장, 주 독일대사), 사토 겐료(육군 중장, 육군성 군무 국장), 시마다 시게타로(육군 대장, 도조 내각 해군상), 시라토리 도시오(주 이탈리아 대사, 중의원 의원), 스즈키 데이치(육군 중장, 도조 내

각 국무상, 기획원 총재), 우메즈 요시지로(육군 대장, 참모총장)

● 금고 20년 (1인)

도고 시게노리(도조 내각, 스즈키 내각 외무상)

● 금고 7년 (1인)

시게미쓰 마모루(도고의 후임으로 도조 내각 외무상, 형기 만료 후 개진당 총재, 하토야마 내각 부총리, 외무상)

● 기타 (3인)

마쓰오카 요스케(만주철도 총재, 제2차 고노에 내각 외무상, 재판 중 병사), 나가노 오사미(해군 원수, 군령부 총재, 재판 중 병사), 오카와 슈메이(국가주의 운동가, 재판 중 정신병 발병, 소추 면제되어 석방)

도조를 비롯 7명에 대한 교수형은 판결이 있은 지 39일 후인 1948년 12월 23일에 집행되었다. 그 다음날에는 불기소된 A급 전범 용의자 19명이 석방되었다. 이후 수상이 되는 기시 노부스케(도조 내각 상공상)도 석방 명단에 있었다. 금고형을 받은 사람들 가운데 고이소, 도고, 시라토리 등 3명은 복역 중 병사했다. 그 외 다수가 질병 등의 이유로 55년경까지 석방되었고, 강화조약 후 1958년 4월에는 전원 사면되었다.

A급 전범 외에, 연합국은 동아시아 각지에 49개의 군사 법정을 만들어, 포로 학대 등의 죄목으로 일본 군인 및 군속에 있던 사람들을 처벌했다. 피고인 수는 5,700명으로 알려졌다. 그 중 984명이 사형을 받았고, 무기형이 475명, 유기형이 2,944명에 이르렀다. 형을 받은 사람들 중에는 조선인과 대만인도 있었다.

공직 추방

연합군 총사령부는 10월 4일자 명령으로 사상경찰의 주요 인물들을 추방했고, 30일에는 "교사와 교직자의 조사, 정선(精選), 자격 결정에 관한 각서"를 내려 직업군인이나 군국주의 고취자들을 교육계에서 추방하는 한편, 패전까지 자유주의, 평화주의를 이유로 공직에서 추방되었던 사람들의 복귀를 지시했다. 정부는 1946년 5월에 이를 칙령으로써 실시했고, 그 결과 약 7,000명의 교직자가 추방되었다.

실제적인 대규모 추방 조치는 1946년 1월 4일 "적절치 못한 인물들을 공직에서 제거하는 것에 관한 각서"에 따라 이루어졌다. 이 각서에는 "군국주의적 국가주의와 침략을 적극적으로 주창한 자", "일체의 극단적인 국가주의 단체, 폭력주의 단체, 그리고 비밀 애국 단체 및 이들 기관과 협력 관계에 있는 단체의 유력 인사, 대정익찬회(大政翼贊會), 익찬정치회(翼贊政治會), 대일본정치회의 유력 인사" 등을 공직에서 추방하고, 이들이 공공성을 지닌 직장에 취직하는 것을 금지한다는 내용이 담겨 있었다. 이후 추방 기준이 더욱 확대되어 민간의 유력 회사나 경제 단체, 대중매체 내에서도 전쟁 중에 간부를 역임한 사람들이 추방되었다. 점령 기간을 통해 추방된 사람들은 모두 21만여 명에 이른다. 이 중 가장 많았던 것은 군인으로 약 16만 3,600명이었고, 다음으로 정치인이 약 3만 4,900명이었다.

하지만 추방령은 기준이 자의적으로 해석될 여지가 있었다. 특히 추방령이 하토야마 이치로, 히라노 리키조, 이시바시 단잔 등 유력 정치인에게 적용될 경우가 문제였다. 1950년 6월 6일에는 맥아더가 요시다 시게루 수상에게 보낸 서간에 근거해 공산당 간부가 24명이나 추방되기도 하였다. 이때의 법적 근거 또한 1946년 추방령에 따른 것이었다. 이처럼 추방령은 시간이 지남에 따라 결함이 드러나기 시작했다. 그럼에도 불구하고 일본 정치의 전전(戰前)과 전후(戰後)의 단절을 이루는 데 큰 효과를 발휘했음은 부인할 수 없는 사실이었다.

제1차 농지개혁

일본 군국주의를 철저히 파괴하기 위해서는 그 기초가 되고 있는 경제구조를 개혁해야 한다는 것이 연합군 총사령부의 구상이었다. 이러한 맥락에서 재벌 해체가 진행되었고, 농지개혁 또한 동일한 개혁 조치의 일환으로 이루어졌다. 전쟁 전만 해도 일본 인구의 45%로 최대 계층을 이루고 있던 농민은 전쟁을 겪으면서 가장 빈곤한 계층으로 전락했다. 농지개혁의 단행은, 이러한 상황이 농민들의 불만을 불러일으켜 군국주의적 선전을 쉽게 수용하게 할 뿐 아니라, 군정에 대한 지지를 철회하게 만드는 토양이 되고 있다는 분석에 근거한 것이었다.

농림성의 '혁신관료'들도 소작농 문제가 빈곤의 근원이 되고 있다는 점을 분명하게 느끼고 있었다. 따라서 그들의 일차적인 과제는 자작농들을 양성하는 것이었다. 이는 전후의 식량문제 해결이라는 당시의 요청에 부응하는 것이기도 했다. 1945년 11월 22일, 시데하라 내각의 마쓰무라 겐조 농상(農相)은 농지개혁요강을 내각에 제출했다. 그 후 개정 〈농지조정법〉안이 12월 4일 제국의회에 제출되었고, 18일 통과, 29일에 공포되었다. 이것이 이른바 '제1차 농지개혁'이었다. 토지가 있는 촌락에 거주하지 않는 지주(부재지주)가 소작인에게 대여하고 있던 농지 전체, 그리고 촌락에 거주하는 지주(재촌지주)의 농지 5헥타르 이상을, 논은 소작료의 40배, 밭은 48배의 가격으로 소작인의 희망에 따라 그들에게 양도하도록 한다는 내용이었다. 매수에는 정부가 개입하지 않고 지주와 소작인 사이에 직접 교섭이 이루어지도록 했다.

제2차 농지개혁

하지만 연합군 총사령부는 이것으로 만족하지 않았다. 제1차 농지개혁안이 의회 심의 중이었던 12월 9일, 총사령부는 보다 철저한 개혁안을 1946년 3월

15일까지 제출하라는 내용의 각서를 정부에 하달했다. 일본 정부는 3월 이에 대한 회답을 제출했으나 총사령부는 여전히 불철저하다는 이유로 그 즉시 거부하는 한편, 대일이사회에 이 문제에 대한 심의를 위탁했다. 연합국은 총사령부의 상부 기관으로서 극동위원회를 워싱턴에 설치하고 도쿄에 그 지부로 대일이사회를 두고 있었다. 따라서 맥아더에게 있어서 이 이사회는 오히려 귀찮은 존재였다. 따라서 총사령부가 이 문제의 심의를 대일이사회에게 위탁한 사실은 이례적이라고 할 수 있다. 총사령부는 대일이사회에 영국식과 소련식의 농지개혁안을 제출했다. 1946년 6월 17일 심의를 거친 대일이사회는 '보다 철저한 방침'을 총사령부에 권고하기에 이르렀다. 이를 근거로 총사령부는 6월 중에 '제2차 농지개혁'안을 정부에 지령했다.

그 내용을 보면 다음과 같다. 우선 재촌지주의 토지 보유 상한을 평균 1헥타르(홋카이도는 평균 4헥타르)로 하고, 부재지주의 농지 전부와 보유 한도 이상의 재촌지주 농지를 정부가 강제로 매수해, 1945년 11월 23일 현재 소작인으로 있는 자들에게 우선적으로 매도한다는 것이었다. 또한 '제1차안'에서는 5년 이내로 되어 있던 개혁의 완료 시점도 2년으로 단축했다. 이 안에 따른 관계 법령은 1946년 10월 21일에 공포되었다. 이에 따라 1941년에는 28%에 지나지 않았던 자작 농가의 비율이 1955년에는 70%까지 늘어나게 되었다. 그러나 그로부터 20여 년이 지난 1965년 5월 사토 에이사쿠 내각은, 당시에 농지를 강제적으로 양도할 수밖에 없었던 구지주들에게 정부가 보상금을 지불하는 〈농지보상법〉을 만들게 된다.

03 헌법 개정

고노에 안

일본의 민주화를 내건 초기 점령 정책은 헌법 개정으로 일단 완성되었다. 연합군 총사령부가 사상경찰 전면 폐지 등의 인권지령을 내리고 이에 따라 히가시쿠니 내각이 와해된 1945년 10월 4일, 맥아더는 부총리격인 국무상 고노에 후미마로를 접견하고 있었다. 이 자리에서 맥아더는 헌법을 개정해 자유주의적 요소를 도입할 필요성을 역설함과 동시에, "과감하게(헌법 개정 작업을) 지도하는 데 앞장서 주시오"(外務省, 『外交文書』)라고 격려했다. 이 대목에 대해서는 오해, 또는 통역의 오류라는 설이 있다. 그러나 같은 날 동석했던 애치슨주일 미국 대사의 메모를 보면 분명한 사실임을 확인할 수 있다. 고노에는 내각 총사직 후에 내대신어용담당◉에 임명되었다. 그 뒤 교토(京都)대학 명예교수 사사키 소이치를 같은 어용담당에 임명하고 그에게 개정 초안 작업을 맡기는 등의 활동을 개시했다. 이에 대해 미국의 언론은 "고노에는 전범이 아닌가"라고 반발하면서, "만일 그

내대신어용담당 內大臣御用掛

구헌법인 메이지 헌법 93조의 규정에 의하면, 헌법 개정은 천황의 발의로 이루어지도록 되어 있다. 천황의 헌법 개정 발의와 관련한 실질적인 업무를 담당하는 것이 바로 내대신의 황실관련 보좌역인 어용담당자이다. 고노에를 내대신어용담당자로 기용한 이유는 여기에 있다.

가 헌법을 초안하는 데 적절한 인물이라고 주장한다면, 이는 (나치스의) 게링에게 연합국 수령을 맡기는 것과 같다"(『뉴욕타임즈』 10월 28일자 사설)라고 비판했다. 이 때문에 연합군 총사령부는 11월 1일 대변인을 통해 고노에의 활동에 대해서는 관여하고 있지 않다는 내용의 성명을 발표했다. 고노에 자신도 총사령부가 아니라 황실과의 관계 속에서 활동하고 있다고 밝히고, 22일 황실에 자신의 헌법 개정안, 즉 "고노에 안"을 제출했다.

헌법문제조사회

한편, 시데하라 수상은 10월 11일에 맥아더와 만난 자리에서 5대 개혁과 동시에 '헌법의 자유주의화'를 지시 받고, 13일 각의에서 마쓰모토 조지 국무상을 헌법 개정 연구 주임으로 임명했다. 마쓰모토는 헌법문제조사회를 정부 내에 설치했다. 하지만 그는 고노에와 달리 헌법 개정이 과연 필요한가를 조사하는 것이라는 유보적 태도를 취하고 있었다. 당시의 헌법학계에서도 전쟁 전에 '천황기관설'◉을 주장해 탄압을 받았던 미노베 다쓰키치 박사 등은 개정이 필요없다고 생각하고 있었다. 그러나 결국에는 마쓰모토도 개헌의 필요성을 인정하고 곧 자신의 헌법 초안을 작성했다. 당시 마쓰모토는 자신의 시안 작성에 대해 "천황에 의한 통치권의 일원화라는 대원칙에는 변경을 가하지 않을 것임"(1945년 12월 8일, 제국의회에서 마쓰모토의 답변)을 확실하게 하기 위한 것이었다고 설명했다.

미노베의 천황기관설 天皇機關說

천황이 국가통치권의 주체임을 부정하고, 통치권은 법인인 국가에 속하며, 천황은 그 최고 기관으로서 통치권을 행사할 뿐이라는 내용. 이는 메이지 말기 이래 공인되었던 천황주권설을 부정하는 것. 미노베는 통치권이 천황의 전유물이 아니며, 그 행사도 무제한적인 것이 아니라 헌법에 의하여 제한되는 것임을 강조하고, 천황대권을 명목으로 하는 군과 관료의 전제를 억제하려 했으며, 의회의 권한 강화를 통한 내각제의 이론적 기초를 수립하였다.

고노에 안에는 천황의 권한을 제한하고 의회의 지위를 강화하는 내용이 담겨 있었다. 반면 이에 비하면 마쓰모토의 구상은 구헌법에 집착한 측면이 강했다.

미국에서는 3성 조정위원회가 고노에 등이 착수한 헌법 개정안을 검토하기 시작했다. 또한 연합군 총사령부에서도 민정국(GS, Government Section)의 군무 법률가들이 마쓰모토의 언행이나 민간 헌법 연구 동향을 주시하면서, 정부안이 제출되었을 때의 대조표를 준비하고 있었다. 그 중에서도 민정국의 법률과장 라우웰 중령는 전전의 일본 헌법까지 연구하는 등 매우 치밀하게 준비하고 있었다.

정부 이외의 개헌안

1946년 1월 말까지 비정부 기관에서 발표한 헌법 개정안과 그 주요 내용을 보면 다음과 같다.

- 일본공산당의 "신헌법 골자"(1945년 11월 11일)
  △주권은 인민에게 있으며, △선거권 및 피선거권은 18세 이상으로 하고, △정부는 민주의회에 책임을 진다.
- 헌법연구회의 "헌법 초안 요강"(1945년 12월 27일)
  △천황은 국민의 위임에 의해 오로지 국가적 의례만을 담당하고, △국민은 법 앞에 평등하며, 출생 및 신분에 의한 일체의 차별은 폐지한다. △국민의 언론, 학술, 예술, 종교의 자유를 방해하는 어떠한 법률도 발포(發布)될 수 없다. △국민은 건전한 문화적 수준의 생활을 영위할 권리를 지닌다.
- 다카노 이와사부로의 "개정헌법사안 요강"(1945년 12월 28일)
  △천황제 대신 대통령을 원수로 하는 공화제를 채용한다.
- 일본자유당의 "헌법 개정 요강"(1946년 1월 21일)
  △통치권의 주체는 일본 국민이 되며, △천황은 통치권의 총람자◉이다. △ 천황은 '만세일계'◉로 하며, △또한 천황은 법률상 · 정치상의 책임을 지지 않는다. △ 제1

원을 중의원으로, 제2원을 참의원으로 한다. △참의원은 학식과 경험을 활용하고 정치를 바르게 하는[政治恒定] 기관으로 한다.

연합군 총사령부는 이들 안 중에서 다카노 이와사부로, 바바 쓰네고, 스기모리 고지로, 모리토 다쓰오, 이와부치 다쓰오, 무로부세 고신, 스즈키 야스조 등으로 구성된 헌법연구회의 안에 특히 주목했다. 스기모리 등은 자신들의 안을 총사령부에 설명할 때 천황에 대해 '상징'이라는 용어를 사용한 것으로 알려져 있다.

총람자 總攬者

천황을 '통치권의 총람자'로서 최초로 규정했던 것은 구헌법 〈대일본국헌법〉 또는 즉 〈메이지 헌법〉 제4조이다. 명문상 총람(總覽)이라는 의미는 국가 전체의 의사를 장악한다는 의미이다. 즉 천황은 주권자이며, 당시의 일본은 군주 국가였다고 할 수 있다. 물론 구헌법에서도 천황은 사실상 상징적 의미를 지니고 있었지만, 이후 신헌법에서는 천황의 이 '총람'이라는 기능마저 삭제되었기 때문에, 상징적 천황이라는 의미가 보다 분명해졌다고 할 수 있다.

만세일계 萬世一系

천황의 혈통이 2천 년 이상 한 번도 단절된 적 없이 이어져 왔다는 것으로, 천황제 국가 이데올로기의 근간을 이루는 대표적 요소.

마쓰모토 갑안

마쓰모토 국무상을 중심으로 헌법문제조사위원회가 만든 "헌법 개정 요강"["마쓰모토 갑안"(松本甲案)으로 불린다]은 1946년 2월 8일 총사령부에 제출되었다. 그 주요 내용은 다음과 같다.

1. 천황은 지극히 존엄한 존재로, 이는 침해할 수 없다.
5. 천황은 군을 통수한다.
11. 일본 신민은 법률에 근거하지 않는 한 기본적인 자유와 권리를 침해 받는 일이 없도록 한다.
13. '귀족원'을 '참의원'으로 바꾼다.

마쓰모토의 안은 총사령부에 제출되기에 앞서 2월 1일자 『마이니치신문』에 특종 기사로 공개되었다(실제로 공개된 기사는 오히려 "마쓰모토 을안"◉에 매우 가까운 것이었다). 이 기사를 접한 민정국은 일본 정부가 여론의 반응을 떠보기 위해 의도적으로 흘린 것으로 판단했다. 이에 따라 독자적인 헌법을 만들기로 결심하기에 이른다.

마쓰모토 을안 松本乙案

헌법문제조사위원회에는 '갑안'과 '을안' 두 개의 헌법 초안이 존재했다. '을안'의 경우, 이리에 도시오 내각법제국장이 1946년 1월 23일 최초로 작성했고, 그 후 수정을 거쳐 2월 2일 제7회 헌법문제조사위원회 총회에 제출된 바 있다. '갑안'이 통상 마쓰모토 갑안으로 불리는 것과 마찬가지로 '을안'도 '마쓰모토 을안'으로 불렸다. 이 안은 갑안보다도 천황제에 집착하는 내용이 담겨 있어 지극히 보수적이라는 평가를 받았다. 2월 1일 『마이니치신문』에 게재된 것은 엄밀하게 말해 마쓰모토 갑안도 을안도 아니었지만, 이 역시 갑안에 비해 보수적인 내용을 담고 있었다. 따라서 저자는 마쓰모토 을안에 "매우 가까운 것"이었다고 지적하고 있다. 그리고 민정국이 독자적인 헌법 개정에 나서게 된 것은 그 내용의 보수성에 대한 우려 때문이었다.

맥아더 초안

2월 3일, 맥아더는 ① 천황은 국가 원수의 지위에 있다, ② 전쟁을 폐기한다, ③ 봉건제도를 폐기한다는 등의 3원칙(맥아더 노트)을 민정국에 제시하고 일본국 헌법 초안의 작성을 명령했다. 민정국은 다음날 4일부터 10일까지 일주일 동안 총사령부 안을 완성했으며, 이는 "맥아더 초안"으로 일컬어졌다. 그 사이에 일본 정부는 8일 마쓰모토 갑안을 총사령부에 제출했지만, 13일 외무상 관저에서 마쓰모토와 요시다 시게루 외무상이 접견한 자리에서 총사령부는 이에 대한 거부 의사를 보임과 동시에 자신들의 초안을 전달했다.

맥아더 초안은 국회를 일원제로 한다는 것 등의 몇 가지 사항을 제외하면, 현행 헌법의 원형이라고 할 수 있다. 일본 정부 측은 여러 가지 저항을 시도했지만 좌절했고, 결국 3월 6일 대부분의 내용을 맥아더 초안에 근거한 "헌법 개정 초안 요강"을 발표하기에 이르렀다.

사실 형식상 총사령부의 상부에 해당하는 극동위원회에서 소련, 오스트리아 등을 중심으로 천황제 폐지를 주장하려는 움직임이 있었다. 이러한 움직임은 총사령부가 헌법 개정(형식적으로는 개정, 실질적으로는 신헌법 제정)을 서두르게 된 배경이 되었다. 극동위가 천황제 폐지를 미리 결정해 버릴 경우, 맥아더의 입장에서 매우 불리한 정세가 전개될 가능성이 있었다. 맥아더는 원만한 점령 정책을 위해 천황제의 존속을 염두에 두고 있었기 때문이다.

천황의 인간선언

또한 천황은 1946년 1월 1일 조서(詔書)를 발표한 자리에서, "짐과 국민 여러분 사이의 유대는 시종일관 상호 신뢰와 경애로 맺어진 것으로, 단지 신화와 전설로 존재하는 것이 아니다. 천황을 마치 '현존하는 신' 으로 간주하고 일본 국민을 다른 민족보다 우세한 민족으로 여김으로써 결국 세계를 지배할 수밖에 없는 운명을 가지고 있다는 허망한 관념에 근거한 것 또한 아니다"라고 말했다. 이는 소위 '천황의 인간선언' 이라고 일컬어졌다. 이 선언은 애초부터 국제적인 이해를 도모하기 위해 시데하라가 영문으로 초안을 작성했고, 그 후 조서의 형태로 번역되어 나온 것이다.

전쟁 포기

'정치적 권능을 갖지 않는' 무해한 상징의 형태로 남은 천황제와 더불어, 맥아더 노트에서 이미 제시된 바 있던 또 하나의 중요한 항목은 '전쟁과 군비(軍備)의 포기' 였다. 맥아더는 자신이 이후 발표한 『회고록』을 비롯한 여타의 문서 및 담화 등을 통해, 이 '전쟁과 군비의 포기' 항목이 (자신이 아닌) 당시 수상이었던 시데하라의 발안에 의한 것이었다고 일관되게 주장하고 있다. 그러나 지금 그러한 주장을 믿는 사람은 거의 없다. 전쟁 포기는 당시 맥아더의 이상주의적 심정을 드러낸 것이었다. 동시에 침략의 사상적 지주였던 천황제가 잔존함에 따라 일본이 재차 군국주의로 부활하는 것이 아닌가를 우려하고 있던 주변 국가들을 안심시키기 위해서 '군비 없는 국가' 가 되어야 했다는 점도 역설할 필요가 있었다.

헌법 개정 초안은 1946년 4월 17일에 공표되었다. 초안은 당시로서는 획기적이었던 히라가나의 구어체 문장으로 정리되어 있었다. 구어체 문장의 형식은 소설가 야마모토 유조, 법률가 요코타 기사부로 등으로 구성된 '국민을 위한 국어운동연맹'이 3월 26일에 요청했던 것으로, 이를 정부 측의 이리에 도시오 내각법제국장 등이 중심이 되어 수용한 것이었다. 이를 계기로 모든 법률, 재판소의 판결문을 비롯한 공문서에는 기존의 [탁음(濁音), 반탁음(半濁音), 구두점도 없었던] 가타카나식 문어체가 사라지게 되었다. 초안은 6월 20일 요시다 내각이 제국의회에 제출하였으며, 8월 24일 중의원에서 연합군 총사령부의 요구 등을 반영해 수정 및 가결되었다. 10월 6일에는 귀족원에서의 수정 가결을 거쳐 중의원에 다시 회부되었고, 다음날 7일, 중의원이 이에 동의함에 따라 최종적으로 통과되었다. 공포는 11월 3일에 이루어졌고 다음 해인 1947년 5월 3일에 시행되었다.

04 정당의 부활

연기된 최초의 총선거

패전 후 최초의 총선거는 1946년 4월 10일에 이루어졌다. 원래 시데하라 내각은 첫 선거를 1946년 1월 21일이나 22일에 치를 예정이었다. 이를 위해 1945년 11월 1일에 전국 인구조사를 실시(총인구 7,199만 8,104명, 도쿄도 348만 8,284명)했고, 27일에는 중의원 의원 선거법 개정안을 임시의회에 제출했다. 이 개정안은 12월 15일에 통과되있고 이에 따라 18일에 중의원이 해산되었다. 그리고 19일에는 총선거 기일을 '내각이 결정'했다. 그런데 다음날인 20일, 연합국 총사령부는 총선거의 연기를 명령했다. 선거법의 검토를 위해서라는 설명이 있었지만, 실제로는 공직추방령을 준비 중에 있었기 때문이다. 공직추방령은 1946년 1월 4일에 내려졌다. 총사령부는 1942년 익찬의회에서 당선되었던 구정치가들이 계속해서 의회를 장악하지 못하도록 저지하려고 했던 것이다.

선거법 개정

선거법의 개정은 호리키리 젠지로 내상, 사카 치아키 내무차관이 중심이 되어 추진되었다. 전체적인 개정 작업 과정에서 총사령부는 거의 개입하지 않았다. 이 점은 전후 개혁에 있어 매우 드문 예였다. 호리키리 등은 점령 정책의 방향을 어느 정도 감안하면서 선수를 치려고 했던 것으로 보인다. 특히 1945년 10월 11일의 각의에서는 호리키리가 여성참정권을 각료에게 제안해 기본적인 찬성을 얻었다. 이 각의 이후 시데하라는 신임 인사차 맥아더를 방문한 자리에서 "인권 확보 5대 개혁"을 우선적으로 지시 받는다. 이 중에는 앞서 말한 여성참정권이 포함되어 있었다. 그러나 이 부분만은 호리키리의 제안이 맥아더의 지시보다 몇 시간 빠르게 이루어진 것이다.

개정의 골자는 ① 여성에게 참정권을 부여한다는 것 외에, ② 선거권, 피선거권을 갖는 연령을 이전보다 5살씩 낮춰 각각 20세, 25세로 한다. ③ 대선거구 제한연기제◉를 적용한다. ④ 선거운동에 대한 규제를 완화한다는 것 등이었다.

제한연기제 制限連記制

투표 시, 의원 정수의 다소에 관계없이 1명의 후보자만을 지명하는 것이 단기투표제라 한다면, 2명 이상의 후보자를 지명하는 방식이 연기투표제이다. 소선거구제에서는 단기투표제를 원칙으로 하지만, 대선거구에서는 단기투표제와 연기투표제가 모두 가능하다. 연기투표제는 의원 정수에 해당하는 후보자를 모두 지명하는 경우도 있지만(완전연기제), 일정 수의 후보자만을 지명하도록 제한을 두는 경우가 있다. 이것이 제한연기제이다. 참고로, 한국의 경우 1960년 참의원 선거 때 제한연기제를 채택한 바 있고, 그 밖에는 단기투표제를 채택했다.

①과 ②에 따라 20세 이상의 국민이 모두 선거권을 갖게 되었다. 이로써 1942년 익찬 선거 당시 1,459만 4,287명으로 전 인구의 20.4%에 불과했던 유권자 수가 3,687만 417명으로 51.2%까지 확대되었다.

대선거구 제한연기제

대선거구 제한연기제의 내용은 다음과 같다.

원칙적으로 각 도도부현을 각각 하나의 선거구로 하는 것이 '대선거구제'이다. 여기서 선거구의 총의석수는 인구에 비례해 분배한다. 총유효득표수를 이 총의석수로 나눈 값을 기수(基數)로 한다. 산출된 기수로 선거구의 인구수를 나누었을 때 나온 값의 정수(整數) 부분을 일단 배분정수(配分定數)로 한다. 그리고 (소수값을 제외한 정수 부분만의 합은 총의석수에 미치지 못하기 때문에) 총의석수를 채울 때까지 소수값이 큰 선거구 순으로 1씩 더해 간다. 니마이어식(Hare/Niemeyer)으로 일컬어지는 이러한 산출법은 전전부터 현재에 이르기까지 일본의 전통적인 의석수 배분 방식이 된다.

실제로 최초의 선거법 개정에 의한 의석수 배분 사례를 보면, 1945년 11월 1일 현재의 인구 7,249만 1,277명(전국 인구조사 결과 총수인 7,199만 8,104명에, 당일까지 귀향하지 않았던 군인 등 49만 3,173명을 추가해 추정한 인구)을 중의원 의원 수 466명으로 나눈 수치인 15만 5,560명을 기수로 해서 의석을 배분한 뒤 남은 의석은 가장 많은 잔류 표를 가진 선거구 순으로 배분하도록 했다. 그 결과 정수가 15명 이상이 되는 선거구는 2개로 분할되었다. 홋카이도, 도쿄, 니가타(新潟), 아이치(愛知), 오사카(大阪), 효고(兵庫), 후쿠오카(福岡) 등 7개의 도도부현이 이에 해당되었다. 투표의 경우 의원 정수가 10명 이하의 선거구에서는 2명의 후보자를, 11명 이상의 선거구에서는 3명의 후보자를 한 장의 투표용지에 쓰도록 했다. 이것이 '제한연기제' 이다.

전전에는 선거운동에 대한 관의 간섭이 지극히 당연했지만, 선거법 개정에 따라 후보자의 선거운동은 원칙적으로 자유화되었다. 남겨진 제한 항목은 호별 방문의 금지, 선거 사무와 관계가 있는 공무원 관할구역 내에서의 운동 금지, 선거운동 비용의 제한뿐이었다.

전후 최초의 총선거는 제국의회 의원을 뽑는 마지막 선거이기도 했다. 선거구제에 대한 시비거리는 남아 있었지만, 일단 이 선거법 개정으로 민주적인 선거가 시작되었다고 할 수 있다.

정당의 결성과 재편

총선거를 앞두고, 각 정당의 결성과 재편도 가속화되었다. 주요 정당의 결성이 공교롭게도 1945년 11월에 집중되었는데, 일본사회당이 11월 2일, 일본자유당이 11월 9일, 일본진보당이 11월 16일, 일본협동당이 12월 18일에 결성되었다. 공산당은 10월 20일에 기관지 『아카하타』(赤旗)를 복간했고, 12월 1일부터 3일간, 전전 시기부터 통산 제4회 당대회를 개최했다.

패전 직후인, 9월 1일 소집된 임시 제국의회는 사실상 심의 기능을 상실했지만, 이 당시의 교섭단체 구성을 보면, 우선 익찬의원들로 구성된 대일본정치회가 378명으로 대부분을 점하고 있었고, 그 다음 익장의원동지회(翼壯議員同志會)가 21명, 무소속 27명이었다(결원 40명). 하지만 9월 6일에 익장의원동지회가, 14일에는 대일본정치회가 연이어 해산했다.

일본진보당

대일본정치회 성원의 대다수가 간판만 바꾸어 결성한 것이 일본진보당이다. 당초 273명의 의원이 참가했다. 이 중에는 마치다 주지, 나카지마 치쿠헤이, 가네미쓰 쓰네오, 사쿠라우치 유키오, 야마자키 다쓰노스케, 쓰루미 유스케, 오아사 다다오, 마에다 요네조, 미요시 히데유키, 기요세 이치로, 사이토 다카오, 마쓰무라 겐조, 이누카이 다케루, 호리 시게루 등의 이름이 있었다. 이와 더불어 후에 수상이 된 미야자와 기이치의 부친인 미야자와 유타카와 하타 쓰토무의 부친인 하타 부시로 등도 함께 하고 있었다. 당내에서는 주도권 경쟁이 치열하게 전개되었다. 당 결성 당일인 16일에도 당 수반이 결정되지 않은 채, 쓰루미 유스케만이 간사장에 취임했다. 이틀 후인 18일에 구(舊)민정당 총재였던 84세의 마치다 주지가 총재가 되었다.

일본자유당

일본자유당은 구의회 내 반(反)도조계열의 원내교섭단체인 '동교회'(同交會, 1941년 11월 10일부터 14일에 걸쳐 하토야마 이치로 등 3인으로 결성)의 인물들이 중심이 되어 결성되었다. 1945년 8월경, 패전이 임박하다고 판단한 안도 마사즈미(과거 『도쿄 아사히』 편집국장, 이후에 요시다 내각 국무상, 하토야마 내각 문부상)가 아시다 히토시, 우에하라 에쓰지로(이후에 요시다 내각 국무상, 내상), 야노 쇼타로[이후에 가타야마 내각 장상(藏相)] 등과 도쿄의 긴자에 있는 고준샤◉에서 회합을 가졌다. 이 날이 마침 패전 당일인 8월 15일이었다. 당시 하토야마를 중심으로 제기된 신당 결성 논의는 매우 급속하게 진전되었다. 이에 따라 23일에는 니시오 스에히로, 미즈타니 조자부로, 히라노 리키조 등 사회당 결성의 중심 인물들도 가세하게 되었다. 하토야마와 니시오 등은 양측의 협력 문제를 둘러싸고 약 10일간의 회합을 가졌다. 회합 마지막 날, 니시오는 "우리 지도자 동지들 모두는 큰 인물들인 만큼 대국적으로 판단하고 협조할 수 있으리라 본다. 하지만 서로가 상대편 배후에 있는 대다수 사람들과도 협조하는 것은 사실상 매우 어려운 문제라고 생각한다"고 말했다. 하토야마도 "결국 제군들과 우리는 성장 과정이 다르기 때문에 어쩔 수 없다"라며 회답했다. 이로써 양측은 "정치적 여운을 남긴 채 결별했다."[1]

고준샤 交詢社

게이오기주쿠(慶應義塾) 출신의 사교클럽.

하토야마 등은 9월 10일에 신당 창립 사무소를 열었고, 10월 13일에는 상

1】『西尾末廣の政治覺書』(每日新聞社, 1968).

임 창립위원을 결정했다. 하토야마, 안도, 아시다, 우에하라, 야노 외에도 이후 참의원장이 되는 마쓰노 쓰루헤이와 자민당의 실력자로 성장하게 되는 고노 이치로, '문단의 제1인자' 로 불렸던 기쿠치 간 등이 창립위원이 되었다. 자금은 고다마 요시오라는 인물이 헌납했다. 헌납한 금품은 고다마가 전쟁 중 중국에서 '고다마 기관'(兒玉機關)이라는 어용 회사를 경영해서 조달한 물자들을 해군에 납품하여 벌어들인 자산으로 알려졌다.

11월 9일 도쿄 히비야(日比谷) 공회당에서 개최된 일본자유당 결성 대회에서는 하토야마가 총재로 선출되었다. 간사장으로는 고노가, 총무회장으로는 10월부터 참가했던 미키 부키치가 되었다. 소속 의원은 46명이었다(자민당 결성에 이르기까지의 보수 제 정당들의 움직임에 대해서는 108-109쪽의 〈그림 3〉을 참조).

일본사회당

일본사회당은 전후 우파 계열로 노동·농민운동에서 활약했던 니시오, 미즈타니, 히라노 등 3명을 중심으로 결성되었다. 니시오는 오사카에서 패전 방송을 듣고 곧장 교토에 있던 미즈타니를 설득해 8월 17일 도쿄로 출발했고, 뒤이어 히라노도 여기에 합류했다. 22일에 이들 세 명은 도쿠가와 요시치카 후작의 저택에서 가타야마 데쓰, 가토 간주(이후에 아시다 내각의 농상), 스즈키 모사부로 등과 만났다. 하토야마와 만난 것은 바로 그 다음날이다. 전전의 사회주의 운동은 사분오열이라는 표현 그대로 심각한 분열 상태에 있었다. 이를 크게 나누어 보면, 우선 전쟁에 가장 협력적이었던 가와카미 조타로, 고노 미쓰, 미와 주소, 아사누마 이네지로, 미야케 쇼이치 등의 일본노동당(일노)계와, 우파이지만 반군부 색채가 강했던 가타야마, 니시오, 미즈타니, 마쓰오카 고마키치(이후에 중의원 의장) 등의 사회민중당(사민)계, 그리고 '용공' 으로도 불렸던 좌파 스즈키, 가토, 구로다 히사오 등 일본무산당(일무)계 등, 3개의 흐름이 있었다. 니시오 등은 이들을 규합해 자신들이 주도권을 쥐고 출발하는 데는 일단 성공했다. 하지만 초기부터 내부 대립이 잠재해 있었다.

노동·농민운동의 대부격인 아베 이소오, 다카노 이와사부로, 가가와 도요히코 등의 제안에 따라 9월 22일 결성 준비 간담회가 이루어졌고, 10월 15일 회합에서 당명과 강령이 결정되었다. 당명을 둘러싸고 '사회당'을 주장하는 측과 '사회민주당'을 주장하는 측 사이의 대립이 있었지만, 투표 결과 1표 차이로 전자로 결정되었다. 그 대신 당명의 영문 표기는 'Social Democratic Party of Japan'으로 했다. 우파가 다수였음에도 불구하고 '사회당'이라는 당명이 결정된 배경에 대해, 고노 미쓰는 우파 내부에서도 "공산당과의 관계를 모호하게 하려는 의도가 있었던 것 같다"라고 회상하고 있다.[2] 실제로 5일 전인 10월 10일에 공산당의 도쿠다 규이치, 시가 요시오 등이 '옥중 10년'을 마치고 환호 속에 석방된 바 있었다.

11월 2일 도쿄 히비야 공회당에서 열린 당 결성 대회에서는 위원장을 공석으로 한 채, 서기장으로 가타야마가 선임되었다. 니시오는 의회대책부장이 되었다. 소속 의원 수는 15명이었다.

일본협동당

일본협동당은 센고쿠 고타로(농협 창시자, 히가시쿠니 내각 농상무상), 구로사와 도리조(낙농 지도자) 등이 협동조합주의를 내걸며 결성했다. 위원장으로는 출판사 가이조사(改造社)의 사장인 야마모토 사네히코를 영입하고, 후나다 나카(이후에 중

2] 中村隆英 外 編,『現代史を創る人々と』第1巻,「河野密」(毎日新聞社, 1971).

의원 의장), 아카기 무네노리(이후에 농상, 방위청 장관) 등이 가세했다. 당시 의원 수는 23명이었다. 니카이도 스스무(이후에 자민당 부총재)는 1946년 총선거 당시 일본협동당 당적으로 최초로 당선된 신인 중 한 명이었다. 미키 부키치는 1946년 4월 총선거 후에 협동당이 협동민주당으로 당명을 개정할 당시 참가했다.

일본공산당

일본공산당은 12월 1일부터 개최된 제4회 대회에서 도쿠다를 최고 지도자인 서기장으로 임명했다. 다음해 1946년 1월 12일에는 1931년 모스크바로 건너간 이래 1940년부터 중국 연안에서 활동하는 등, 통산 16년간의 망명 생활을 보낸 노자카 산조가 귀국해 큰 환영을 받았다. 귀국하는 과정에 대해 노자카 스스로는 1945년 9월 10일에 연안을 출발해 화북, 만주 등을 순회한 후 조선을 횡단해 하카타(博多)에 상륙했다고 설명했다. 하지만 실제로는 10월부터 11월에 걸쳐 극비로 모스크바를 방문했었다. "소련 붕괴 후, 일본공산당이 입수한 각종 내부 자료를 통해, 노자카가 모스크바에 체류하면서 소련 정보기관의 공작원이자 내통자로서의 임무를 부여 받았 …… 음이 명백해졌다. …… 당시 모스크바를 방문했다는 사실을 노자카는 40년에 걸쳐 당 지도부에 숨겨왔던"[3] 것이다.

노자카는 1월 14일 오전 당원 환영회에 참석했다. 이 자리에서 노자카는 '사랑받는 공산당'이 되어야 한다고 말했다. 이 말은 곧 이어 유행어가 되었다.

3] 共産黨中央委, 『日本共産黨の70年』(新日本出版社, 1994).

‘민주인민전선’

공산당과 사회당을 중심으로 광범위한 사람들을 ‘민주인민전선’에 집결시키자고 주창한 인물은 전전부터 노농파 맑스주의자로 알려진 야마카와 히토시였다. 『아사히신문』은 14일자 1면 톱에 “인민전선의 급속 결성/정국 안정의 선결 요건”이라는 기사를 실었다. 노자카도 상경하던 중 차안에서 “인민전선 결성에 혼신을 다해 노력할 것”이라고 말했다. 26일 도쿄 히비야 야외음악당에서 열린 노자카 귀국 환영 대회는 말 그대로 ‘민주인민전선’의 출범을 알리는 집회와 같았다. 이시바시 단잔(이후에 자민당 총재 및 수상)이 후원자의 이름으로 거론되었고, 오자키 유키오가 메시지를 전달할 정도였다.

그러나 ‘공산당에 먹혀 버릴’ 것을 우려한 사회당은 시종일관 소극적으로 대응했다. 공산당도 결국 사회당에 대한 공격을 개시하게 됨에 따라, ‘민주인민전선’은 4월 총선거 전에 소멸되고 말았다.

05 전후 최초의 총선거와 제1차 요시다 내각

추방의 영향

1945년에 정당들은 각기 진용을 갖추었다. 하지만 1946년 1월 4일 연합군 총사령부가 발표한 공직자 추방령으로, 공산당을 제외한 모든 정당들은 큰 타격을 입었다. 시데하라 내각도 호리키리 내상, 마쓰무라 농상을 비롯한 5명의 각료를 교체하지 않을 수 없었다. 381명의 '익협' 추천 의원 전원이 추방되었기 때문에 대부분 익찬의원으로 구성되었던 진보당은 거의 괴멸 직전이었다. 마치다 총재, 쓰루미 간사장을 비롯한 260명이 추방되어, 결성 당시의 의원은 14명밖에 입후보하지 못했다. 자유당도 43명 중 30명이 추방되었다. 당시 하토야마, 고노, 미키 부키치 등은 일단 제외되었지만, 총선거 후에 결국 추방되었다. 사회당은 17명 중 10명이, 협동당은 23명 중 21명이 추방되었다.

결과적으로 총선거에서 하토야마가 이끄는 자유당이 141석을 획득하여 제1당이 되었다. 진보당이 94석, 사회당이 93석으로 그 다음을 이었다. 공산당도 일본 의회사상 처음으로 5개의 의석을 획득했다. 해산 당시와 비교해 보면, 자유당이 3배 이상 증가한 반면, 진보당은 1/3 규모로 축소되었다. 사회당은 5.5배라는 급성장을 이루었다. 사회당의 약진은 어느 정도 예상된 것이기는 했지만, 당대 사람들에게 시대의 변화를 강하게 인식시켜주기에 충분했다. 그리고 같은 보수정당 중에 대일본정치회의 후신격인 진보당이 침몰하고, 반(反)도조 세력이 만든 자유당이 제1당으로 부상한 것도 시대의 힘이었다.

80%의 신진 인물

전직 의원 대부분이 추방된 후에 치러진 이 선거에서 최대 관심사는 과연 어떠한 신진 인물들이 등장했는지의 여부였다. 466명의 총정원 중, 새롭게 등장한 인물은 379명[법정 득표수에 달한 인물 중 정수가 채워지지 않아 재선거를 실시한 도쿄 2구의 1명과, 후쿠이(福井)의 1명, 총 2명을 포함]으로 총 81.3%를 차지했다. 애초부터 전체 후보자 2,770명 가운데 2,624명, 즉 95%가 신인이었다. 전·현직 의원으로 입후보한 146명이 전부 당선되었다고 해도 70% 정도가 새로운 얼굴일 수밖에 없었던 것이다. 신시대의 정치에 호응해, 구세력을 대체하고 신선한 감각으로 도전하려 했던 인물 다수가 등장했다는 사실은 물론 강조되어야 마땅하다. 하지만 신인이 80% 정도라는 규모 그 자체는 추방의 여파라는 점을 고려해보면, 그다지 놀라운 사실이 아니었다.

강고했던 구세력의 지반

이보다 놀라지 않을 수 없는 것은 그토록 엄중했던 추방령이 구세력을 엄습했음에도 불구하고, 구정우회, 민정당 등 전전의 지배 정당 계보에 속해 있던 인물들 가운데 상당수가 당선되었다는 점이다. 이는 추방되었던 정치가들의 상당 부분이 자신의 혈족이나, 자신의 분신을 대신 선거에 내보내 당선시켰기 때문이었다. 그만큼 구세력의 기반은 단단한 것이었다.

이러한 관점에서 보면 사회당의 경이적인 진출도 의외로 큰 것이 아니었음을 알 수 있다. 전전의 '무산' 정당은 가장 많은 당선자를 낸 1937년 총선거에서조차 37명에 불과했다. 이것이 이 선거에서 사회당과 공산당 합계 99명, 즉 100명에 가까운 의석까지 확대된 것은 물론 대약진이었음에 틀림이 없었다. 전후정치를 반세기 가까이 지속시켜 온 '보수 대 혁신'의 틀이 이미 그 모습을 드러낸 것이라고도 할 수 있다.

전후 8개월이 지난 시점이었기 때문에 많은 사람들이 전전의 정치가 전후에까지 지속되어서는 안 된다고 생각하고 있는 것처럼 여겨졌다. 따라서 대도시에서는 '민주인민전선'에 대한 기대가 고조되기도 했었다. 당시의 점령군 역시, 공산당이 '해방군'으로 인식할 정도로 다소 '좌'로 치우치는 경우도 감수했을 만큼, 일본인을 군국주의와 봉건사상에서 해방시키고 민주화로 이끌어 내는 데 힘을 쏟고 있었던 것도 분명한 사실이었다. 신문, 영화, 그리고 유일한 라디오 방송이었던 NHK 등, 모든 대중매체 또한 과거에 대한 반성에 입각해 민주화를 선전하는 데 열심이었다.

그럼에도 불구하고 선거는, 국민 대다수가 기본적으로는 아직도 구세력의 후계자들을 지지하고 있다는 점을 분명히 보여주는 것이었다. 총선거 후, 무소속이나 제 정파가 주요 정당으로 흡수되는 등의 재편을 거친 뒤의 의석수(특별의회 마지막 날인 1946년 10월 16일 현재)를 보면, 보수정당은 336석, 혁신정당은 102석(무소속 2명)으로, 새롭게 형성된 '보수 대 혁신'의 세력 비율이 이미 3 대 1 이상으로 벌어져 있음을 확인할 수 있다.

다만 이 선거에서는 사상 최초로 79명의 여성이 입후보했고, 그 중 약 반수인 39명이 당선되는 쾌거를 보여 정당사에 새로운 장을 장식했다. 대표적으로 가토 시즈에, 야마구치 시즈에, 도카노 사토코, 곤도 쓰루요 등이 그들이다.

제1차 요시다 내각

총선거 후에는 수상을 누구로 할 것인가를 둘러싸고 격렬한 갈등이 나타났다. 우선 연합국 총사령부의 부분적인 지원을 받고 있던 시데하라는 진보당을 여당으로 해서 계속 집권하려 했다. 물론 이는 자유, 사회, 협동, 공산 등 4당의 강력한 반대에 직면했다. 다음으로 제1당인 자유당 총재 하토야마가 사회당의 각외 협력◉을 얻어 조각을 시도했다. 하지만 5월 3일 총사령부는 하토야마를 추방령 G항('파면 및 배제에 해당하는 자'로서 열거된 7항목 중, '기타 군국주의자 및 극단적인 국가주의자')을 적용해 추방했다. 미국을 비롯해 연합국의 도쿄 특파원들이 하토야마의 과거 저작 등을 이유로 총사령부에 영향력을 행사한 것이 결정적인 이유였다.

각외 협력

입각(入閣)은 하지 않았으나 각외에서 그 내각에 협력하는 일. 일반적으로 여당이 절대 다수를 차지하지 못하여 연립내각을 조직하게 될 경우, 협력을 요청받은 정당이나 당파가 연립내각에 참가하면서도 책임은 지지 않고, 기본적으로 내각 구성에만 협력하는 것을 의미한다. 프랑스나 이탈리아에서 연립내각이 성립할 경우 볼 수 있는 현상으로, 이런 경우 원칙적으로 정책 협정을 하는 것이 상례이다. 일본과 같이 여당 내 파벌이 많을 경우, 파벌에 의한 연립내각이 이루어지며, 이때도 각외 협력이라 한다.

그 후 사회당이 단독내각 결성을 목표로 움직임을 보였지만, 결국 자유당 총재의 후계자로 요시다 시게루가 등장해 자유·진보 2당 연립으로 제1차 요시다 내각이 1946년 5월 22일에 성립했다. 총선거로부터 42일이나 지난 후의 일이었다. 요시다는 당시 의석을 갖고 있지 않았지만, 구헌법하에서는 이것이 허용되어 있었다. 그는 '대명강하'(大命降下), 즉 천황의 명령으로 수상이 된 마지막 인물이 되었다.

요시다 1차 내각의 최우선 과제는 신헌법을 비롯한 황실전범(皇室典範) 등 법률 개정을 의회에서 통과시키는 것이었다. 헌법 담당 국무상인 가나모리 도쿠지로는 헌법 심의 과정에서 논란이 되었던 상징천황의 의미를 (국민 전체의 마음 속에 살아 움직여 떨쳐 버리려 해도 떨쳐 버릴 수 없고, 변화시키려 해도 변화시킬 수 없는– 역자 주)

'이른바 동경(憧憬)의 중심'으로 표현했다. 또한 전쟁 포기에 대해 요시다 수상은 6월 25일, "최근의 전쟁은 대부분 자위권의 이름으로 이루어진 것"이라고 지적하고, 제9조는 "자위권 발동으로서의 전쟁도 그리고 교전도 포기하는 것입니다"라고 답변했다.

식량 메이데이

이즈음 국민들은 패전 후 극에 달한 식량 부족, 인플레의 만연, 그리고 발진장티푸스 및 천연두의 유행 등으로 심각한 생활고에 시달리고 있었다. 5월 19일에는 식량획득인민대회(飯米獲得人民大會)가 궁성(宮城, 당시에는 황거를 이렇게 불렀다) 앞 광장에서 25만 명이 결집한 가운데 이루어졌다. 이 집회는 이른바 '식량 메이데이'라고도 불렸다. 집회 당시에는 "국체는 수호될 것이다. 짐은 배부르게 먹을 것이다. 모든 인민은 굶어 죽을 것이다. 어명어새(御名御璽, 천황의 서명과 인장. 칭서 등의 말미에 반드시 찍힘)"라는 문구의 현수막이 등장했다. 이 현수막은 공산당 소속의 한 노조원이 작성한 것이었다. 그런데 이 현수막을 공장 노동자가 들고 행진한 것이 당시 형법의 불경죄(천황, 황족, 신궁, 황후 등에 불경한 행동을 한 죄)에 해당된다고 해서 기소되는 사건이 발생했다. 11월 2일에 열린 제1심에서 불경죄 적용은 기각되었지만, 대신 명예훼손으로 유죄(징역 8개월) 판결이 내려졌다. 그러나 공교롭게도 판결 당일 신헌법의 공포와 더불어 사면 조치가 이루어졌다. 사면 대상에는 불경죄 해당자도 포함되었다. 이에 따라 1947년 6월 28일의 제2심에서는 다시 불경죄로 일단 유죄판결을 내린 뒤 사면을 통해 면소(免訴)하는 방식으로 처리되었다. 뒤이어 1948년 5월 26일에 이루어진 최고판결에서는 어떠한 죄에도 해당하지 않는다는 판결에 따라 면소되었다. 불경죄는 1947년 11월 15일에 개정 형법이 실시되면서 간통죄와 함께 폐지되었다.

2·1 총파업

노동쟁의도 빈번하게 발생했다. 1946년 한 해 동안 622건의 파업이 일어났을 정도였다. 요시다 수상은 1947년 신년 라디오 방송(당시는 NHK뿐이었음)에서, 쟁의 행위를 일으킨 노동자들을 '불순분자'로 지칭했다. 이즈음 공공 부문 노조로 이루어진 전관공청노조확대공동투쟁위원회(全官公廳勞組擴大共同鬪爭委員會, 의장은 국철노조의 이이 야시로)는 임금 인상과 '민주정권'의 수립을 내걸고, 2월 1일 교통 및 통신관계 노조를 중심으로 400만 명이 참가하는 전례 없는 규모의 총파업(2·1 총파업)을 단행할 계획을 세우고 있었다. 따라서 당시 요시다의 발언은 불에 기름을 붓는 격이었다. 노조원들은 분개했고, 이로써 총파업은 성공할 것처럼 보였다.

그러나 파업 단행 직전인 1월 31일 오후, 맥아더는 이 계획의 중지를 명령했다. 총파업은 교통과 통신을 마비시키고, 국민을 기아 상태로 만들 것임은 물론, 전력과 가스의 원료인 석탄의 이동을 곤란하게 할 것이며, 간신히 조업이 유지되고 있는 산업마저 중단시키게 될 것이라는 이유에서였다. 점령군은 해방군으로서 노동자 편이기 때문에 파업을 금지할 리가 없다고 믿고 있던 공산당이나 노조 간부들에게 이는 충격적인 사건이 아닐 수 없었다. 이이(伊井) 의장은 이 날 밤 총사령부의 강제에 따라 파업 중지를 알리는 라디오 방송을 했다.

06 사회당, 제1당으로

국민주권하의 제1회 총선거

1947년 4월 한 달 동안, 도도부현 지사 등의 자치단체장 선거를 시작으로 참의원, 중의원, 자치단체의회 의원의 순으로 공직 선거가 이루어졌다. 이는 전년 11월 3일에 공포된 신헌법, 즉 〈일본국헌법〉이 1947년 5월 3일에 실시되는 것에 발맞춰 통치체제를 정비하려는 것이었다. 지사, 시정촌(市町村)의 단체장 및 참의원 선거가 이루어진 것은 사상 최초였다.

이때의 중의원 총선거는 제국의회 시대부터 통산해서 '제23회' 선거로 규정되었다. 그러나 이 선거부터 천황의 '협찬' 기관에 불과했던 '의회'는 '국권의 최고 기관이자 국가의 유일한 입법기관'인 '국회'가 되었고, 중의원에는 참의원보다 우월한 제1원의 지위가 부여되었다. 또한 내각총리대신도 이 선거 이후에는 천황의 '대명강하'로 지명되는 것이 아니라, 중의원에서 투표를 통해 사실상 결정되었다. 비(非)의원으로서 수상이 되었던 요시다도 이 선거에서 자신의 부친인 다케우치 쓰나(제1회 제국의회 총선거부터 3회 연속 당선)의 선거구였던 고치(高知) 현에 입후보해 의석을 얻었다.

물론 패전에 따른 연합국의 점령은 지속되고 있었다. 따라서 '천황의 대명

(大命)' 도, '국회의 지명' 도, 연합국 최고사령관의 마음에 들지 않으면 변경될 수밖에 없는 운명이었다는 점에서는 다를 바가 없었던 것도 사실이다. 그럼에도 불구하고, 이 선거로 인해 형식상의 주권이 최초로 천황에서 국민으로 이동했다는 사실이 갖는 의의는 매우 큰 것이었다는 점을 지적하지 않을 수 없다. 이러한 의미에서 당시의 중의원 선거는 제23회가 아니라 제1회로 부르는 것이 적절할 것이다.

중선거구 단기제

이 선거부터 선거구제는 1946년 선거의 '대선거구 제한연기제' 에서 '중선거구 단기제' 로 복귀했다. 중선거구제는 1928년 제1회 보통선거부터 1942년 익찬선거까지 실시되었다. 이번 선거법의 개정은 1947년 3월 31일에 중의원 입법의 형태로 자유, 진보 양당의 찬성으로 통과되었다. 구제도로의 복귀는 정부의 강한 의지이기도 했다. 우에하라 에쓰지로 내상은 2월 1일 개각에 따른 취임 후 첫 기자회견에서, 선거구제에 대해 "양대 정당주의에 의한 정당정치의 안성 확립이라는 표면상의 이유 이상으로 소선거구제 및 단기제가 가장 이상적이라고 생각한다. 군소정당의 난립은 민주주의의 발전을 저해한다. 그렇다고 당장에 소선거구제로 바꾸기는 어렵기 때문에, 우선 중선거구 및 단기제를 도입하고자 한다"(『아사히신문』 2월 2일자)고 언급했다. 하지만 선거구제 개정의 실제 내막은 보수파들이 연기제로 인해 공산당과 여성들이 대거 진출하는 상황을 저지하려는 것이었다. 특히 이 무렵부터 이미 보수 세력과 내무성(이후에 자치성)이 소선거구제를 이상적으로 간주하고 있었다는 점은 주목할 만하다.

가타야마 내각의 성립

1947년 4월 25일의 총선거로, 가타야마 데쓰를 위원장(1946년 9월 30일 제2회 대회에서 선출)으로 하는 사회당이 제1당이 되었다. 그 결과 사상 최초로 사회당 내각이 탄생했다.

사회당이 제1당이 되기는 했지만 5월 20일 제1회 특별국회 소집일 당시 의석수는 144석에 머물러 있었다. 이는 총의석 466석의 31%에 불과한 것으로 단독정권을 만들 만한 숫자가 아니었다. 가타야마 수상은 5월 23일 중의원에서 6표의 무효표인 백표[●]가 나오기는 했지만 전원 투표로 결정되었다. 그러나 그는 연립을 결성하는 과정에서 우여곡절을 겪어야 했다. 3당의 연립은 아시다 히토시를 총재로 하는 의석수 132석의 민주당과, 미키 부키오를 서기장으로 하는 의석수 31석의 국민협동당(이하 국협당)과 이루어졌다. 대일본정치회–진보당의 계보를 이어 민주당은 1947년 3월 31일 자유당에서 9명, 국협당에서 15명이 참가하는 가운데 결성되었다. 총재는 5월 8일 자유당 정무조사회장인 아시다가 되었다. 국협당은 이보다 앞서 같은 해 3월 8일 협동민주당과 오카다 세이치, 하야카와 다카시 등이 이끌고 있던 국민당, 그리고 무소속 의원 등이 '인도주의에 입각한 협동주의'를 내걸면서 출범했던 제3의 보수정당이었다. 국협당은 애초 78명의 의원으로 구성되어 있었지만 이 선거에서는 31명으로 의석수가 격감한 상태였다.

백표 白票

백지 상태로 제출한 무효표. 그 외 청표(青票)와 반대되는 의미로 안건에 대한 찬성을 의미하는 흰색의 목재 표찰을 가리키는 경우도 있다.

가타야마 내각의 실질적인 성립은 6월 1일에 이르러서였다. 아시다는 외무상이 되었고, 미키가 체신상, 니시오가 국무상 겸 관방장관, 미즈타니가 상공상, 히라노가 농상이 되었다.

보수 우위의 세력 구도

가타야마는 총선거 직후에 "차기(사회당) 정권은 자본주의에서 사회주의로의 이행을 담당해야 한다"고 말한 바 있었다. 하지만 여당 세력 307석 중 사회당은 47%로 그 반수에도 미치지 못하고 있었다. 각료의 배분도 수상을 포함한 총 17명 가운데, 사회당 7명, 민주당 7명, 국협당 2명, 참의원의 녹풍회(綠風會) 1명으로 이루어져 있었다. 녹풍회의 와다 히로오 국무상 겸 경제안정본부장관(이후에 사회당 부위원장)을 사회당 각료로 계산한다고 해도 과반수는 보수파가 점하고 있었다.

또한 중의원 전체의 세력 비율을 '자본주의인가, 사회주의인가'라는 당대에 회자되던 이데올로기 대립 구도로 나누어 보더라도, '사회주의 세력'은 사회당, 공산당 양당 합쳐 148석이었던 것에 비해, 무소속을 제외한 자유, 민주, 국협, 일본농민당 등 '자본주의 세력' 4당은 총 300석에 달했다. 이후 성립되는 '55년 체제'의 실체인 '1과 1/2 정당제'(또는 양대 정당제)의 구성에 필요한 세력 배분은 부활된 제1회 중선거구제 선거 때부터 이미 이루어져 있었던 것이다.

게다가 각 당의 득표수를 보면, 사회당은 약 720만 표로 유효득표율의 26.3%, 즉 1/4만을 얻었을 뿐이었다. 이에 비해 의석수에서는 제2당이었던 자유당이, 선거 후 일부가 민주당으로 이적한 것을 제외하더라도 약 726만 표로 제1당인 사회당을 근소하게나마 상회하고 있었다. 전체 '보수 대 혁신'의 득표수를 보더라도 1,672만 대 820만으로 약 2 대 1 이상의 격차를 보이고 있었다.

탄광의 국가 관리와 경사 생산

이러한 불리한 세력 관계 속에서도 가타야마 내각은 '주요 산업 국유화' 방침 등, 소위 '사회주의다운 정책을 실현'하자는 당내 좌파의 강력한 요구에 직면하지 않을 수 없었다. 그 결과 등장한 것이 1947년 12월 8일의 〈탄광국가관리법〉(정식명칭은 〈임시석탄광업관리법〉)이었다. 이 법안이 통과되는 과정에서는 여당 민주당 내의 분열과 국회 난투 등의 파란이 동반되었다. 하지만 이 법안은 탄광의 사유제를 근간으로 한 국가 관리 방식이었다. 이 법안으로는 좌파도 만족시키지 못했고 민주당의 반발 또한 잠재우지 못했다. 게다가 애초부터 3년 시한의 입법이었기 때문에 결국 1950년 5월 20일 폐지되는 운명을 맞이했다.

당시 중점을 둔 경제정책은 요시다 내각 때부터 아리사와 히로미, 이나바 히데조, 쓰루 시게토 등의 경제 전문가들이 주장해 왔던 석탄에 대한 '경사 생산'(傾斜生産)이었다. 경사 생산이란 모든 경제를 일본 유일의 천연자원인 석탄 생산으로 '집중적으로 경사' 시키고, 그 결과 생산된 석탄을 다시 철강, 전력(화력발전), 국철(증기기관차), 화학비료(황산암모늄 등) 생산에 이용하도록 하는 것을 의미한다. 우선 연합국 총사령부의 알선을 통해 수입된 제한된 양의 중유와 코크스 등을 철강 생산에 집중 투여하도록 했다. 생산된 철강은 전량 석탄 생산으로 돌리는 동시에, 탄광 노동자에 대한 쌀의 배분도 증대시켰다. 그리고 철강과 석탄을 실제 비용보다 싸게 팔도록 했고, 그 차액은 정부가 가격차 보조금으로 지불했다. 이러한 생산 방식의 관리를 국가가 강화하고자 한 것이 탄광 국가 관리였다.

당내 분쟁과 총사직

가타야마는 1947년 11월 4일 히라노 농상을 파면했다. 신헌법으로 가능해진 수상의 각료 파면권을 최초로 실행한 것이다. 이 조치는 가타야마 내각의 거듭되는 내분과 총사령부의 추가적 추방 조치 움직임을 반영한 것이었다.

사회당 내의 좌우 분쟁은 당 결성 당시부터 존재했다. 탄광 국가 관리 문제, 히라노 후임 인사 문제 등 사안이 있을 때마다 분쟁이 끊이지 않았다. 내각 안에서는 경제안정본부와 대장성 사이에 암투가 전개되었다. 이러한 내분은 결국 1948년 2월 10일의 총사직으로 이어졌다.

2월 5일 사회당 좌파의 총사령관 격인 스즈키 모사부로를 위원장으로 하는 중의원 예산위원회는 야당과 사회당 좌파만의 출석으로 겨우 정족수를 채웠다. 위원회는 정부가 제출한 추가 예산안을 긴급 의제로 삼고, 이에 대한 '철회 및 재조정'을 기습적으로 통과시켰다. 추가예산의 내용은 공무원에게 0.8개월분의 생활 보조금을 지급할 재원을 마련하기 위해 국철 운임과 우편요금을 두 배로 올린다는 것이었다. 사회당 좌파는 이를 공무원 조합과 국민을 이간하려는 술책이라고 반대했다. 와다 히로오가 장관으로 있던 경제안정본부의 경우, 재원은 가격을 올리지 않고서도 인플레에 따른 소득세의 자연 증세로 해결할 수 있다고 주장했지만, 대장성은 공공요금 인상을 끝까지 주장했다.

이 사건이 총사직의 원인이 되었다는 것은 상식적인 이해 방식이다. 하지만 그 후 가타야마, 니시오, 스즈키 등은 다른 증언을 하고 있다. 특히 가타야마의 경우는 1976년 3월에, 자신이 수상직을 그만 둔 것은 당시 사적인 회담에서 맥아더가 재군비(再軍備)를 시사하는 발언을 했기 때문에 이를 반대하는 의미에서 취한 행동이라고 주장했다. 즉 좌파의 모반 때문이 아니라는 논리다. 하지만 스즈키 등 좌파가 가타야마 내각의 총사직을 목표로 행동했는지에 대한 판단 여부와는 별개로, 분명한 것은 좌우 대립이 총사직의 중요한 배경 중 하나였다는 점이다.

왜곡된 실패의 교훈

당시 사회당 좌파는 가타야마 내각이 "사회당 정권을 수행할 열의가 결여"(1948년 1월 제3회 당대회의 결의)되어 있다고 강하게 비난했다. 그러나 당시 여당 내부의 세력 분포, 중의원 내에서 보수·혁신의 세력 비율, 득표율 등에 나타난 유권자의 의사를 양적으로 정확히 파악했다면, 불만이 있었다고 해도 직접적인 공격만큼은 자제하는 것이 현명했다고 생각된다.

물론 이와 같은 '냉정한 시각'은 사후적인 것이다. 당시에는 나가타 조◉, 즉 정치권은 물론 도시의 젊은 지식층 사이에서도 '혁신'과 '사회주의'에 대한 강한 기대감이 확산되어 있었던 것이 사실이다. 사회당을 둘러싼 이와 같은 분위기가 좌파의 공격을 가능하게 한 '열정적인 근거'가 되었을지 모른다.

나가타 조 永田町

일본의 정치권을 비유한 말. 도쿄 도 나가타 조에 일본 국회가 있다.

문제는 사회당 우파에 대한 좌파의 이와 같은 공격이 일시적인 것으로 머물지 않았다는 데 있다. '가타야마 내각의 실패'는 그 후에도 지속적으로 좌파 우위의 사회당 내에서 다시는 되풀이되어서는 안 될 우경적 노선의 오류로 회자되어 왔다. 예를 들어 가타야마의 사상에서는 "프롤레타리아트 계급 지배의 확립이라는 생각을 전혀 찾아볼 수 없다"[4]라는 등, 30여 년이 지날 때까지도 당의 정사(正史)는 그에 대해 비난 투의 서술로 일관했을 정도였다. '가타야마 내각'의 사례는 정치권력에 안주하는 것, 특히 보수정당과의 연립 정권은 혁명을 어렵게 하는 만큼 이를 극복해야 한다는 좌파의 논리를 검증하는 교훈으로 인식되었다. 이처럼 왜곡된 실패의 교훈은 새로운 실패의 원인으로 사회당 내에 지속적으로 재생산되어 왔다.

4】月刊社會黨編集部,『日本社會黨の三十年(1)』(社會黨機關紙局, 1974).

07 최초의 단독 과반수 정당

아시다 내각

가타야마 내각이 무너진 뒤에도 사회, 민주, 국협 3당의 연립여당은 유지되고 있었다. 마치 돌아가며 정권을 잡는 격으로 민주당의 아시다 히토시 총재가 수상으로 선임되었다. 1948년 3월 10일 탄생한 아시다 내각에서는 아시다가 스스로 외무상을 겸임하는 한편, 민주당의 기타무라 도쿠타로가 대장상으로, 노마베치 기조가 국무상·관방장관으로 발탁되었다. 사회당에서는 니시오가 부총리, 모리토 다쓰오가 문부상이 되었다. 상공상 미즈타니는 유임되었다. 사회당 좌파에서도 처음으로 가토 간주와 노미조 마사루가 '현실좌파'로서 각각 노동상과 국무상으로 입각했다. 수상을 포함한 각료의 분배는 민주당이 6명, 사회당이 8명, 국협당이 2명이었다.

민주당과 사회당 사이의 배분이 7대7에서 6대8로 바뀐 것은 민주당의 의석수가 1947년 총선거 직후 132석에서 83석으로 줄었기 때문이다. 우선 탄광의 국가 관리 문제로 1947년 11월 28일 시데하라를 필두로 네모토 류타로, 하라 겐자부로(이후에 중의원 의장), 다나카 가쿠에이(이후에 수상) 등이 민주당에서 탈당, 동지클럽을 결성하고 있었다. 가타야마 내각 붕괴 후 후계를 둘러싸고 벌어진 각

당의 다수파 공작 과정에서 사이토 다카오 등마저 탈당했다. 이때 탈당한 의원들이 1948년 3월 동지클럽에 합류하면서 새롭게 민주클럽이 만들어졌다. 그리고 3월 15일 자유당과 민주클럽이 통합해 중의원 152명으로 구성된 '민주자유당'(총재는 요시다 시게루)을 결성했다. 이는 후일 '제1차 보수 합동'으로 불렸다.

쇼와전공 비리 의혹 사건

아시다 내각은, 연합국 총사령부 내의 파벌 투쟁까지 동반한 쇼와전공(昭和電工, 약칭 쇼덴) 비리 사건에 연루되어 10월 7일 총사직했다. 7개월이 조금 넘는 수명이었다. 이 사건은 식량 증산에 필수적인 화학비료 제조사였던 쇼덴이 훗코(復興)금융금고에서 자금을 빌리기 위해 정부 요인에게 뇌물을 주었다는 것이다. 당시 뇌물 수수 혐의로 대장성 주계국장◉인 후쿠다 다케오(이후에 수상), 자유당 전 간사장인 오노 반보쿠, 대장상 구루스 다케오가 체포되었고, 뒤이어 니시오 부총리까지 체포되어 결국 내각 전체가 무너지는 사태에 이르렀다. 아시다 수상 자신도 총사직 이후 2개월이 지나 또 다른 뇌물 수수 혐의로 중의원의 승인하에 체포되었다.

대장성 주계국 大藏省 主計局

대장성은 국가예산의 분배, 조세정책, 금융정책 등을 실질적으로 결정하는 곳이다. 대장성 내에서 재정부문은 크게 주계국과 주세국(主稅局)으로 나뉘며, 금융부문은 은행국과 증권국으로 나뉜다. 여기서 재정부문의 주계국은 예산 분배를 담당한다.

그러나 14년 후인 1962년 11월 최고재판소(한국의 대법원에 해당함-역자 주)에서 대장상 구루스의 유죄가 확정된 것을 제외하고는, 아시다, 니시오, 오노, 후쿠다 전원이 1951년부터 1958년에 걸쳐 줄줄이 무죄판결을 받았다. 아시다는 200만 엔을, 니시오는 100만 엔을 받은 것이 사실이지만, 뇌물이 아닌 정치 헌금으로 인정되었다. 후쿠다 또한 10만 엔을 받았지만, 쇼덴 측조차도 이를 뇌물이라고 생각하지 않았다는 것이다.

사실 이 사건에는 연합국 총사령부 내 민정국(GS)과 참모 제2부(G2)의 대립이 관계되어 있었다. 민정국은 3당 연립내각에 호의적이었던 반면, 참모 제2부는 그렇지 않았다. 당시 쇼덴의 히노하라 세쓰조 사장은 민정국 차장인 케디스(일본 헌법 작성의 중심 인물)와 밀접한 관계였다. 이 점에 착목한 참모 제2부가 케디스를 쇼덴 비리 사건에 연루시키고, 동시에 내각도 와해시키려 했던 것이다.

실패로 끝난 야마자키 수상 옹립 시도

아시다 내각의 뒤를 이어, 민주자유당 총재인 요시다 시게루가 1948년 10월 19일 제2차 내각을 출범시켰다. 소위 '야마자키 수상 옹립 시도'는 바로 그 직전에 벌어졌다. 민정국 국장 휘트니, 차장 케디스 등은 요시다를 일본의 구세력 중에서 가장 반동적인 인물로 간주하고, 그 배경에는 참모 제2부가 존재한다고 판단했다. 따라서 요시다 대신 민주당 간사장이었던 야마자키 다케시를 수상으로 만들려는 계획을 추진하고 있었다. 애초에 야마자키 자신도 이 계획에 동조했고, 상당수의 민주당 의원들 또한 야마자키를 수상으로 옹립하는 쪽으로 기울고 있었다. 그러나 다른 주변 동료 의원들의 설득으로 야마자키는 결국 생각을 바꾸었고 의원까지 사퇴했다. 의석이 없는 한 아무리 총사령부라 할지라도 그를 수상으로 만들기는 어려웠다. 민정국이 의도한 '야마자키 내각'은 실패로 끝난 것이다.

제2차 요시다 내각은 성립 당시 의석수가 150석으로, 결원을 제외한 중의원 의원 447석의 34%에 지나지 않는 단독 소수 여당 내각으로 출발했다. 당연히 선거 관리 내각의 색깔이 농후했다. 그러나 비리 사건들이 연이어 적발되는 과정에서 선거를 치르게 되면, 이전 정권에서 여당이었던 사회, 민주, 국협 3당에게 매우 불리한 상황이었다. 이때 돌출된 것이 바로 해산권을 둘러싼 논쟁이었다.

해산권 논쟁

내각이 성립된 지 한 달도 채 되지 않은 11월 8일, 『아사히신문』에 헌법학자인 미야자와 도시요시의 "해산의 헌법적 의미"라는 제목의 논문이 게재되었다. 내용의 개요는 다음과 같다.

중의원이 내각을 불신임했을 경우 내각이 중의원을 해산하는 것이 의원내각제의 정석이다. 이는 헌법 69조에 명시되어 있다. 그러나 중의원 해산권은 이 경우에만 한정되는 것이 아니다. 헌법 7조에는 천황도 국사 행위의 하나로 중의원을 해산할 수 있다. 하지만 천황의 해산 명령은 반드시 내각의 조언과 승인에 근거해야 하므로, 결국, 해산의 결정 권한은 내각에 있는 셈이 된다. 다시 말해 헌법 7조만으로도 해산이 가능하다는 것이다.

이는 해산 및 총선거를 가능한 뒤로 미루고자 했던 야당에게 매우 불리한 해석이었다. 야당 측을 비호하고 있던 민정국은 "헌법 69조에 근거하지 않는 해산은 불가능하다"는 해석을 강하게 주장했고, 가타야마 사회당 위원장으로 하여금 이러한 논거의 견해를 발표하도록 했다. 그러나 정부와 여야당은 민정국과의 협의하에 의견의 일치를 끌어내는 데 성공한다. 결국 해산이 가능하게 된 배경과 관련해, 요시다는 자신의 회고록 『회상 30년』(新潮社, 1957)에서 소수 여당 내각에 해산권이 없으면 국정운영이 곤란해질 것으로 판단한 맥아더가 어떻게 해서든 해산이 가능할 수 있도록 최종 결단을 내린 결과라는 취지로 기술하고 있다.

공모된 해산

해산은 결국 형식상 헌법 69조에 근거해서 이루어졌다. 1948년 12월 23일 밤, 야당이 요시다 내각에 대한 불신임안을 제출하고, 중의원이 이를 가결시킴에 따라 내각이 해산권을 발동하는 수순을 밟은 것이다. 해산을 원하지 않았던 야당이 불신임안을 제출했던 것은 연합국 총사령부의 견해를 일단 받아들인 결과였다. 해산 조서에도 "일본국헌법 제69조 및 제7조에 의해 ……" 라고 쓰여졌다. 이 해산은 '공모된 해산' 이라고 불렸다.

총선거는 다음 해인 1949년 1월 23일 이루어졌다. 결과는 민자당(민주자유당)의 극적인 대승이었다. 해산 전의 152석(직전의 당적 이동이나 보궐선거로 내각 성립 시보다 2석이 증가)에서 77%나 늘어난 269석(당선 후 입당자 포함)이 되었다. 단독으로 58%라는 과반수를 획득한 것이다.

사회, 민주, 국협의 패배

사회, 민주, 국협 3당은 의석이 크게 줄었다. 가장 심하게 줄어든 것은 이전 선거에서 제1당이었던 사회당이었다. 당선자 수가 고작 48명으로 해산 전 111석의 43%에 불과했다. 그리고 이전 선거(1947년 4월 선거)에서는 144명이 당선된 바 있었다. 이에 비하면 의석수가 정확히 1/3로 줄어든 것이다. 가타야마 위원장과 니시오 서기장(선거 시에는 무소속)을 비롯해, 아시다 내각에 '현실 좌파' 로 입각했던 가토, 노미조, 그리고 체신상이던 도미요시 에이지 등도 줄줄이 낙선했다.

민주당은 사회당에 비한다면 좀 나은 편이었다. 해산 시의 90석에서 70석으로 약 20% 정도의 피해에 머물렀기 때문이다. 선거 직전 체포 및 기소되었던 아시다는 교토 2구에서 최고 득표로 당선되었다.

국협당은 해산 전의 29석에서 14석으로 반이 줄어들었다. 또한 아시다 내각의 예산안에 반대해 1948년 7월 8일 사회당에서 제명된 바 있던 가장 좌파인 구로다 히사오, 오카다 하루오, 마쓰타니 덴코코[1949년 민주당의 소노다 스나오 의원(이후에 외무상 및 후생상)과의 스캔들 사건으로 유명함. 이 사건은 국회의원 간의 연애였다는 의미에서 '백아의 사랑'◉ 이라고 불렸음] 등으로 구성된 노농당(노동자농민당)은 해산 당시 12석이었으나 선거 후에 7석으로 줄었다.

백아白亞의 사랑

백아는 국회의사당을 말하며, 국회의사당 내의 사랑이라는 뜻.

사회당에서는 농상에서 파면된 히라노 리키조나 스즈키 젠코(이후에 수상) 등 전농파(全農派) 계열의 인사들이 1948년 1월에 탈당했다. 이들은 국협에서 탈당한 하야카와 다카시, 아키타 다이스케 등과 합류해, 3월 11일 20명으로 구성된 사회혁신당을 결성했으나 5명을 당선시키는 데 그쳤다(스즈키는 당선 시 민자당 공인 후보였다).

그 밖에 야당으로서는 민자당과 민주당에서 탈당한 11명이 1948년 12월에 결성한 신자유당이 있었다. 하지만 이 당도 선거 결과 2명의 당선자를 내는 데 머물렀다.

야당 중에 비약적으로 의석을 늘린 것은 공산당이었다. 이전 선거에 4석에 불과했던 것이 일거에 35석으로 약진했다. '절대득표율'(유권자 수를 분모로 한 득표율)이 지난 선거에서 2.5%였던 것이 7.1%로, 4.6%나 증가했다. 이에 비해 사회당과 노농당의 합계는 17.6%에서 11.3%로 6.3% 줄었다. 즉, 지난 선거에서 사회당에 기대했던 사람들 중 상당 부분이 이 선거에서는 공산당을 지지하고 있음을 알 수 있다.

고급 관료 출신 의원

1949년 총선거에서 특이할 만한 한 가지 사실은, 고급 관료 출신 의원이 대거 등장했다는 점이다. 1948년 7월, 야당이었던 민자당은 그동안 추방으로 인해 인재난에 허덕이던 당 내부에 우수한 후보를 수혈하기 위해 각 성의 차관 및 국장급 관료를 다수 영입했다. 이 중에는 기시 노부스케의 친동생이자 운수성 차관이었던 사토 에이사쿠도 있었다. 그는 선거 전에 의석을 갖지 못한 채 제2차 요시다 내각의 내각 관방장관(당시의 내각 관방장관이라는 직책은 반드시 각료라

〈그림 1〉 총선거·당파별 절대득표율 추이(1946~93년)

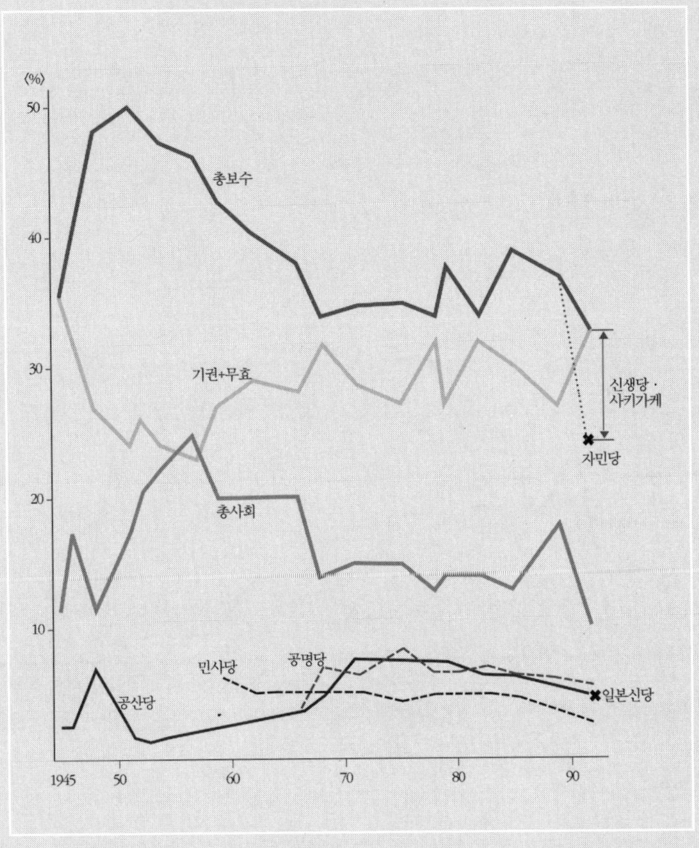

주: 1. 총보수: 1990년까지는 모든 보수당과 보수계 무소속, 1993년은 자민, 신생, 사키가케 3당과 이 3당 계열의 무소속 및 그 외 보수계 무소속(일본신당 계열은 제외).
2. 총사회: 사회당 좌우 양파, 노농, 사민련, 사회당계 무소속을 포함.
3. 일본신당도 동일 계열의 무소속을 포함.
4. 그 외의 당도 각 당의 동일 계열 무소속을 가산했음.

〈그림 2〉 참의원(전국구－비례구) 당파별 절대득표율 추이 (1947~92년)

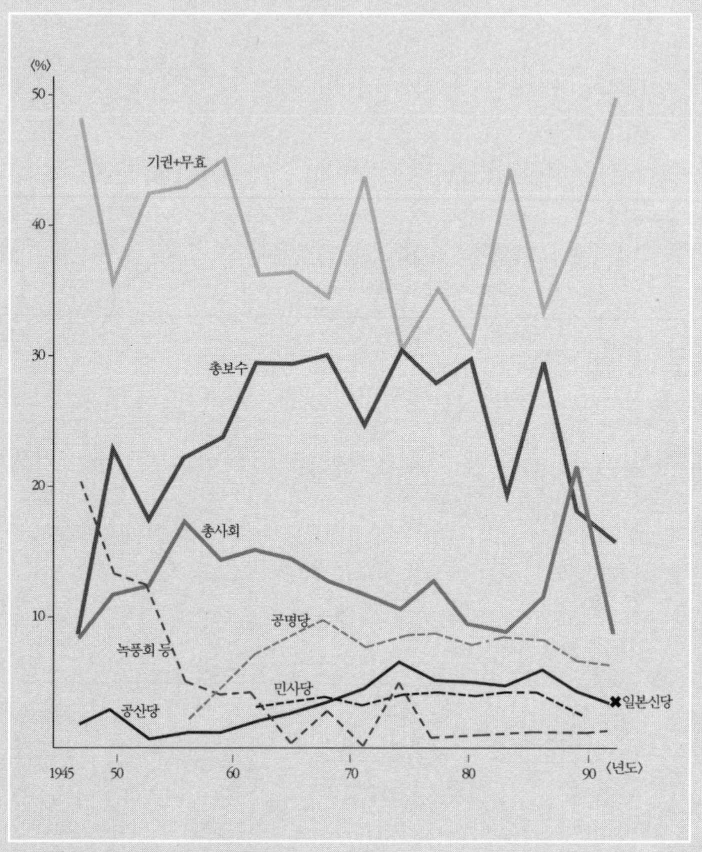

주: 1. 총보수: 모든 보수당과 보수계 무소속.
2. 총사회: 사회당 좌우 양파, 노농, 사민련, 사회당계 무소속을 포함.
3. 일본신당도 동일 계열의 무소속을 포함.
4. 그 외의 당도 각 당의 동일 계열 무소속을 가산했음.
5. 1983년 이후의 참의원 선거 비례구에는 무소속의 득표가 없음.

고 할 수는 없었다)으로 발탁되어 있었다. 또한 홋카이도 장관이었던 마스다 가네시치도 이미 제1차 요시다 내각에서 운수상에 등용되어 있었고, 그 후 1947년 총선거에서 의석을 얻었다.

이와 같이 관료 출신자로서 1949년 총선거에서 처음으로 당선된 주요 인물들은, 사토 외에도 다음과 같은 이들이 있다(직책은 각료로서의 마지막 이력).

이케다 하야토(대장성 차관)
요시타케 겐이치(노동성 차관)
오하시 다케오[전재부흥원(戰災復興院) 차관]
니시무라 에이이치(운수성 전기국장)
엔도 사부로(농림성 축산국장)
니시무라 나오미(고치 현 지사)
오카자키 가쓰오(외무성 차관)
하시모토 료고(내각 관방 차관)
마에오 시게사부로(대장성 주세국장)
고가네 요시테루(상공성 연료국장)
스도 히데오(농림성 총무국장 및 물가국장)

08 강화조약 전후

제3차 요시다 내각

1949년 총선거에서 1952년 총선거까지, 즉 제3차 요시다 내각 재임 3년 8개월 사이에 1951년 9월 샌프란시스코 강화조약이 조인되었고, 1952년 4월 발효되었다. 그 사이에 수많은 사건이 내외적으로 발생했고, 정치 또한 매우 격동적으로 움직였다.

1949년 총선거까지 단독 과반수를 점한 민자당의 요시다 수상 등은 한층 더 안정을 추구하는 한편, 이를 위해 같은 보수당이었던 민주당에 연립을 제안했다. 민주당은 쇼덴 비리로 총재 자리에서 물러난 아시다를 대신해 이누카이 다케루가 그 뒤를 잇고 있었지만, 당내에는 도마베치 기조, 기타무라 도쿠타로, 나카소네 야스히로 등의 아시다파와, 호리 시게루, 고사카 젠타로 등의 이누카이파가 반목하고 있었다. 중의원 의원 70명 중 이누카이파 33명은 연립에 찬성했지만(연립파), 아시다파를 중심으로 한 37명은 이에 반대했다(야당파).

1949년 2월 11일 수상 지명을 받은 요시다는 16일의 조각에서 민주당 연립파인 이나가키 헤이타로를 상공상으로, 기무라 고자에몬을 지방재정위원회 위원(이후에 지방자치청 장관)으로, 입각시킴으로써 연립내각을 성사시켰다. 이에 따라 민주당은 3월 26일부터 공식적인 분열이 시작된다. 약 1년 후인 1950년 2월 연립파 중 22명이 민자당에 합류했고, 3월 민자당은 당명을 '자유당'으로 개칭했다. 또한 야당파는 복잡한 이합집산을 거듭하고 있던 국협 등과 더불어 1950년 4월 28일에 국민민주당을 만들었고, 1952년 2월 8일에는 이를 개진당으로 개칭했다.

민주당과의 연립 외에, 제3차 요시다 내각의 조각에서 특이할 만한 사항으로는 초선이었던 이케다와 사토를 각각 대장상과 민자당 정무조사회장 등으로 안배한 점이다.

경제 안정 9원칙

제3차 요시다 내각의 우선 과제는 "일본 경제의 안정과 부흥을 목적으로 하는 9원칙(경제 안정 9원칙)"을 실시하는 것이었다. 경제 안정 9원칙은 중의원 해산 직전인 1948년 12월 18일에 연합군 총사령부가 미국 정부로부터 직접 지시받은 것이었다.

9원칙의 주요 내용은 초균형 예산과 수출 체제의 정비 등을 강하게 촉구하는 것이었다. 이를 위해 미국 디트로이트 은행의 이사장 조셉 닷지가 트루먼 대통령의 의뢰를 받아 점령군 사령관 고문으로 일본을 방문해 그 실행을 직접 지휘했다. 특히 보조금과 미국의 원조 물자는 일본 경제에 있어 '죽마의 다리'◉와 같다고 비유하고, 이 양 다리를 절단해 빈궁한 생활을 참아내고, 인플레를 극복해 경제를 자립시켜야 한다고 일본 국민들에게 요구했다. 이로써 '닷지 라인' 또는 '죽마 경제'라는 용어가 유행하기도 했다.

죽마의 다리 竹馬の脚
자립을 방해하는 장치라는 의미.

일본은 무(無)감세, 보조금 전면 폐지, 공공요금 인상, 국철 등의 공무원 23

만 명 해고 등을 내용으로 하는 균형예산을 실시하는 대가로, 1달러=360엔으로 단일 환율을 적용하는 등의 조치를 부여 받아 국제경제에 복귀했다.

민주화에서 부흥으로

최근 미국의 외교문서가 공개되면서 이 9원칙이야말로 미국 냉전정책의 일환이었음이 명백히 밝혀졌다. 미국 측은 일본을 경제위기에서 구출함으로써 공산주의가 침투할 틈새를 봉쇄하고자, 즉 '전체주의에 대한 방벽'으로 삼기 위해 9원칙을 명령했던 것이다. 1948년 후반, 대다수의 관측가들은 중국의 국공 내전이 공산 측의 승리로 귀결될 것이라고 내다보고 있었고, 이러한 당시의 정세가 미국에 절박감을 가져다주었던 것으로 보인다.

그러나 당시 일본 국민들은 불경기와 해고 바람 등에 불안해 하며 하루하루 간신히 삶을 연명해 가고 있었다. 게다가 시모야마(下山) 사건(1949년 7월 5일 시모야마 사다노리 국철 총재가 변사체로 발견된 사건), 미타카(三鷹) 사건[7월 15일, 주오센(中央線)의 미타카 역에서 무인 전차가 폭주해 6명이 사망한 사건], 마쓰카와(松川) 사건[8월 17일 도호쿠혼센(東北本線) 마쓰카와 역 근처에서 여객열차가 전복해 3명이 사망한 사건] 등 괴 사건들도 잇달아 발생했다. 국민들 사이에서는 이 사건들이 10만 명이 넘는 국철 공무원의 인원 감축 및 노동 탄압과 관계가 있다는 소문이 나돌았다.

미국의 대일 정책이 '민주화'에서 '부흥'으로 그 무게중심이 이동한 사실에 대해, 정치권이 얼마만큼 정확히 인식하고 있었는지는 분명치 않다. 다만 노련한 외교관이었던 요시다와, 그의 생각에 충실했던 이케다, 그리고 그 외 이케다의 유능한 비서관이었던 미야자와 기이치 등은 닷지의 등장 배경에 미 본국 정부와 점령군 당국 사이의 불협화음이 있음을 감지하고 있었다. 이들은 가능한 빠른 시일 내에 미 본국과 직접 접촉하고자 시도했다. 나아가 강화조약 체결 시 일본의 입장을 관철시키기 위해 이 양자 간의 마찰을 이용하려는 구상도 세우기 시작했다. 하지만 이러한 내막이 일반 국민에게까지 알려지게 되는 것은 1950년대 중반 이후부터이다.

강화 논쟁

민주화에서 부흥이라는 전환점을 거쳐, 일본은 강화(講和)라고 하는, 점령 시대의 종결로 향하기 시작했다. 강화에 대해서는 그 이전부터 정부나 국민들 사이에 화젯거리가 되고 있었지만, 본격적으로 논의가 활발히 전개되기 시작한 것은 1949년 가을 애치슨 미 국무장관 등이 대일 강화를 검토하기 시작했다는 정보가 전해지면서부터이다. 이러한 소식이 전해지자, 일본 열도는 곧 '단독 강화인가 전면 강화인가', 즉 미국·영국·프랑스 등 서구 국가들만을 대상으로 한 강화인가, 아니면 소련 등 사회주의 국가가 참가하는 강화인가라는 논쟁에 빠져 들었다.

정부는 냉전이라는 현실을 직시하면 단독 강화 이외의 다른 선택은 불가능하다는 입장을 취한 반면, 사회당은 1949년 12월 4일 중앙집행위원회에서 '전면 강화, 중립 견지, 군사기지 반대'(강화3원칙, 이후 1951년 1월 19일 제7회 대회부터 '재군비 반대'가 첨가되어 평화4원칙이 됨)를 결정함으로써 날카롭게 대립하기 시작했다. 35명의 진보적 학자, 문화계 인사들로 결성된 '평화문제담화회'도 1950년 1월 15일, 성명을 발표해 전면 강화의 필요성을 주창했다. 이에 대해 요시다 수상이 1950년 5월 3일, 대표적인 전면 강화론자 난바라 시게루 도쿄대학 총장을 지명해 '곡학아세의 무리'라는 비난을 가하기도 했다. 결과적으로 이는 논쟁의 불씨에 기름을 붓는 격이 되고 말았다.

덜레스의 방일

강화 논쟁이 한창이던 5월 2일(또는 3일), 미국으로 건너가 닷지와 경제 재건에 대해 회담 중이던 이케다와 미야자와는 "강화 후 미군의 일본 주둔 문제를 일본 측의 요청으로 하자"라는 요시다의 언명을 극비리에 전달했다. 요시다는 조기 강화를 위해서는 미군의 주둔을 인정하지 않을 수 없다고 생각하고 있었던 것이다. 이는 또한 전면 강화를 전제로 하지 않는 교섭을 의미하는 것이기도 했다. 이에 앞서 트루먼 대통령은 4월 6일 외교 문제에 깊이 관여하고 있던 변호사 덜레스를 국무성 고문으로 임명해 대일 강화 문제를 담당하도록 했다. 6월 21일 덜레스가 일본을 방문하자, 일본 국민들은 강화 문제와 관련한 움직임이 본격화되고 있음을 직감하게 된다.

한국전쟁 특수

덜레스가 일본을 방문 중이었던 6월 25일 새벽, 북한군이 38도선을 넘어 남진함에 따라 한국전쟁이 발발했다. 한국전쟁은 대일 강화 문제에 영향을 미쳤다. 미미하게나마 존재했던 전면 강화의 가능성이 결정적으로 사라진 것이다.

한국전쟁에서 일본은 미국을 주체로 하는 유엔군(엄밀히 말하자면 유엔헌장에 정의된 형태의 유엔군은 아니었다)의 보급기지로서 대량의 물자를 조달하게 됨에 따라 '한국전쟁 특수'를 누리게 된다. 한국인들이 흘린 피의 대가라는 사실에 일부 사람들은 죄책감을 느끼기도 했지만, 한국전쟁 특수는 결과적으로 일본 경제를 활성화시켰고, 이는 1950년대 후반 이후 고도성장으로 이어졌다. 일본인의 굶주림이 대부분 해소된 것도 이즈음이었다.

재군비

한국전쟁을 계기로 당시 일본이 바라고 있지 않았던 재군비도 사실상 시작되었다. 한국전쟁 발발 약 보름 후인 7월 8일 맥아더는 요시다 수상에게 서간의 형식으로 7만 5,000명 규모의 국가경찰예비대의 창설과 해상보안청의 8,000명 증원을 명령했다. 주일미군이 한반도에 파견됨에 따라 일본 국내 치안에 공백이 발생할 것이고, 따라서 이를 시급히 보충할 필요가 있다는 것이었다. 이에 따라 8월 23일 전후 최초로 약 7,000명의 입대가 이루어졌다. 다른 의견이 끼어들 수 없을 만큼 신속하게 진행된 재군비였다.

한국전쟁은 1950년 10월 25일 중국 인민의용군이 참전해 압록강을 건너 남하를 시작하면서 새로운 국면으로 접어들고 있었다. 맥아더는 유엔군 최고사령관으로서 1951년 3월 24일 중국 본토 공격도 불사한다는 성명을 발표했다. 하지만 이 성명이 화근이 되어 맥아더는 4월 11일 트루먼 대통령으로부터 파면당하고 만다. 16일, 미국으로 귀국하기 위해 하네다 공항으로 향하는 맥아더를 환송하기 위해 가두에는 20만 명이 넘는 일본인이 운집해 작별을 아쉬워했다. 그리고 같은 날 오후 중·참 양원은 맥아더에 대한 감사의 결의를 가결했다.

강화회의

7월 20일 일본 정부에 강화회의 출석 초청장이 도착했다. 한편 열흘 전인 7월 10일부터 개성에서는 한국전쟁의 휴전회담이 시작되었다. 샌프란시스코 시내의 오페라 하우스에서 대일강화조약이 일본을 포함한 49개국에 의해 조인된 것은 9월 8일이었다. 강화회의에 초청된 52개국 중 소련, 체코, 폴란드는 조인을 거부했다. 중국(중화인민공화국)과 대만(중화민국)은 모두 초청 국가에서 제외되어 있었다.

강화회의에 '야당도 참여하는 강력한 대표단'을 구성하도록 요구받은 요시다 수상은 공산당을 제외한 각 당에 전권단(全權團)의 대표를 파견해 주도록 요청했다. 하지만 우여곡절 끝에 야당에서는 국민민주당 최고위원장인 도마베치 기조만이 참석했다. 전권단에는 수석대표인 요시다 외에 자유당의 호시지마 니로(이후에 중의원 의장), 이케다 대장상, 도마베치, 참의원 녹풍회의 도쿠가와 무네요시, 그리고 일본은행 총재인 이치마다 히사토 등 총 6명이었다. 그러나 강화조약과 동시에 체결된 일미안보조약◉에는 요시다만이 참석해 서명했다. 강화조약이 발효되고 일본 점령이 종결된 것은 1952년 4월 28일이었다.

일미안보조약

1951년 9월 8일, 샌프란시스코에서 일본과 제2차 세계대전의 연합국 측 49개국과 강화조약(또는 샌프란시스코 평화조약)이 체결될 당시, 요시다 시게루 수상이 단독으로 미국과 체결한 안전보장조약. 일반적으로 구(舊)일미안보조약, 정식 명칭은 "일본국과 아메리카합중국 간의 상호 협력 및 안전보장조약"(日本國とアメリカ合衆國との間の相互協力及び安全保障條約, The Treaty of Mutual Cooperation and Security between Japan and the United States of America; 약칭 the Japan-U.S. Security Treaty). 이후 일본의 안전보장은 전적으로 이 조약에 의거하게 되었으며, 일본 점령 미군도 주일미군으로 성격이 전환되었다. 이 조약은 1960년에 개정되어 1월 19일에 서명, 6월 23일에 발효되었다. 이 신(新)일미안보조약은 현재까지 유효하다. 신일미안보조약에 의해 미군에게 주둔 지역 및 시설을 제공하는 구체적인 방법이 정해짐은 물론, 시설 내에서의 특권이나 세금의 면제, 재판권 등이 주어졌다. 이 조약은 제10조에 의해 10년간 유효하며, 상대국이 조약 종료 의사를 통고하지 않을 경우 자동 연장된다.

사회당의 분열

사회당 내에서는 강화조약의 비준 승인을 둘러싸고 좌우 양파의 대립이 극에 달했다. 이는 1951년 10월 23일 제8회 대회에서 난투극으로 이어졌고 사회당은 결국 분열되었다. 우파는 '강화 찬성, 안보 반대'를, 전면 강화를 추진해 왔던 좌파는 '양 조약 반대'를 주장했다. 찬성자는 백표(白票)를, 반대자는 청표(青票)를 던지는 것이 국회의 관례였기 때문에, 이 대립은 '백-청인가, 청-청인가'라는 말로 표현되기도 했다. 분열 직후 의원 수는 중의원의 경우 우파가 27명, 좌파가 16명이었고, 참의원의 경우 우파가 30명, 좌파가 31명이었다. 우파 사회당의 경우 위원장을 공석으로 한 채 아사누마 이네지로를 서기장으로 옹립했다. 반면 좌파 사회당의 경우 스즈키 모사부로를 위원장으로 하고 서기장은 공석으로 남겨 두었다.

총평의 결성

이 시기에는 노동조합 조직에도 커다란 변화가 있었다. '일본노동조합총평의회' [이하 총평(總評)]의 결성이 바로 그것이다. 패전 후 초기 노동운동에서는 산별회의가 중심적인 역할을 수행했다. 그러나 이 회의가 공산당의 주도로 운영되는 것에 불만을 품은 조합 및 조합원들이 '민주화동맹' 을 결성해 대항했고, 이것이 산별회의를 탈피한 새로운 조직으로 발전했다.

1950년 7월 12일에 결성된 새로운 조직이 바로 '총평' 이었다. 총평은 당초 반공적인 자세를 보였고, 따라서 미국 정부나 연합군 총사령부 그리고 미국의 유력 노동조합인 미국노동총연맹(AFL, American Federation of Labor) 등의 지원을 받으며 출발했다. 발족 1년 후인 1951년 중반에는 조직노동자 약 570만 명 가운데 290만여 명이 총평에 참여해 과반수를 점하기에 이르렀다.

그러나 총평의 주도권은 초기 단계부터 '민동(민주화동맹) 좌파' 가 장악해 갔다. 1951년 3월 10~12일의 제2회 대회에서 민동 좌파는 다카노 미노루를 사무국장으로 선임하는 한편, '전면 강화, 중립 견지, 군사기지 반대, 재군비 반대' 등 사회당과 동일한 평화4원칙을 운동방침으로 결정했다. 미 정부, 연합국 총사령부, 일본 정부 등을 배경으로 출발했던 총평이었지만, 이 대회를 시발로 줄곧 권력에 반대하는 유력한 세력으로 바뀌었다. 이 현상은 '닭이 오리가 되었다' 라는 말로 풍자되기도 했다.

레드 퍼지

한편, 이 시기 공산당은 35명의 중의원 의석을 가지고 있었음에도 불구하고 암울한 역사가 시작되고 있었다.

우선 1950년 1월 6일 코민포름(유럽 9개국 공산당·노동자당 정보국)의 기관지 『항구평화와 인민민주주의를 위하여』가 일본공산당의 지도자 노자카 산조 및 그의 이론을 명시하면서 비난하는 논문을 게재했다. 노자카의 점령하 평화혁명론을 비판한 것으로, 공산당은 이를 계기로 노자카, 도쿠다 규이치 등의 '소감파'와 시가 요시오, 미야모토 겐지 등의 '국제파'로 나뉘어 격렬한 파벌 싸움을 벌이기 시작한다.

이즈음 총사령부는 냉전의 격화에 발맞춰 반공의 색채를 강화하고 있었다. 1950년 6월 6일 맥아더는 서간을 통해 공산당 중앙위원 24명 전원의 공직 추방을 지령했다. 한국전쟁이 시작된 후인 7월 24일에는 신문, 통신사, 일본방송협회 등에 종업원들에 대한 레드 퍼지를 권고했다. 이에 따라 약 50개 사 700명의 종업원이 추방되었다. 레드 퍼지는 전기 산업, 영화, 일본통운, 탄광, 철광, 전기 등의 민간 기업 내 약 1만여 명이 추방되는 것으로 확대되었다. 정부도 9월 1일 정부기관 직원에 대한 레드 퍼지를 각의에서 결정, 11월 15일까지 약 1,200명을 추방했다.

소감파 所感派

코민포름 비판에 대해 부분적 차원의 자기비판적 논평만으로 충분하다고 주장한 당내 세력.

국제파 國際派

전면적 자기비판과 함께 코민포름 비판의 수용을 주장한 당내 세력.

레드 퍼지 Red Purge

공산계열 인사에 대한 숙청.

위기에 몰린 공산당은 베이징(北京)으로 망명한 도쿠다, 노자카 등이 결성한 지하 지도부를 중심으로 10월경 무장투쟁 방침을 결정했다. 이 결정 과정에는 시가, 미야모토 등이 배제되어 있었다. 절망적인 화염병 전술이 채택되었고, 농촌에 무장투쟁의 근거지를 만들기 위해 '산촌 공작대'(山村工作隊)가 조직되었다. 하지만 이러한 노선은 더욱 강력한 탄압을 불러일으킬 뿐이었다. 1952년 5월 1일 집회가 금지된 황궁 앞 광장을 향했던 데모대가 경찰과 충돌해 두 명이 사살되고 1,230명이 검거되는 이른바 '피의 메이데이'가 발생했다. 이 사건은 실력 행사에만 의존했던 당시의 좌익과, 구실을 만들어 탄압을 강화하고자 했던 경찰의 첨예한 대립을 가장 극명하게 보여주는 것이었다.

제2부 '55년 체제'의 형성

1951
- 제2차 공직 추방 해제 6월 20일

1952
- 강화조약 발효 4월 28일
- 일본-대만의 평화조약 조인 4월 28일

1954
- 조선(造船) 비리 사건 1월
- 반(反)요시다 신당 결성 합의, 일본민주당 결성 11월 24일
- 진무 경기 11월~1957년 6월
- 하토야마 내각 12월 10일

1955
- 좌우 사회당 통일 10월 13일
- 자유당과 민주당의 합당, 자유민주당 창당(보수 합동) 11월 15일

55년 체제의 시작 1955~1993

1956
- 일소 공동선언 10월 19일
- 일본의 유엔 가입 12월 18일
- 이시바시 내각 12월 23일

1957
- 기시 내각 2월 25일
- 나베조코 불황 7월~1958년 6월

1958
- 55년 체제하 최초 중의원 총선거 5월 22일

1959
- 안보 투쟁 3월 28일~1960년 6월 19일
- 이와토 경기 6월~1961년 12월

1960
- 일미안보조약 개정 서명 1월 19일
- 민사당 창당 1월 24일
- 이케다 내각 7월 19일

1962
- 사회당 구조개혁론, "에다 비전" 발표 7월 27일

1964
- 사토 내각 11월 9일

1965
- 한일기본조약 체결 6월 22일

1966
- 검은 안개 사건 9월 27일

1971
- 오키나와 반환협정 조인 6월

09 요시다 대 하토야마, 좌파 사회당 대 우파 사회당

추방 해제

추방령이 공산당에게 적용된 지 1년이 지난 후, 애초의 추방 대상이었던 구일본제국의 지도자에 대한 추방이 해제되기 시작했다. 강화가 시작되기도 전의 일이었다. 1950년 10월 13일에 해제된 1만 90명 중에는 안도 마사즈미, 오쿠보 도메지로(이후에 행정관리청 장관) 등의 정치가들이 포함되어 있었다. 다음 해 1951년 6월 20일에는 이시바시 단잔, 미키 부키치, 고노 이치로 등 2,958명이, 8월 6일에는 하토야마 이치로 등 1만 3,904명이 뒤를 이었다.

하토야마를 비롯해, 미키, 고노 등은 요시다의 자유당으로는 강화 이후의 정세에 맞는 정치가 불가능하다고 판단하고, 추방 해제 후에 신당 결성을 준비하고 있었다. 특히 하토야마는 자유당이 1946년 총선거에서 제1당이 되었을 당시 총재 자리에 있었음에도 불구하고 추방 조치로 요시다에게 총재 자리를 양보할 수밖에 없었던 이력을 가지고 있었다. 그런데 추방 해제 직전 가장 중요한 인물인 하토야마가 뇌출혈로 쓰러졌다. 이 때문에 이들은 일단 자유당에 복귀해 반(反)요시다 운동에 전념하는 쪽으로 방향을 선회하게 된다.

한편, 추방 해제자 중 주로 구민정당계의 오아사 다다오, 마쓰무라 겐조 등은 국민민주당의 간사장인 미키 부키치 등에 신당 결성을 제안했다. 이로써 1952년 2월 8일 69명의 중의원으로 구성된 개진당이 탄생했다.

역코스

요시다 수상은 1951년 12월 24일자로 덜레스 미 국무성 고문에게 대만의 국민정부와 평화조약을 맺을 용의가 있다는 취지의 서간을 보냈다. 서간에서는 이 조약이 "국민당 정부의 지배하에 있는 영역은 물론 이후 포함되어야 할 영역"에도 적용될 것이라고 해, 향후 공산 정권과는 조약을 체결할 의도가 없음을 명시했다. 여기에는 일본이 국민당 정부를 중국의 대표 정부로 인정하지 않으면, 미 상원이 강화조약의 비준을 승인하지 않을 것이라는 당시의 정세 판단이 반영되어 있었다. 이 '요시다 서간'은 이후 일중 간 무역 촉진과 관련해 대만 정부를 달래기 위해 1964년 5월 7일부로 대만의 장췬 비서장 앞으로 보내진 요시다의 사적인 서간과 구별하는 의미에서, '첫 번째 요시다 서간'으로도 불린다. 대만과 일본의 평화조약은 샌프란시스코 조약 발효 당일인 1952년 4월 28일에 타이베이(臺北)에서 조인, 8월 5일 발효되었다. 이 조약은 이후 1972년 9월 일중 국교 정상화까지 20년간 일중 간의 비정상 관계를 규정하는 것이었다.

같은 시기 정부와 여당은 점령 권력이 사라진 후 치안을 강화하기 위한 조치로 1952년 7월 4일 〈파괴활동금지법〉을 통과시켰고, 21일에 공안조사청을 설치했으며, 31일에는 경찰예비대를 '보안대'로 개정함과 동시에 방위청의 전신이 되는 보안청을 발족시켰다. 이와 같은 일련의 '역코스'(reverse course)의 진행에 대한 비판의 목소리가 높아지고 있었지만, 한편에서는 개진당이나 자유당의 하토야마파 등은 좀더 정정당당하게 재무장을 진전시켜야 한다고 비판하고 있었다.

깜짝 해산

이러한 와중에 요시다파가, 하토야마 등 비판의 수위를 높이고 있던 자유당 내의 반요시다 세력에게 타격을 가할 목적으로 감행한 것이 8월 28일의 '깜짝 해산' 이었다. 하토야마파가 선거 준비에 진입하기 전에, 요시다 수상은 참의원장인 마쓰노 쓰루헤이와 이케다, 사토, 호리 등 측근들과 협의해 은밀하게 총선거를 추진하고자 했다. 이를 위해 중의원 의장 오노 반보쿠를 비롯해 자유당 간사장 하야시 조지, 총무회장 마스타니 슈지 등에게도 알리지 않은 채 중의원을 해산해 버린 것이다. 헌법 제7조만에 의한 최초의 해산이었다.

자유당의 선거는 완전한 분열 선거였다. 하토야마파는 당 본부와는 별도로 도쿄 스테이션 호텔에 사무소를 설치해 운동을 전개했다. 모리, 마스타니 등 일부 당 집행부들이 자금 부족에 허덕이던 하토야마파의 후보들을 도와주기는 했지만, 이는 사실상 하토야마파 진영의 분열을 의도한 것이기도 했다.

10월 1일 선거는 일본이 점령의 그늘에서 벗어난 후 최초로 치러진 선거였다. 선거 결과, 여당인 자유당이 242석을 획득했다. 과반수는 유지했지만 해산 전의 285석 중 43석을 잃었고 의석률도 61%에서 52%로 감소해 상당한 타격을 받았다. 게다가 하토야마파 내 강경 세력 64명이 선거 후 '민주화동맹'(민동파)을 결성함으로써 당내 야당이 형성되었다. 이 때문에 요시다의 지지 세력은 사실상 과반수에 미치지 못한 실정이었다.

개진당은 69석에서 89석으로 20석이 늘었고, 사회당은 좌우 합해서 116석으로 1949년 선거 당시 48석으로 하락했던 것을 다시 2.4배로 늘려 상당 정도 의석을 회복했다. 공산당은 당선자가 한 명도 없었다. 공산당의 극좌 모험주의가 국민의 지지를 잃었음을 보여주는 증거였다.

추방 해제자의 복원력

이와 같은 당 및 파벌의 변동 못지 않게 이 선거에서 주목받은 것은 추방 해제자가 어느 정도 복원력을 보이는가에 있었다.

이 선거에서는 총 329명의 추방 해제자가 입후보했고, 그 중 139명이 당선되었다. 전체 중의원 가운데 정확히 30%를 점하는 것이었다. 물론 이들 모두가 전전 및 전시에 국회의원이었던 것은 아니다. 지방 정치가나 구관료들이 다수 포함되어 있었다. 전전의 국회의원 중에 부활한 사람은 자유당 39명, 개진당 23명, 사회당 8명, 기타 3명으로 모두 73명이었다. 그 외에도 전후에 있었던 1946년 제1회 총선거에서 당선된 후 추방되었던 22명이 있었다. 이들 22명 중에는 전전파도 있었고 전후파도 있었다. 하토야마 역시 이 범주에 해당된다. 결국 국회의원 출신 중 추방 해제로 부활한 자는 95명으로 전체의 20%였다. 역으로 말하면 전후 7년의 세월 동안 중의원에는 전후파가 70~80%를 확보한 셈이 된다.

또 한 가지 특이한 점은 이 선거가 전후 '보혁' 대립의 시대에 있어 가장 많은 보수 지지자들이 투표한 선거라는 점이었다. 자유, 개진, 그리고 구(舊)민정계 추방 해제자인 미요시 히데유키를 이사장으로 하고, A급 전범 용의자였다가 1948년 말에 석방된 기시 노부스케를 고문으로 결성된 일본재건연맹이 가세함에 따라 보수당 전체의 절대득표율은 50%를 넘었다. 이에 대해 좌우 양사회당, 노농, 공산, 협동 등의 '혁신' 계는 20%에도 미치지 못했다. 보수가 혁신의 2.5배 이상의 표를 끌어 모은 것이다.

요시다파와 하토야마파

강화 후 최초의 선거였던 1952년 선거와 그 다음 1953년 선거 사이의 기간은 정확히 200일밖에 되지 않았다. 여당인 자유당이 요시다파와 하시모토파 간의 정쟁으로 한 해를 보냈고, 나아가 내각불신임안마저 가결됨에 따라 또 다시 중의원이 해산(바보 해산)되었기 때문이다.

1952년 선거에서 자유당이 얻은 242석은 과반수인 234석을 8석밖에 넘지 못했다. 무소속을 제외한 야당의 의석이 총 207석이었기 때문에 여야 간의 의석 차는 33석이었다. 15석의 무소속 다수가 보수 계열이기는 했지만 요시다에 가까운 계열은 아니었다. 따라서 중의원 본회의에서 야당이 결속해 자유당에 도전할 경우, 여당 내부에서 20명 정도의 반역자가 나와 표결에 불참한다면 야당의 의사가 통과될 수도 있는 형세였다.

이는 제4차 요시다 내각이 성립된 지 1개월도 채 되지 않은 1952년 11월 28일에 이케다 하야토 통산상의 불신임안이 가결됨으로써 현실화되었다. 이케다가 중의원 본회의에서 "5명 내지 10명의 중소기업가가 회사의 도산으로 자살하는 것은 어쩔 수 없는 일이다"라고 답변한 것이 문제가 되었다. 불신임안은 자유당 '민주화동맹'의 25명이 불참해 7표차로 가결되었다.

바보 해산

이른바 '바보 해산'도 동일한 경위를 가지고 있었다. 1953년 2월 28일, 중의원 예산위에서 우파 사회당의 니시무라 에이이치(이후에 민사당 위원장)가 국제 정세 전망에 대해 질의하던 중, 요시다 수상이 자리에 앉은 채 그에게 '바카야로'(바보 자식)라고 비웃었다. 요시다는 곧 이 말을 취소했고 니시무라도 일단 양해했지만, 우파 사회당은 징벌동의(懲罰動議)를 발동했고 이틀 후 본회의에서 가결되었다. 자유당의 민동파와 더불어 히로카와 고젠(당시 농상) 일파마저 불참해 버렸기 때문이다. 히로카와는 원래 요시다의 측근이었지만, 요시다가 추방 해제로 자유당에 들어간 오가타 다케토라(전 『아사히신문』 주필, 고이소 내각 정보국 총장, 히가시쿠니노미야 내각 서기관장)를 제4차 내각의 부총리로 중용하면서부터 동요하기 시작했고, 1953년 1월 간사장에 사토 에이사쿠를 기용한 것을 계기로 결정적으로 불만이 폭발했다. 요시다는 징벌동의가 가결된 날 히로카와 농상을 파면했다.

뒤이어 3월 14일 좌우 사회당이 내각불신임안을 제출하자, 민동파 22명은 자유당을 탈당해 같은 이름의 '자유당'(대표 미키 부키치)을 내걸고 불신임안에 찬성표를 던졌다. 대중매체는 이 당을 하토야마 자유당(鳩自) 또는 분당파 자유당(分自)으로, 원래의 자유당을 요시다 자유당(吉自) 또는 자유당으로 부르기 시작했다. 불신임안은 229 대 218의 11표차로 통과되었고, 요시다는 곧이어 중의원을 해산시켰다. 히로카와파는 불신임안에는 반대했지만, 그 후 15명이 탈당해 하토야마 자유당에 합류했다.

좌파 사회당의 약진

1953년 4월 19일 총선거 결과 요시다 자유당이 과반수에 크게 못 미친 202석으로 전락했다. 해산 당시에 히로카와파가 탈당해 이미 207석으로 줄어든 상태였기 때문에 사실상 5개의 의석을 잃은 셈이었다.

한편 하토야마 자유당도 37석에서 출발했으나 35석에 머물고 말았다. 히로카와(도쿄 3구)는 낙선했다. 또한 개진당이 이전의 89석에서 77석으로 1/4 가까이나 줄어든 것도 큰 변화였다.

보수 3정당 모두 고전을 면치 못한 것에 비해 혁신 측은 호기를 맞았다. 그중에서도 약진한 것은 좌파 사회당으로, 이전의 56석에서 16석 늘어난 72석이 되었다. 우파 사회당도 6개의 의석을 늘려 66석이 되었다. 노농당은 4석에서 5석으로 1석을 늘렸고, 의석이 하나도 없었던 공산당도 1명(오사카 2구, 가와카미 간이치)이 당선되었다. 1951년 가을 분열 당시 좌파 사회당의 의석수는 16석에 불과했으나 좌파 사회당은 1년 반만에 4.5배 늘어나 우파 사회당을 처음으로 추월한 것이다.

"청년이여, 총을 들지 말라!"

이 선거의 쟁점은 '재무장'이었다. 하토야마의 자유당은 헌법 9조를 개정해 확실하게 군대를 만들자고 주장했고, 개진당도 기요세 이치로 등 일부 개헌 반대파를 제외하면 대체로 개헌과 재무장을 주장하고 있었다. 요시다 자유당의 경우, 헌법은 그대로 유지한 채 "전력(戰力) 없는 군대"라는 모호한 구호를 제시하고 있었지만, 사실상 점진적인 재무장을 추진한다는 방침이었다.

이에 대해 좌우 양 사회당은 보안대(保安隊)를 해산(좌파)할 것인지, 축소(우파)할 것인지를 둘러싸고 이견이 존재하기는 했지만, 재무장을 반대한다는 점에서는 의견이 일치했다. 선거 결과 국민 여론은 재무장 반대 쪽으로 근소하게 기울어져 있는 것으로 드러났다. 좌파 사회당의 약진은 일단 총평이 '좌파 사회당과의 일체' 방침에 따라 전폭적으로 지지한 것이 크게 작용했다. 하지만 일반 국민들에게는 스즈키 모사부로 위원장이 외친 "청년이여, 총을 들지 말라! 부인들이여, 남편과 자식을 전장으로 보내지 말라!"라는 구호가 패전의 고통으로부터 7년여를 지내온 국민들의 정서에 적중한 것으로 평가되었다.

좌파 우위의 사회당

절대득표율로 보면, 보수 각 당이 대략 2% 정도씩 감소했고, 감소분만큼 혁신이 증가했다는 점이 확인된다. 약 100만 명의 유권자가 지지를 바꾼 것이다. 보수당은 또한 48.7%의 절대득표율을 유지했고, 투표율과 무소속 표가 동시에 줄어들었기 때문에 그 여파로 상대득표율(유효득표수를 분모로 해서 얻어지는 득표율)에서는 역으로 전보다 약간 증가한 66.3%의 기록을 보였다. 결국 보수 세력은 후퇴하기는 했지만 의석률과 상대득표율에서도 변함없이 2/3를 확보하고 있었던 것이다. 반년 정도밖에 지나지 않은 상태에서 치러진 선거였던 만큼 일면 당연한 결과이기도 했다.

그럼에도 불구하고 이 선거 결과는 사회당의 '좌파 우위'를 결정적인 것으로 만들었다는 점에서 전후정치사에서 큰 의미를 지닌다. 이후 장기간 사회당은 좌파 주도로 성장해 갔다. 이 때문에 좌파의 노선은 정당성을 획득했고, 이 '좌파=정통'이라는 인식은 이후 사회당이 '장기적 부진'으로 고전할 때조차 변함없이 당을 지배하게 된다.

10 보수 일당 우위 체제의 성립

제5차 요시다 내각

1953년 총선거에서 과반수에는 미치지 못했지만, 요시다 자유당은 여전히 제1당이었다. 1953년 5월 19일의 수상 지명전에서는 요시다와, 제2당인 개진당 총재 시게미쓰 마모루(도조, 고이소, 히가시쿠니 내각의 외무상, A급 전범으로 금고 7년 구형) 사이에서 결선투표가 이루어졌다. 여기서 좌우 양 사회당이 기권함에 따라 요시다가 204 대 116으로 지명되었다.

제5차 요시다 내각은 소수 여당 정권이었기 때문에 세 불리기 작업이 지속되었다. 우선 개진당과는 '보안대를 자위대로 재편해 직접적인 침략에 대비한다'는 데 합의를 이끌어 냄으로써 부분적인 공조를 이루어냈다. 나아가 요시다 자유당 집행부는 '헌법개정조사회'를 당내에 설치하는 것을 조건으로 하토야마 자유당을 설득하는 작업을 지속했고, 그 결과 하토야마, 이시바시 등 26명이 1953년 11월부터 12월 초에 걸쳐 차례로 요시다 자유당으로 복귀했다. 그러나 미키 부키치, 고노 이치로 등 8명은 복귀를 거부하고 잔류한 채 당명을 일본자유당(日自)으로 바꾸었다.

이로써 자유당은 227석으로 당세를 회복했지만, 여전히 과반수인 233석(당시에는 중의원에 2명의 결원이 있었다)에는 6석 모자란 상황이었다. 이 때문에 미키를 비롯한 반요시다 강경파로 구성된 일본자유당은 고작 8명으로도 캐스팅 보트를 쥐게 되었다. 하토야마 등의 복귀가 자유당의 안정으로 이어지지는 못한 것이다.

경관 출동

이 시기에는 기본적으로 보수 각 당 간에 정책 대립은 없었다. 전력, 석탄 사업의 파업 규제법(1953년 8월), MSA협정(1954년 3월에 조인된 미국과의 상호 방위 원조 협정. 미국의 대일 경제원조와 일본의 점진적인 방위력 증가가 주된 내용), 일본교원노조(이하 일교조)의 활동 제한을 노린 교육 2법(1954년 5월), 경찰법 개정(자치단체 경찰의 폐지, 국가의 경찰 감독권 강화, 6월), 방위청 설치법·자위대법(6월) 등은 모두 보수 각 당이 협력해서 좌우 양 사회당 등의 강력한 저항을 누르고 통과시킨 것들이다. 특히 경찰법 개정을 목표로 회기를 연장하려는 보수 측에 대해, 혁신 측이 의장석을 점거하는 등의 '물리적 저항'을 감행함에 따라, 쓰쓰미 야스지로 의장은 경관대의 출동을 요청했다. 이 때문에 보수 측만의 심의로 법안이 통과되는 상황이 되고 말았다. 심의 과정에서 경관대가 출동하거나 반대파가 불참하는 등의 사태는 이것이 최초였다.

조선 비리 의혹 사건

이와 같은 강행 추진은 군비 및 치안입법 등의 법안 처리에서는 위력을 발휘했지만, 내각을 연명하는 데에는 그다지 효과를 보지 못했다. 1954년 1월에 진상이 드러난 조선 비리 의혹(造船疑獄)은 해운 재건을 위한 계획 조선◉에 대해 융자 할당 및 그 이자를 보조하기 위한 입법을 둘러싸고 해운 및 조

계획 조선 計劃造船

국가의 시책으로 선박 건조량의 목표를 세우고 추진하는 것. 제2차 세계대전 당시 군함 등 일본 해군 병력을 증강시키는 차원에서 최초로 실시되었으나, 전후에는 해운업의 재건을 위한 국가 시책의 일환으로 이어졌다.

선업계가 보수 정계에 뇌물을 준 사건이었다. 이 사건으로 조선공업회의 니와 가네오 회장(미쓰비시 조선 사장), 도코 도시오 부회장(이시카와지마 중공 사장) 등 71명이 체포되었다. 4월 20일 대검 수뇌부는 뇌물 수령의 핵심 용의자였던 자유당 간사장 사토 에이사쿠의 체포를 중의원이 허락하도록 요구하기로 결정했다. 그러나 요시다 수상, 오가타 부총리 등의 의향에 따라, 법무상인 이누카이 다케루는 21일 검사총장에 대한 법률상의 지도권(검찰청 법 14조)을 발동하여 체포를 저지했다. 이누카이는 다음날 22일 사직했다. 이로써 수사는 좌절되었고 업계와 관청의 17명만이 유죄판결을 받는 것으로 사건은 종결되었다.

자유당은 4월 24일 제출된 내각불신임안에 일단 거부권을 행사했다. 그러나 11월 24일, 내각 타도를 내걸고 개진당 소속 의원의 대부분인 69명을 비롯해, 일본자유당 8명, 자유당 하토야마파 43명 등 총 120명이 모여 새롭게 '일본민주당'(민주당)을 결성했다. 다음 회기인 12월 6일 민주당과 좌우 양 사회당은 공동으로 내각불신임안을 제출했다. 총 253명의 의원 명의로 제출된 불신임안이었던 만큼 가결이 거의 확실시되었다. 이에 대해 요시다는 다시 한번 중의원을 해산할 생각이었다. 그러나 부총리 오가타 등은 해산에 대한 각의 결정 서명을 거부한다는 강한 결의를 보이면서 요시다에게 총사직을 설득했다. 7일, 결국 요시다도 이를 받아들여 내각의 수상자리와 당의 총재 자리 모두를 포기했다. 연속 6년 2개월, 제1차 내각까지 포함하면 7년 2개월의 장기 정권이었다.

하토야마 붐

요시다 내각이 총사직한 후 12월 10일 등장한 제1차 하토야마 내각은 120석에 불과한 제2당인 여당이었다. 수상 지명에 있어 좌우 양 사회당이 하토야마에 투표하지 않으면 자유당 총재인 오가타의 표를 저지할 수가 없는 상황이었다. 당연히 제1차 하토야마 내각은 선거 관리 내각의 성격을 띨 수밖에 없었다. 민주당과 양 사회당은 수상 지명 당일에 1955년 3월 상순까지 총선거를 실시한다는 내용의 공동성명을 발표했다. 총선거는 2월 27일에 이루어졌다.

선거를 앞두고, 국민들 사이에는 '하토야마 붐'이 일어났다. 부패한 요시다 장기 정권에 염증을 느낀 국민들이 '비운의 재상'이라는 이미지로 등장한 하토야마에 기대를 건 것이다.

사회당, 통합으로

하토야마 붐에 대처하고자, 분열되었던 사회당은 통합을 위한 움직임을 재촉하기 시작했다. 물론 이러한 움직임은 1953년 선거 이후부터 진전되었다. 8월에 좌파 사회당이 우선 '사회민주주의정치세력결집 특별위원회'를 만들었고, 이에 호응해 우파 사회당도 다음달에 '통일문제조사연구위원회'를 설치했다. 1954년 3월에는 양 위원회의 합동회의가 열리기도 했다. 그러나 요시다 퇴진 전까지 양 사회당의 통합 움직임은 지지부진했다. 이것이 하토야마 붐을 계기로 갑자기 추진력을 얻기 시작했다. 통합의 프로그램이 국민들에게 호소력을 갖지 못하면 선거에서 지게 될 것이라는 위기감이 좌우 양 사회당 수뇌부를 움직이게 한 것이다.

1955년 1월 18일 양당은 별도의 당대회를 동시에 열어 각각 동일한 내용의 "사회당 통합 실현에 관한 결의"를 채택했다. 2월 총선거에 앞서 사회당의 통합을 전제로 내세운 것이다.

후술하겠지만, 보수 측 내에서도 이미 합당의 필요성이 논의되고 있었다. 그러나 1955년 총선거 전에는 보수정당 관계자들의 시각에서 보더라도 아직 구체화하기에는 어려운 상황이었다. '55년 체제'를 향한 준비에서는 사회당이 한 걸음 앞선 것이다.

1955년 총선거에서 하토야마, 기시 등을 필두로 한 민주당은 정계 복귀 후 일관되게 주장했던 헌법 개정, 특히 제9조의 개정을 통한 자위군 창설을 정면에 내걸었다. 좌우 양 사회당은 '평화헌법 옹호'를 통합결의안에 채택하고 있었다. 재무장 문제가 재차 쟁점이 된 것이다.

개헌저지 의석 확보

선거 결과, 예상대로 민주당이 제1당이 되었다. 그러나 의석수는 185석으로 과반수인 234석에는 턱없이 모자란 숫자였다. 자유당은 114석을 얻는 데 그쳐 해산 전의 180석에서 1/3 이상을 잃었다. 하토야마 붐에도 불구하고, 보수 전체적으로 1953년 총선거 당시 314석에서 15석이나 감소된 299석이 되었다.

보수 측에서 감소된 의석수는 좌파 사회당이 획득했다. 이전의 72석이 89석으로, 17석이 늘었다. 이에 비해 우파 사회당은 1석이 늘어나는 데 그쳤고, 노농당은 1석이 오히려 감소했다. 공산당은 1석을 늘려 2석이 되었다. 이전 선거와 마찬가지로 재무장 반대파가 확대되었고, 이에 따라 통합된 사회당은 좌파가 주도권을 쥐게 될 것이 명백해졌다.

무엇보다 이 선거는 헌법 개정을 저지하는 데 필요한 1/3의 의석을 혁신 4당이 확보했다는 데 큰 의의가 있었다. 이전 선거에서 혁신 측은 144석으로 1/3에 해당하는 156석에 미치지 못했으나, 이번 선거에서 162석이 된 것이다. 민주당은 개헌을 포기할 수밖에 없었다.

그러나 이를 다른 관점에서 보면, 혁신 측이 의석을 늘리기는 했지만 기껏해야 1/3 수준을 넘은 정도라는 해석도 가능하다. 절대득표율도 보수가 48%인 데 반해 혁신은 24%로, 정확히 2 대 1의 세력분포를 보였다. 게다가 투표율이 올라간 덕분에 혁신이 170만 표를 획득했지만, 보수도 50만 표를 늘리는 저력을 보여주었다.

보수 합동

1955년 총선거로 발족한 제2차 하토야마 내각에서 여당인 민주당은 중의원의 40%밖에 의석을 갖고 있지 못했다. 제1차 내각의 120석에서 185석으로 전체 의석의 50% 이상이 늘어난 것이지만 과반수에 미치지 못하는 상황이 지속되고 있었고, 요시다 시대 말기와는 반대로 자유당(수상 지명 선거에서는 하토야마에 투표했다)의 공세도 감당해야 했다. 이 같은 소수 여당이라는 조건이 총선거로부터 8개월 반이 지난 후 민주, 자유 양당을 합당에 이르게 하는 촉진 요인이 되었다고 할 수 있다.

물론 보수 합동이 이루어진 데는 그 외에도 다양한 요인들이 작용했다. 좌파 세력, 특히 사회당이 선거마다 세를 확대하고 있는 것에 대해, 재계를 비롯한 보수 세력들은 불안을 느끼고 있었다. 그 사회당이 가을에 통합을 결정하고 있었고, 조만간 정권을 노릴 태세였다는 점은 이러한 불안에 박차를 가했다. 좌파 사회당은 1955년 선거가 있기 1년여 전인 1954년 1월에 '프롤레타리아 독재의 일본적 형태'를 목표로 하는 좌파 사회당 강령을 채택했다. 일경련◉ 등의 경제 단체들은 이에 대해 우려의 목소리를 높이는 한편, 보수 정치권에 대해서는 권력을 둘러싼 상호 대립을 자제하도록 권고하고 있었다. 일경련 총회는 1954년 10월 13일 "깨끗하고 새로우며 강력한 정치력이 급선무"라는 결의를 채택했고, 20일 경제동우회◉는 대회에서 "신속한 보수 합동을 실현하라"는 내용의 결의를 채택했다.

일경련 日經連

일본경영자단체연맹의 약칭. 경영자들의 전국 조직으로 1948년에 결성되었으며, 지방별·업종별 경영자 단체로 구성되어 있다. 전신은 경영자단체연합회이다. 일경련은 노동문제에 관한 경영자 측의 단합을 도모하는 한편, 이와 관련한 공동의 방침 또는 지도의 수행을 주요 목적으로 한다. 2002년 경제단체연합회(약칭 경단련)와 통합해, 일본경제단체연합회(약칭 일본경단련)로 재발족했다.

경제동우회 經濟同友會

1946년 재개 인사들의 개인 가입을 원칙으로 결성되었다. 국민경제적 입장에서 경제문제나 사회제도 등에 대해 제언하는 것을 목적으로 한다.

정당 측에서도 이에 앞선 1954년 3월 28일 요시다 내각 부총리인 오가타가 보수 합동 구상을 밝히면서 "시국을 보아하니, 정국의 안정이야말로 최급선무이다……"라는 취지의 성명을 발표했다. 4월 13일에는 자유당이 개진당에 '양당의 해산 및 신당의 결성'을 제안했다. 이때까지는 아직 요시다 정권의 연명책으로서의 색채가 농후했고, 총재 공선을 둘러싼 의견 대립으로 합의에 이르지 못했다. 하지만 양당 내부의 분위기는 모두 보수 합동의 필요성을 인정하는 쪽이 압도적이었다.

총선거마다 보수당 후보가 난립하고 공멸하는 사례가 많아진 것도 총보수의 관점에서는 매우 절실한 고민거리였다. 실제로 합당하기 전 보수진영의 전체 후보자 수는 1953년 총선거의 경우 587명이었고, 1955년 총선거의 경우에는 534명으로 정원의 총수를 넘고 있었다. 합동 후에는 이것이 413명으로 약 70~80% 선까지 줄어들었다.

미키 부키치 담화

양당의 합동을 방해하는 가장 큰 요소는 요시다와 하토야마 간의 장기간에 걸친 대결이었다. 이것이 요시다의 은퇴로 일단락된 것은 결과적으로 합동의 조건이 갖추어졌음을 의미했다. 그러나 이러한 흐름이 현실화를 향해 보다 탄력을 갖기 시작한 것은 총선거가 있은 지 40일 정도 지난 4월 12일, 민주당 총무회장 미키 부키치가 도카이도(東海道)선 기차 내 회담에서 "보수 결집을 달성하는 데 있어 만일 하토야마의 존재가 방해가 된다면 하토야마 내각은 총사직할 수도 있으며, 민주당을 해체하는 것에 대해서도 전혀 이견이 없다"라고 발언하면서부터다. 미키는 보수 합동을 이전부터 신념으로 갖고 있었고, 당시의 담화 또한 매우 저돌적으로 내뱉은 것이라는 인상을 주었다. 그러나 만일 민주당이 과반수, 또는 이에 가까운 의석수를 가지고 있었다면 과연

〈그림 3〉 보수 합동까지의 분리·집합

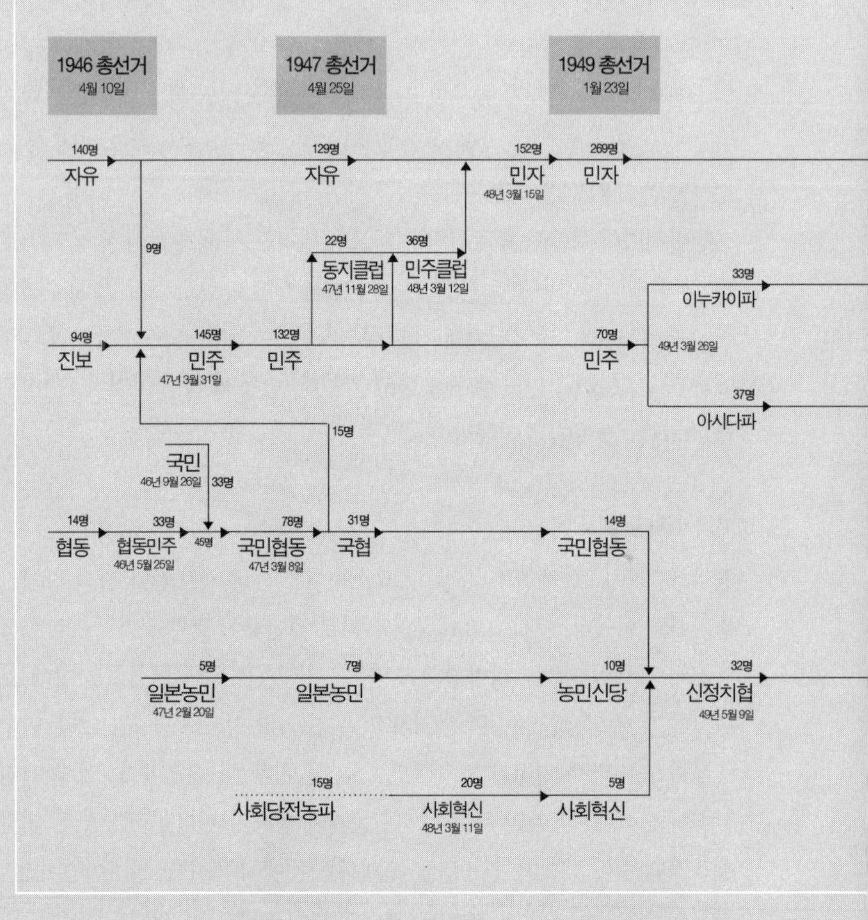

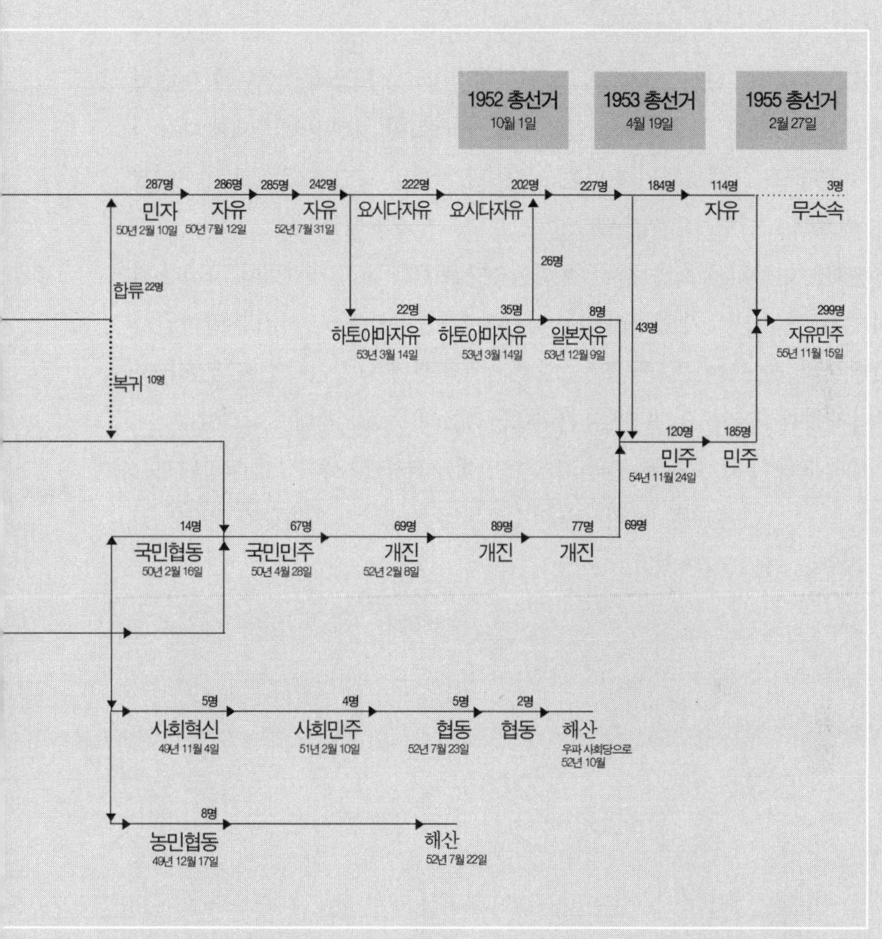

주: 1. 당명 아래의 숫자는 성립, 통합, 분리된 연 월 일.
2. 각 당의 분리, 통합에는 제 정파, 무소속 의원들도 포함되므로 의원 수의 합계가 정확하게 맞지는 않음.
3. 일부는 생략.

그의 신념이 이처럼 바깥으로 표출되었을지는 의문이다.

민주당 내에서 마쓰무라 겐조, 미키 다케오 등이, 자유당 내에서는 이케다, 사토 등이 합동에 반대함에 따라 논의는 난항을 거듭했지만, 미키 부키치와 자유당에서 동조했던 오노 반보쿠 등 당인파(黨人派)가 정국을 주도해 가는 형태로 진전되었고, 최후의 관문인 총재를 누구로 할 것인가의 문제에 대해서도 잠정적으로 '대행위원제'라는 집단지도체제의 도입에 합의가 이루어졌다. 이로써 11월 15일, '자유민주당' 결성대회가 개최되었다.

총재는 어차피 당 소속 국회의원들이 선거로 뽑도록 되어 있었다. 그러나 최대 경쟁자인 오가타가 합동이 있은 지 불과 2개월 후인 1956년 1월 28일에 급사함에 따라, 하토야마는 4월 5일 총재 선거에서 경쟁 후보 없이 선출되었다. 하토야마에 대한 구(舊)요시다계의 반대표는 76표의 무효표 형태로 나타났다.

보수 합동이 있기 한 달 전인 10월 13일에는 좌우 양 사회당이 통합대회를 열어 통합을 실현했다. 또 하나의 혁신정당인 노농당이 사회당에 참가한 것은 1957년 3월 16일이었다.

11 일소 국교 회복과 UN 가입

일소공동선언과 북방 영토

보수 합동이 진전되는 동안, 한편에서는 하토야마, 고노 등이 소련과의 국교 회복에 힘을 쏟고 있었다. 일소 국교 회복은 정권을 잡은 하토야마의 최우선 목표였다. 이는 불안정한 단독 강화를 선택했던 요시다에 대한 안티테제이기도 했다.

일소 국교 정상화 움직임이 가시화되기 시작한 것은 1955년의 총선거를 위해 중의원을 해산한 바로 다음날인 1월 25일, 점령 당시의 대표이자 소련 대표부 수석이었던 안드레이 돔니스키가 하토야마 사저를 방문해 국교 회복 의사를 적극적으로 표명한 소련 정부의 문서를 전달하면서부터이다.

하지만 소련 대표부가 공식적인 외교 자격이 없다는 이유로 외무성 및 시게미쓰 외무상은 애초부터 이를 무시하려 했고, 이 때문에 하토야마와의 불협화음이 발생했다. 여기에 요시다계의 반감마저 가세해 교섭은 난항을 거듭했다. 소련 측과 대립을 이루던 주요 쟁점은 시종일관 '북방 영토' 문제였다. 그럼에도 불구하고 보수 합동 뒤 제3차 내각이 성립된 이후에도 교섭은 단속적으로 이어졌다. 그리고 1956년 10월, 소련과의 국교 회복 후 은퇴를 결의했던 하토야마 자신이 고노와 더불어 소련을 직접 방문해 교섭에 임했다. 일본과 소련 양측은 북방 영토 문제를 차후의 과제로 미뤄 둔 채 19일 공동선언에 조인했다. 이로써 일본은 12월 18일 유엔총회에서 만장일치로 유엔에 가입할 수 있게 되었다. 하토야마 내각은 이틀 후에 총사직했다.

하토만다

하토야마가 정권을 잡으면서 성취하고자 했던 또 하나의 과제는 헌법 개정이었다. 그러나 앞에서 밝힌 바와 같이 1955년 총선거에서 좌우 양 사회당이 1/3을 넘는 의석을 획득했기 때문에 국회에서 개헌 발의는 일단 불가능한 상태였다. 이 장벽을 극복하기 위해 하토야마가 생각해 낸 것이 중의원 선거제도를 중선거구제에서 소선거구제로 바꾸는 것이었다.

하토야마 내각은 55년 총선거가 있은 지 2개월 후인 5월 26일, 제5차 선거제도조사회(회장 아리마 주자부로)를 발족시키고, 이 조사회의 제안을 받아들이는 형식으로 1956년 3월 15일 임시 각의에서 소선거구제 법안(공직선거법 개정안)을 결정해 19일 국회에 제출했다.

이 법안의 내용을 보면, 우선 중의원의 의원 정원은 당시의 정수에 30석을 더한 497석으로 하고, 선거구는 정수 1에 해당하는 소선거구 455개와 정수 2에 해당하는(2명의 당선이 가능한) 선거구 21개를 두는 것으로, 사실상 단순소선거구제에 가까운 것이었다. 또한 법안에는 노조의 선거운동을 금지하고, 입회연설회◉를 폐지하는 등의 내용도 포함되어 있었다.

입회연설회 立會演說會

다른 의견을 가진 후보들이 한 장소에서 동시에 모여서 연설하는 제도. 즉 '공동유세'를 의미한다.

게다가 선거구의 구획은 전체적으로 현직 자민당 의원들에게 유리하도록, 특히 구민주당계의 편의를 적극적으로 고려한 형태로 이루어져 있었다. 이 선거구의 구획은 '게리만다'(게리맨더의 일본식 발음, gerrymander-역자 주)라는 용어를 변용해서 '하토만다'라고 불렀다. 게리만다란 1812년 미국 매사추세츠 주지사 게리가 자신이 속한 당에 유리하도록 만든 주 내 선거구의 형태가 그리스 전설에 나오는 불 속의 뱀 '사라만다'(salamander)의 형상과 비슷해 이를 풍자하는 의미로 지어진 이름이다.

이는 개헌 의도에 반대하는 야당은 물론 소선거구제에 기본적으로 찬성하고 있던 여당으로부터도 격렬한 반대를 초래했다. 결국 이 소선거구 법안은 여론의 맹렬한 공세를 받아 1956년 6월 3일 폐지되었다.

이시바시에서 기시로

12월 23일, 하토야마가 퇴진한 후 자민당 총재 공선으로 총재가 된 이시바시 단잔이 차기 수상에 임명되었다. 1956년 12월 14일 당대회 제1차 투표 결과는 ① 기시 노부스케(간사장)가 223표, ② 이시바시(통산상)가 151표, ③ 이시이 미쓰지로(총무회장)가 137표를 획득했다. 하지만, 3명 모두 과반수를 얻지 못해 결선투표를 진행했고, 여기서 이시바시가 258 대 251로 불과 7표 차이로 기시를 누르고 역전한 것이다. 이는 이시바시 진영의 이시다 히로히데(이후에 노동상)와 미키 다케오, 그리고 이시이 진영의 이케다 하야토 등 세 명이 대회 전날 밤에 회합을 갖고, 제1차 투표에서 높은 득표율을 보인 후보에게 결선에서 표를 모아 줄 것(2, 3위 연합)을 약속했기 때문이다. 이 당시 자민당 내에는 향후 파벌의 모체가 되는 몇 개의 그룹이 이미 만들어져 있었고, 이들이 중심이 되어 표의 매수 등을 위해 총 2억 엔의 자금을 움직였던 것으로 알려졌다. 또한 당시 이시다는 참의원 득표 전략의 일환으로, 자기 진영에 투표해 주면 그 대가로 '참의원에서 내각 대신(장관-역자 주) 3명'을 입각시켜 주겠다고 약속했다. 이러한 방식은 이후 자민당이 집권한 전 기간 동안의 관례가 되었다.

그러나 조각을 마치고 한 달쯤 지나 이시바시가 병에 걸려 1957년 2월 23일 내각이 총사직하게 된다. 고작 2개월간의 단명 내각이었다.

후임 수상으로는 이시바시가 병상에 있을 때 임시 대리를 맡았던 외무상 기시가 당내의 저항 없이 25일 수상으로 지명되었다.

기시는 1957년 5, 6월 동남아시아와 미국을 연달아 방문하고, 12월에는 재차 동남아시아를 방문하는 등 주로 외교에 힘을 쏟았다. 미국에서는 6월 21일 아이젠하워 대통령과 '일미 신시대'를 주창하는 내용의 공동성명을 발표했으나, 방미의 실제 목적은 기시의 최우선 목표였던 일미안보조약 개정의 단초를 만드는 것이었다. 이 안보조약 개정은 이후 일본 열도 전체를 흔들어 놓는 사건이 된다.

합의 해산

1958년에 접어들자 국회에는 해산의 바람이 불고 있었다. 이미 지난 총선거 이후 3년이 지났고, 그 사이에 내각이 3번이나 바뀌었기 때문에 해산이 임박한 것으로 관측되었다. 이 때문에 국회의원들은 선거운동에 힘을 집중하기 시작했다. 이러한 분위기를 감지하고 기시 수상도 4월 25일 중의원을 해산했다. 기시와 사회당의 스즈키 모사부로 위원장과의 회담에서 '사회당이 내각 불신임안을 제출하고, 이 안이 채결에 들어가기 직전에 해산한다'는 시나리오가 만들어졌고, 이 시나리오에 근거해 해산이 이루어졌다. 이를 '합의 해산'이라고 부른다.

1958년 5월 22일의 총선거는 보수 합동과 사회당의 통합 후 치러진 최초의 선거였다. 당시 '양당제'—실은 성립 당시 자민당 299석 대 사회당 155석의 '1과 1/2 정당제'—하에 치러진 선거로는 이미 1956년 7월 참의원 선거가 있었다. 이 선거에서는 자민당 당선자가 7명이 늘어난 61명이었던 것에 비해,

사회당은 21명이나 늘어난 49명이 당선되어 크게 약진한 바 있었다. '55년 체제' 하에서 실시되는 최초의 총선거에 사회당이 기대감을 갖는 것은 당연했다고 할 수 있다.

총선거에서는 자민당이 후보자의 수를, 지난 선거에서 민주, 자민당 합계 534명이었던 것을 413명으로 추려냈다. 대신 비공식적으로 지원하는 (비공인) 무소속 후보를 지난 선거보다 18명 늘렸다. 한편 사회당 쪽은 이전 선거에서 좌우 양 사회당 및 노농당 등 3당 합계 259명이었던 후보자를 246명으로 줄이는 데 그쳤다. 후보자 수의 선정에서도 사회당의 자신감을 엿볼 수 있다.

사회당에 대한 국민들의 기대

투표 결과는 자민당 당선자가 287명이었고, 여기에 보수 계열의 무소속 당선자 11명이 입당하면서 총 298명이 되었다. 지난 선거의 민주, 자유 양당 및 사후 입당자 수가 총 299명이었던 것에 비하면 1석을 잃은 셈이었다.

사회당은 166명이 당선되었다. 선거 직후에 입당한 1명과 선거 이후 4개월 뒤에 입당한 1명을 더해 최대로 계산해 보면 총 168명이었다. 이전 선거의 3당 합계 160명에서 8석이 늘어난 것이다.

이를 좀더 자세히 보면, 지난 선거에서 무소속과 소회파(小會派)◉ 클럽에 속해 있던 당선자 중에 노농당과 공산당을 제외한 인원은 6명이었다. 그 중 4명은 선거 직후에 보수 양당(자유당과 민주당)에 입당했고, 2명은 사회당에 입당했기 때문에 실질적인 비교치는, 자민당 의석수가 303석에

회파 會派

의회 내에서 특정 정책이나 활동에서 이해를 같이 하는 의원집단의 단위. 원내 회파라고도 불린다. 정당 내, 또는 정당간에도 결성이 가능하며, 국회 상임위 활동 등에서 특정 정책 사안에 한정해 활동을 같이 한다는 점에서 파벌과도 차이가 있다. 일본에서 회파는 2인 이상의 국회의원으로 구성되며, 회파의 조직 또는 이로부터의 이탈은 의회에서 규정한 절차에 따라 이루어진다. 이 회파에 소속되는 국회의원의 숫자에 따라 상임위원회의 할당이나 질의 시간 등이 결정된다. 중의원 또는 참의원 의장이 될 경우, 소속된 회파에서 이탈하는 것이 관례다.

서 298석으로 5석이 줄어든 것이다. 이에 비해, 사회당의 의석수는 162석에서 168석으로 6석이 증가한 것으로 볼 수 있다. 그 외 공산당이 2석에서 1석으로 감소했다.

절대득표율에서는 자민당이 47.7%에서 45.1%로 2.6% 감소한 반면, 사회당은 정확히 동일한 수치인 2.6% 증가해 22.7%에서 25.3%가 되었다. 실제 투표수로 보면 자민당 지지표에는 거의 변동이 없었던 것에 비해, 사회당에는 지난 선거보다 약 200만 명이나 많은 사람들이 투표했다. 당시의 투표율은 76.99%로 전후 중선거구제하에서는 최고를 기록했다. 유권자들의 기대를 흡수했던 것이 다름 아닌 사회당이었음은 이 수치에서도 확실히 드러난다.

사회당의 패배 선언

그러나 사회당은 선거 결과를 '패배'로 받아들였고, 통합된 지 얼마 되지도 않은 상황에서 당내 '재건 논쟁'이 불붙기 시작했다. 이와는 정반대로 자민당은 의석이 줄었음에도 불구하고, 생각보다 좋은 결과라는 안도감이 확산되었으며, 기시 수상도 정국 운영에 자신감을 갖게 되었다.

사회당이 총선 결과를 '패배'로 규정한 이유는, 당초 선거의 목표를 "첫째, 가장 기본적으로 '과반수 의석 획득' = '사회당 정권 수립'을 달성한다"(1958년 2월 제14회 당대회 결정 중 총선거 대책)라고 규정했기 때문이다. 실제로 이러한 목표치를 감안해 보면, 의석률 36% 획득은 의외의 결과임에 틀림없다.

그러나 이전까지의 총선거를 회고해 보면, 쇼덴 비리의 여파를 극복했던 1952년 총선거를 제외하면, 사회당의 약진이 확인된 1953년, 1955년 양 선거에서도 의석 증가는 20석 전후였다. 설령 그 두 배인 40석까지 늘어난다고 해도 총의석수는 200석에 불과하다.

사실상 사회당도 과반수를 획득할 것이라고는 생각하지 않았을 것이며, 다만 활력을 불어넣기 위해 이러한 슬로건을 내걸었을 것이다. 후보자도 246명밖에 내세우지 않았다. 이 가운데 과반수인 234명을 당선시키려면, 당선율은 95%에 육박해야 한다. 사회당의 실적으로 미루어 볼 때, 기본적으로 불가능한 목표라는 것은 누가 보아도 분명한 것이었다.

안이한 방침

물론 6석 증가는 너무 적은 것이라고 볼 수도 있다. 1950년대 들어서면서부터 나타난 상승세를 유지했다면 20석 정도는 충분히 늘렸을 것이라는 생각이다. 그러나 시각을 득표 쪽으로 돌리면, 지난 선거에서 득표수는 162만 표가 늘어, 그 앞의 선거에 비해 16.9%가 증가했고, 이번에는 198만 표가 늘어 이전 선거 대비 17.8%가 증가했다. 이는 경이적이라고까지 표현되었던 이전 선거까지의 상승 경향이 여전히 계속되고 있음을 보여 주는 것이다. 이러한 득표율이 의석수의 증가로 이어지지 못한 점에 대해서는 문제를 제기할 수 있겠지만, 스스로 '패배'라고 규정할 만한 상황은 아니었다. 지금의 관점에서 보면, 그것은 오히려 사회당 사상 최고의 득표율이었다.

사회당이 반성해야 할 지점은 '과반수를 목표로 한다'는 식의 안이한 방침이어야 했다. 그러나 사회당은 정서적으로만 선거 결과를 전망했고, 당대회에서 만들어낸 슬로건 그대로의 결과를 얻지 못했다고 한탄했다. 이는 또한 국민의 의사를 정확히 읽어 내려는 노력을 방기한 것이다.

12 1960년 안보조약 개정과 정치의 전환

근평 투쟁

1958년 총선거에서 1960년 총선거에 이르는 동안, 제2차 기시 내각은 일미 안전보장조약 개정을 추진하고 있었고, 이를 둘러싼 보혁 간의 격렬한 대결이 전개되었다. 그리고 이 혼란으로 기시는 퇴진했고, 그를 대신해 등장한 이케다 하야토 수상은 정책 방향을 크게 선회해 고도 경제성장이라는 목표로 국민의 시선을 돌렸다. 그야말로 극적인 2년 반이었다. 이러한 극적인 전환에는 '60년 안보'가 있었다. 그리고 그 전주곡이 되었던 것이 교직원에 대한 근무평정◉의 실시와, 〈경찰관 직무집행법〉(警察官職務執行法, 경직법)의 개정 문제였다.

근무평정제 勤務評定制, **근평** 勤評

직원의 근무성적을 평가하고 기록하는 제도. 일반 공무원에 대해서는 임명권자의 의무로서 법령에 의해 규정되어 있고, 교육공무원에 대해서도 1958년 이후 실시되었다. 통상 근평으로 약칭된다.

근평 투쟁은 문부성이 교원의 근무 성적을 일반 공무원과 동일하게 평가하도록 도도부현 교육위원회에 지도한 것에 일교조가 맹렬히 반대하면서 일어났다. 투쟁의 시작은 11월 에히메(愛媛) 현에서 이루어졌다. 1956년 10월에 교육위원회가 공선제에서 임명제로 바뀐(당시에는 '역코스'의 일환으로 이해되었

다) 직후의 일이다. 이것이 전국적으로 이슈화된 것은 1958년 봄부터였다. 일교조는 이를 '교육 반동화'의 증거라고 보고 연가(동시 휴가) 등의 투쟁을 개시했다. 이에 대해 기시 내각이 강경한 태도를 보임에 따라, 투쟁은 1958년 9월부터 12월에 걸친 기간을 정점으로 전국 각지로 확대되었다. 다음 해인 1959년 2월에 일교조가 교원의 자기평정(自己評定)을 도입한 '가나가와 방식'◉을 인정함으로써 투쟁은 겨우 일단락되었다. 하지만 장기간의 투쟁과 이 과정에서 징계를 받은 조합원에 대한 구원 자금의 부담 등으로 인해 근평 투쟁은 이후 일교조가 약화되는 하나의 요인으로 작용했다.

가나가와식 자기평정제 神奈川式 自己評定制

가나가와 방식이란, 1959~98년까지 가나가와 현에서 실시된 교직원 인사고과(人事考課) 방식을 말한다. 즉, 관리직의 자의적 평가를 배제하는 자기기술 방식(自己記述方式)으로, 교직원 본인이 직접 근무 내역 및 평가를 작성하는 반면, 교장의 평가를 배제하도록 되어 있다.

경직법

경직법 소동은 1958년 10월 8일에 정부가 갑자기 개정 법안을 제출하면서 발생했다. 경직법은 근평 투쟁과 더불어 당시 매우 격렬한 투쟁 양상을 보였던 것으로 유명한 오지 제지(王子製紙) 쟁의사건 등, 노동쟁의가 '폭력화'되고 있다는 점을 의식해 이를 저지하기 위해 제출된 것이었다. 법안의 내용은 직무상 질의, 소지품의 검사, 토지 및 건물 등에 대한 진입에 있어 경관의 권한을 큰 폭으로 강화하는 것이었다. 이 때문에 사회당을 중심으로 야당은 "데이트도 못하게 하는 경직법"이라고 비난했고, 이것이 곧 일반 국민들에게까지 공감대를 형성하게 되었다.

기시 내각은 이 법안의 통과를 강행하기 위해 1958년 11월 4일, 3일 남은 국회 회기를 돌연 30일간 연장했다. 이에 저항하기 위해 사회당은 연장의 무효를 주장하며 국회 등원을 전면 거부했다. 자민당 내부에서도 기시의 강경

방식에 대한 비난이 나오기 시작했다. 결국 11월 22일 기시와 스즈키 간의 당수회담에서 법안 폐지가 합의되었다. 경직법안의 폐지는 점령 이후 지속되어 온 수 많은 '역코스' 공세 중에 사회당이 승리한 몇 안 되는 사례였다.

기시 서약서

당시 자민당 주류는 기시파, 사토파, 고노파, 오노파 등이었고, 반주류는 이케다파, 이시이파, 미키파 등이었다. 기시는 야당에 대해서만이 아니라, 당내 반주류파의 준동에 대해서도 고압적으로 저지하려 했다. 이에 반발한 이케다 국무상, 미키 경제기획청 장관, 나다오 히로키치 문부상(이후에 중의원 의장, 이시이파) 등 3명이 1958년 12월 27일 동시에 각료를 사임했다.

기시는 주류파가 독점하던 주요 당직의 일부를 반주류에게 양보함으로써 사태를 수습하려 했지만, 이것이 총무회장 고노와 부총재 오노의 반발을 불러일으켰다. 여기서 기시는 계책을 세웠다. 다음 해 1959년 1월 9일 '다음 정권은 오노에게'라는 의미의 서약서를 쓴 것이다. 이 밀약은 기시, 사토 형제가 오노와 고노에 서약하고, 오노 등의 스폰서이자 후견인이었던 나가타 마사이치 다이에이(大映) 영화사 사장, 하기와라 기치타로 홋카이도 탄광기선 사장, 고다마 요시오 등 3명이 확인 및 서명했다. 이로써 주류파의 결속이 확립되었고, 고노는 곧이어 당 총무회장을 내놓고 일반 당원이 되었다. 그리고 후임에 반주류인 이케다파에서 마스타니 슈지가 선임됨에 따라 반주류의 저항은 약화되었다(자민당의 파벌에 대해서는 226쪽 〈그림 4〉를 참조).

관료파와 당인파

기시 시대 파벌 투쟁의 배후에는 또 하나의 대립 구도가 있었다. 1959년 6월, 참의원 선거 후 주요 당직자 및 관료 인사에서 기시는 간사장을 요구하던 고노를 제치고 돌연 반주류파인 이케다를 입각시켰다. 이케다는 이전에 반(反)기시를 내세우며 미키, 나다오 등과 더불어 각료를 사임한 전력이 있었다. 따라서 고노는 이케다가 입각하는 일은 절대 없을 것이며, 결국 기시는 자신에게 손을 내밀 수밖에 없다는 계산을 하고 있었다. 이 계산이 빗나가면서 오노, 고노 등 당인파◉는 반주류로 노선을 바꾸었다. 이와는 반대로 사토, 이케다, 이시이 등 구(舊)요시다 계열의 관료파◉가 주류로 부상하게 되는 역전 현상이 나타나게 되었다.

당인파와 관료파

당인파는 관료파에 대칭되는 의미에서 쓰여진 용어로, 정당에서부터 정치경력을 쌓아온 정치인들의 파벌을 말한다. 반면, 관료파는 관료출신 정치인들의 파벌이다.

신안보조약의 성격

이러한 배경에서, 신안보조약이 점차 그 모습을 드러내고 있었다.

기시는 추방이 해제된 이후 '일본재건연맹'을 결성하면서부터 점령군의 압력으로 만들어진 제도들을 '바로 잡는' 것이 자신의 정치적 사명이라고 여기고 있었다. 특히 헌법과 일미안보조약은 뜯어고치지 않으면 안 될 양대 과제였다. 헌법 9조를 개정해 일본이 상당한 군사력을 보유하게 되면, 안보조약도 일미 간의 쌍무적인 상호 방위로, 즉 대등한 내용으로 만들 수 있다는 생각이었다. 하지만 국민 대다수는 이 양대 과제가 기시의 생각대로 수행될 경우 일본이 전전과 같은 군사 국가로 부활—이는 기시 자신의 이력과도 상통하는 것이다—하게 될지도 모른다는 생각에 불안해 하고 있었다. 일단 사회당이 국회에서 1/3의 의석을 차지하고 있는 이상, 기시로서도 당장에 개헌을 강행하기는 어려운 상황이었다. 남은 것은 결국 '안보조약'이었다.

기시와 후지야마 아이이치로 외무상이 정리한 신안보조약 안을 보면, 이전 조약에 비해 분명 일본에 유리하도록 개선하고자 한 노력이 엿보인다. 먼저 미군의 배치나 행동과 관련해—그것의 실효성은 논외로 하고—정부 간에 사전 협의할 수 있도록 하고 있고, 일본의 내란에 미군이 출동할 수 있도록 한 조항은 삭제되었다. 조약의 기간은 10년으로 하며 그 이후에는 양측 중 어느 한 쪽의 통보로 1년 이내에 조약의 실효가 가능하도록 규정하고 있다.

그 대신 주일미군이 일본 이외의 '극동지역' 방위도 담당하도록 한다는 문구가 첨가되었다. 이 문구는 오히려 일본을 미국의 세계 전략에 깊숙이 편입시켜 아시아에서 긴장을 고조시킨다는 주장이 당시에는 설득력이 있었다. 그리고 무엇보다 기시 자신이 전전으로 회귀하고자 하는 의도를 보였다는 점, 반대 측의 의견에 귀를 기울이지 않고 강권적인 태도로 일관했다는 점 등이 신조약에 대한 의구심을 더욱 확대시켰다.

미국 측도 애초 개정에 대해 소극적이었으나 1958년 9월부터 교섭에 응하기 시작했다. 1년 3개월 후인 1960년 1월 6일에 양측은 타결을 보았고, 19일 워싱턴에서 개정의 조인이 이루어졌다. 정부는 곧 이를 정기국회에 제출했고, 일미안보조약 특별위원회 등에서 심의가 이루어졌다.

일미 간의 교섭을 둘러싼 논의가 한창 진행 중이던 1958년 7월 25일, 사토 대장상은 맥아더 주일대사(Douglas MacArthur II, 맥아더 장군의 친조카-역자 주)를 만나 "공산주의와 싸우기 위해" 자민당에 자금을 원조해 주도록 요청했다. 이 사실은 이후 미국의 공문서가 공개되면서 36년 후인 1994년 10월 9일자 『뉴욕 타임즈』가 보도한 것이다. 당시 사토의 요청은 거부되었지만, 이즈음부터 약 1960년대까지 자민당은 미국 CIA로부터 수백만 달러에 달하는 자금을 원조 받았다는 사실이 명백히 드러났다. 기시, 사토 등은 외교 교섭의 상대에게 돈을 구걸하고 있었던 것이다.

'안보조약개정저지국민회의'

사회당을 비롯한 혁신단체는 1958년 가을부터 일미 간 교섭이 개시된 이후 줄곧 안보조약 개정의 위험성을 호소했다. 그러나 본격적으로 반대운동이 시작된 것은 1959년 3월 28일 사회당, 총평, 원수협[◉] 등 134개 단체가 '안보조약개정저지국민회의'를 조직하면서부터이다. 국민회의에는 공산당도 옵서버로 참가해, 대규모 통일전선이 만들어지게 되었다.

국민회의 결성 전인 3월 12일, 사회당의 중국방문사절단 단장 아사누마(당 서기장)는 베이징 강연에서 안보조약에 대해 거론하면서 "미 제국주의는 일중 인민 공동의 적"이라고 말했다. 안보조약 개정 반대가 미 제국주의에 대한 투쟁으로 자리매김된 것이다.

원수협 原水協, 원수폭금지일본협의회

일본의 대표적인 반핵, 평화단체의 전국 조직. 1954년 8월 원수폭금지세계대회가 일본에서 개최된 것을 계기로 당시 대회의 실행위원회의 이름을 개편해서 발족했다. 그 후 조직 내부에서 사회당 계열의 그룹이 독립해 나와, 1965년 2월에 원수폭금지일본국민회의를 결성했다.

제2조합

노조에서 탈퇴한 조합원이나 미가입 노동자를 중심으로 회사 측에 의해 결성된 어용조합.

반대운동에는 광범위한 학생과 지식인층이 참가했다는 점이 특징이다. 7월에는 우에하라 센로쿠(역사학자, 구(舊)히토츠바시 대학장), 아오노 스에키치(문예평론가), 시미즈 이쿠타로(사회학자) 등 약 100명의 학자, 평론가들이 '안보문제연구회'를 만들어 언론을 통해 활발한 반대운동을 전개했다.

'안보'와 병행해서, 이 시기에는 미이케(三池) 투쟁이 '총자본 대 총노동'의 대결 무대가 되고 있었다. 1959년 12월 21일 미쓰이 광산이 후쿠오카 현 미이케 탄광 노조원 1,297명에게 지명 해고를 통고함으로써 시작된 이 투쟁은 도중에 조합 측과 경찰, 폭력단, 제2조합[◉] 사이에서 수차례에 걸친 유혈 사건이 발생했다. 미이케 투쟁은 이케다 내각이 수립된 후인 1960년 8월 10일에 제출된 중앙 노동위원회의 중재안을 9월 6일 일본탄광노동조합(炭勞) 측이 수락함으로써 종결되었다.

민사당의 결성

하지만 안보조약 개정 반대 투쟁의 중심이 되었던 사회당은 1959년 6월의 참의원 선거에서 패배함에 따라 재차 '재건논쟁'에 돌입했다. 여기에 안보조약 개정에 대한 좌우 양 파벌 간의 입장 차이마저 결부되어, 1959년 9월 12일부터 개최된 제16회 대회에서는 우파의 니시오를 통제위원회에 회부할 것, 즉 제명 문제를 안건에 올리는 사건이 발생했다. 이 사건을 계기로 16일 니시오파 의원 33명(중의원 21명, 참의원 12명)이 탈당해, 다음 해인 1960년 1월 24일에 '민주사회당'(민사당)을 결성했다. 결성을 전후로 사회당을 탈당해 민사당으로 이적하는 의원들이 속출하기 시작했다. 1960년 10월 중의원 해산의 시점에 이르러서는 민사당의 중의원 의원 수가 40명으로 늘어났다. 1955년 10월의 좌우 사회당 통합은 4년이 채 유지되지 못한 것이다.

이러한 상황에서도, 사회당의 '안보 7인방'으로 불리던 구로다 히사오, 오카다 하루오, 나리타 도모미(이후에 사회당 위원장), 아스카타 이치오(이후에 사회당 위원장), 이시바시 마사시(이후에 사회당 위원장), 마쓰모토 시치로, 요코미치 세쓰오(이후에 홋카이도 지사, 요코미치 다카히로의 부친) 등은 1960년 1월에 재개된 국회에서 안보조약 개정과 관련한 질의, 그 중 '극동의 범위' 문제 등을 집중 추궁함으로써 정부 측 관계자들을 수차례 궁지로 몰아넣는 활약을 보였다. 이와 동시에 의회 밖에서는 노조의 집회 및 국회로의 청원 시위가 연일 이어지는 등 안보반대 운동도 그 열기가 가속화되고 있었다.

강행 가결

국회의 회기는 5월 26일까지였다. 이 회기 내에 조약의 비준 승인은 무리라고 판단한 정부 및 자민당과 기요세 이치로 중의원 의장은 5월 19일, 경관 500명을 중의원으로 불러들여 본회 개회에 저항하던 사회당 의원들을 강제로 끌어내고 50일간의 회기 연장을 의결했다. 그리고 비준 승인 안건의 경우도 안보특별위에서 심의를 강제 종료하고 채결이 이루어졌고, 더욱이 본회의에서의 채결은 20일 새벽에 강행되었다. 이로써 조약의 비준은 모두 가결되었다. 자민당 내부에서도 이러한 강행 가결에 대한 비판이 없지 않았다. 고노, 미키, 마쓰무라 등 28명이 20일 밤의 본회의에 불참했다.

강행 가결 조치에 분노한 시민들은 20일 10만 명 규모의 시위를 시작했고, 국회와 수상 관저 주변은 연일 시위 인파로 포위되었다. 참가자 수도 안보저지국민회의 간부들조차 예상하지 못한 규모였다. 도쿄의 거리에서는 평소 시위를 꺼리던 상점 주인들이나 택시 기사들마저도 시위대에 호의를 보였다. 이즈음부터 '기시 퇴진' 목소리가 높아졌고, 자민당 내에서도 이는 피할 수 없는 대세라는 의견이 확대되었다.

유혈 사태와 자연 승인

6월 4일, 전국적으로 560만 명이 참가한 것으로 추산되는 반(反)기시 '6·4 파업'이 발생했다. 10일에는 비준서 교환을 위해 이루어질 아이젠하워 미 대통령의 첫 일본 방문 사전 협의차 와 있던 대통령 비서 헤거티를 태운 차가 하네다 공항 근처에서 시위대에 포위되는 사건이 일어났다. 그리고 15일에는 전학련◉의 시위대가 국회로 진입해 경관과 난투극을 벌였고, 이 과정에서 도쿄대 학생이던 간바 미

전학련 全學聯

1948년 9월에 일본 전국의 국립, 공립, 사립 145개 대학의 학생자치회가 결성한 연합 조직. 정식 명칭은 전일본학생자치회총연합(全日本學生自治會總聯合). 초기 전학련은 일본공산당의 강력한 영향하에서, 한국전쟁 반대 투쟁, 전면 강화 운동 등을 전개했으나, 1955년 이후부터 학생의 일상 요구에 밀착한 일상 투쟁을 시작하면서 독자적인 조직으로 자리매김했다. 전학련을 중심으로 한 학생운동은 1960년 '안보 투쟁'에서 정점에 이르렀으며, 그 후 내부 분열을 거듭하면서 현재까지 이르고 있다.

치코가 사망했다.

이 유혈사건으로, 기시 수상은 아이젠하워의 일본 방문을 경호하기 위해 자위대를 출동시키려 했으나, 방위청 장관 아카기 무네노리(기시파)의 반대로 단념하고, 16일에 미국 측에 일본 방문 중지를 요청했다. 그러나 신안보조약은 6월 19일 오전 0시, 예산과 조약에 대한 헌법 규정인 "참의원이(중의원의 가결 후) 30일 이내에 의결하지 않을 경우, 중의원 의결을 국회의 결의로 간주한다"라는 조문에 따라 자연 승인되었다. 당시에는 참의원의 심의 자체가 생략되어 있었고, 국회 주변에는 33만 명이 연좌시위를 벌이고 있었다.

기시 내각은 비준서의 교환을 끝낸 23일 총사직했다. 그리고 안보 반대의 인파와 타오르던 시민들의 분노는 썰물처럼 잠잠해져 갔다.

13 경제정치의 시대

이케다의 '관용과 인내'

그 후 후속 자민당 총재 및 수상을 당내 합의를 통해 선출하고자 하는 움직임이 있었지만 이는 실패했다. 이로써 7월 14일 당대회 투표를 통해 이케다 하야토가 선출되었다.

총재 선거는 각 파벌의 힘과 기량이 맞붙는 장이었다. 다양한 움직임들이 종국에는 이케다, 사토, 기시 등(기시파는 처음에는 자유투표를 주장하고 있었다)의 관료파와, 오노, 고노, 미키, 마쓰무라, 이시이 등 당인파 사이의 대립으로 수렴되었다. 입후보자는 애초에 이케다, 오노, 이시이, 후지야마 등 4명으로 예정되어 있었지만, 대회 전날 밤에 "당인파 후보를 이시이로 일원화"하기 위해서라는 명목으로 오노가 하차해 3명이 되었다. 그러나 최후에는 기시가 자신의 직계이자 한때 당인파에 협력을 약속했던 가와시마 쇼지로(이후에 당 부총재) 그룹을 이케다 지지로 돌렸다. 나아가 스스로 재계에서 정계로 들어온 것을 자랑으로 여기고 있던 후지야마 그룹마저 결선투표에서 이케다 지지로 선회시킴으로써, 이케다에게 승리를 가져다 주었다.

이 때문에 이케다는 당시 정치 기자들로부터 기시 정권의 '아류'라는 평을 들어야 했다. 그러나 첫 출발부터 이케다는 기시와는 정반대로 '저자세'와 '관용과 인내'를 내걸어 사람들을 놀라게 했다. 이케다의 신정책은 그가 이전부터 측근 브레인들과 연구를 추진해 온 '10년 안에 국민소득을 2배로' 늘린다는 소득 배증 정책이었다. '안보'와 같이 날카로운 논쟁 주제와는 거리가 먼 정책이었다. 이케다 자신과 더불어 마에오 시게사부로, 오히라 마사요시(이후에 수상), 미야자와 기이치(이후에 수상) 등의 측근들이 연출한 성공적인 정책 전환이었다. '안보'의 여진은 급속히 시들었고, 사회당도 "4년 후에는 국민소득을 1.5배로"(9월 13일 발표한 장기 정치경제 계획)라는 슬로건을 제안함으로써, 이렇다 할 저항도 못한 채 이케다의 페이스에 말려들고 만다.

아사누마 살해사건

기시에서 이케다로 수상이 교체됨에 따라 1960년 가을에는 중의원의 해산과 총선거라는 정치 일정이 기정사실화되었다. 10월 17일에 소집될 임시국회가 개회되면 곧 해산이 이루어질 것이라는 관측이 주류를 이루고 있었다. 이에 따라 10월 12일에는 도쿄 도 선관위와 NHK가 주관한 자민, 사회, 민사 3당 당수 공동 연설회가 히비야 공회당에서 개최되었다. 사회당 위원장은 아사누마 이네지로였다. 아사누마는 안보 투쟁이 한창이던 1960년 3월 23일부터 24일에 걸쳐 개최된 제17회 임시 당대회에서 가와카미 조타로를 누르고 위원장이 되었다. 이들 두 사람은 모두 우파이자 같은 가와카미파였지만, 아사누마는 과거 "미 제국주의는 일중 인민 공동의 적"이라는 발언으로 좌파의 지원을 얻어 승리할 수 있었다.

그런데 10월 12일 공동 연설회에서, 아사누마가 한참 연설하던 도중 무대 뒤에서 돌연 우익 청년 한 명이 뛰어들어 아사누마를 칼로 찌르는 사건이 발생했다. 거의 즉사에 가까웠다. 이케다의 눈 앞(니시오는 연설을 끝내고 돌아가고 있었다)

에서 벌어진 일이었다.

이케다는 5일 후 중의원 본회의에서 추도 연설에 나섰다. 그는 연설 중에, 아사누마의 친구가 다이쇼(大正) 시대에 읊었다고 하는 시의 한 부분인 "누마(沼, 아사누마를 칭함)는 연설하는 농민이라/ 때묻은 옷에 허름한 가방……" 이라는 구절을 인용했다. 이케다의 비서관인 이토 마사야(이후에 정치평론가)가 작성한 이 연설문은, 수상이 직접 추도에 나섰다는 사실과 어우러져서 매우 큰 호평을 받았다. 이는 이케다의 인기를 더욱 높이는 데 한 몫을 했다.

민사당의 참패

1960년 11월 20일 총선거 결과는 자민당이 공인 후보만의 성적으로도 이전 선거 때보다 9석을 늘였고, 무소속 2명이 입당하면서 총 300석을 확보했다. 기시의 '안보' 여파는 일단 극복한 형태가 된 것이다. 사회당의 당선자는 145명이었다. 이전 당선자 167명 중 40명이 민사당으로 이적했기 때문에, 127석을 실질적인 전회의 실적으로 친다면 결과적으로 18석이 늘어난 것이었다. 한편, 민사당은 40명의 의원 중 27명이 낙선해 신인을 포함한 전체 당선자는 17명이었다. 참패였다. 이후 니시오는 "선거 직전에 아사누마가 암살되자, 이미 (선거는) 물 건너갔다고 생각했다" 라고 말했다.

투표율은 전회 선거보다 3.5% 정도 하락했지만, 인구가 증가했기 때문에 총투표자 수에는 거의 변동이 없었다. 자민당과 보수 계열 무소속의 경우 약 100만 표를 잃은 반면, 사회당과 민사당은 120만 표 정도를 추가로 얻었다. 여당과 야당 사이의 이러한 득표 수지는 사회, 민사의 후보가 45명이나 늘었다는 점을 고려한다 해도, 인심의 동향이 사회당 쪽으로 계속 이동하고 있음을 보여 주는 것이었다. 또한 이 선거에서는 무소속 후보의 경우 후보자 수 및 득표수 모두 감소하는 추세를 보여, 정당의 공인을 받지 못할 경우 앞으로는 당선이 어려워질 것임을 예견하게 했다.

소득 배증 계획

1960년대 초반부터 일본은 경제 대국으로의 방향을 분명히 하면서 전진하기 시작했다. 이케다, 그리고 그의 브레인이었던 일본개발은행 이사 시모무라 오사무가 '소득 배증'을 정책의 중심으로 삼고자 한 것은, 그 이전부터 이미 높은 경제성장률이 나타나기 시작했다는 점에 착목한 것임에 틀림이 없다. 그러나 당시 '국민소득'이라든가 '총생산', '국민총생산'(GNP) 등의 용어는 극히 일부 전문가들만이 사용하고 있던 단어였다. 이를 눈 깜짝할 사이에 대중의 언어로 만들어 버린 것이 바로 정치였다.

실제로 1955년 하반기부터 1956년을 거쳐 1957년 상반기까지 소위 '진무' 경기◉가 나타났고, 1958년에 잠시 '나베조코' 불황◉을 경험하기는 했지만, 1959년에는 다시 '이와토' 경기◉를 맞았다. 1956년 이후부터 선박 건조에 있어 세계 최고가 되는 등, 그동안 일본의 공업 생산력 신장은 이미 현저하게 이루어지고 있었다. 1954년부터 1959년까지 5년간의 국민소득은 6조 5,917억 엔

진무 경기 神武景氣

1954년 11월부터 1957년 6월까지 지속된 경기 호황. 진무(神武)란 신과 인간이 공존하던 고대의 천황인 진무 천황을 의미하는 것으로, 역대 최대라는 뜻. 당시에는 한국전쟁 특수를 통해 벌어들인 외화를 바탕으로 수출 경기의 활성화, 설비 투자 증가, 대량 생산 및 자동화가 급격하게 진전되었다. 진무 경기를 거치면서 일본 경제는 패전 이전의 수준으로 회복했고, 세 가지의 신기(神器), 즉 냉장고, 세탁기, 흑백 TV가 대량으로 보급되었다.

나베조코 불황 鍋底不況

1957년 7월부터 1958년 6월에 걸쳐 나타난 경기 불황. 나베조코(鍋底)란 냄비 바닥이라는 의미로 최악의 상태가 지속되는 상황을 말한다. 나베조코 불황은 진무 경기 이후 나타났지만, 이와토 경기를 통해 회복되었다.

이와토 경기 岩戸景氣

1959년 6월부터 1961년 12월까지 지속된 경기 호황. 이와토(岩戸)란 아마노이와토(天の岩戸)의 준말로, 진무 천황보다 훨씬 더 과거에 존재하던 신 아마테라스 오미카미(天照大神)가 거주하던 동굴을 의미한다. 즉 진무 천황의 시대보다 훨씬 더 오래된 과거 이래로 최대라는 의미로, 진무 경기를 능가하는 호경기임을 비유한 것이다. 이와토 경기를 거치면서 일본은 국민소득이 급증하고 대중 소비사회로 진입했다.

에서 11조 233억 엔으로 67.2%가 상승했다. 연평균 10.83%의 증가율이었다.

'10년 내 소득 배가'를 목표로 한다면, 연간 7.2%의 성장률로도 충분했음에도 불구하고, 이케다의 신정책과 이를 이어받은 제2차 이케다 내각의 소득배증 계획이 "쇼와 36년(1961년) 이후 3개년 동안 연평균 9%"라는 성장률을 책정할 수 있었던 것은, 이와 같은 과거의 성장률에 힘입은 것이었다. 오히려 사실상의 실적에 비한다면 지나치게 낮은 목표이기도 했다. '계획'이 있은 후 8년이 지난 1968년의 GNP를 보면 실제로 1960년의 2.25배가 되어 있다. 목표를 가볍게 달성한 것이다.

정책으로서의 경제성장

이케다 내각 이전, 즉 1950년대 후반부터 고도성장이 이미 시작되었다는 점을 고려하면 이 계획은 이미 그 성공이 약속된 것이나 다름없다 해도 과언이 아니었다. 하지만 이케다는 경제성장을 단지 '전망'으로만 내세우지 않고 애써 '정책'으로 추진했다. 이로써 첫째, 성장 그 자체가 촉진되었음은 물론, 둘째, 성장에 따른 국민 생활의 격변에 적극적으로 대응하려는 노력이 이루어졌다. 이 점을 간과해서는 안 된다.

첫 번째 면에서 보면, 무엇보다 정부 관료 및 공무원을 비롯해 기업의 경영자 및 노동자 모두 '성장 마인드'를 갖게 되었다는 점을 들 수 있다. 예를 들어 정부는 도로, 철도, 항만, 공업 용지, 용수 등의 산업 기반에 적극적으로 투자했고, 국민도 이를 환영했다.

두 번째 면에서 보면, 사회복지의 증진이나 농업 보호 쪽에 예산의 상당 부분이 돌아가게 되었다는 점을 들 수 있다. 이를 개별적으로 볼 경우 비판의 여지가 없는 것은 아니지만, 전반적으로 강력한 정치적 지도가 작용한 것만은 분명한 사실이었다.

안보효용론

이러한 성장 정책에 대해, 이후 미야자와 기이치가 "…… 결과적으로, 일본은 비생산적인 군사 지출을 최소한으로 하면서 오로지 경제 발전에만 전력할 수 있었다"[4]라고 논평한 것처럼, 일미안보조약은 경제성장을 위한 수단의 역할도 해 주었다고 할 수 있다. 이러한 소위 안보효용론은 안보조약 체제도 결국에는 풍요로움을 추구하는 것에 종속되는 것이라는 안도감을 불러일으켜, 결과적으로 많은 사람들이 안보에 동의하도록 하는 효과도 가져왔다.

제2차 이케다 내각은 공공사업비의 경우 1961년에 25%, 1962년에 27%를 늘리는 한편, 사회보장비도 1961년에 36%, 1962년에 19%를 확대하는 등 적극적인 재정 정책을 전개했다. 1962년 8월에는 〈신산업도시건설촉진법〉을 실시하고, 1963년 7월 12일에는 신산업도시 13개소, 공업정비특별지역 6개소를 지정하는 등 산업 전반의 중화학공업화를 진전시켰다. 신산업도시의 지정 과정에서는 전국 각지로부터 진정(陳情)이 쇄도하기도 했다.

경제 외교

이러한 경제력 향상을 배경으로, 이케다는 외교에서도 활발한 활동을 전개했다. 1961년 6월 미국 방문 시, 이케다는 케네디 대통령과 포트맥 강의 요트선상 회담에서 미국이 일본을 중시하고 있다는 분위기를 연출하는 데 성공했다. 이때의 정상회담 성과로 일미무역경제합동위원회가 11월 2일부터 4일까지 하코네(箱根)에서 개최되었고, 뒤이어 러스크 미 국무장관 등이 일본을 방문해 일미 협조를 역설했다.

4] 『社會黨との對話ーニューㆍライトの考え方』(講談社, 1965).

오랫동안 현안이 되었던 대미 채무 가운데 가리오아 기금(GARIOA, Government and Relief in Occupied Area Fund, 점령 지역 구제 정부 기금 또는 가리오아 기금-역자 주)과 에로아 기금(EROA, Economic Rehabilitation in Occupied Area Fund, 점령 지역 경제 부흥 기금 또는 에로아 기금-역자 주)의 변제와 관련한 교섭도, 1961년 6월 10일에 채무 18억 달러 중 4억 9,000만 달러를 연 이자 2.5%로 15년간 1년 단위로 변제하는 것으로 타결되었다. 또한 11월 16일부터 30일까지 동남아시아 4개국을 방문하면서 버마, 타이와의 경제협력 문제를 해결했는데, 이는 배상의 성격이 농후한 것이었다.

한국과는 1961년 5월 16일의 군사 쿠데타로 7월 3일 권력을 잡은 박정희 정권을 상대로, 난제였던 소위 '대일청구권' 문제를 1962년 11월 12일에 무상 3억 달러, 유상 2억 달러, 경제협력 1억 달러 선에서 사실상 마무리지었다.

LT무역

이케다는 중국과의 관계를 개선하기 위해 정경분리 방식을 추진했다. 1962년 9월 자민당의 친중파 인사인 마쓰무라 겐조의 중국 방문을 인정해, 19일 마쓰무라-저우언라이 회담이 이루어졌다. 11월 9일에는 중국의 랴오청즈와 일본의 다카사키 다쓰노스케 사이에 종합무역협정의 각서가 조인되었다. 이 협정의 조인은 이들 두 사람 이름의 이니셜 문자를 따서 'LT무역'이라고 불렸다.

또한 제3차 내각 때인 1963년 8월 23일, 창고에 적체되어 있던 총액 73억 5,800만 엔 규모의 구라시키(倉敷) 레이온 플랜트 수출이 이루어졌고, 이에 대한 (중국 측의) 지불 연기를 일본수출입은행의 융자로 충당하도록 한다는 내용의 각의료해®가 이루어졌다.

각의료해 閣議了解

각의(閣議)는 정부의 의사결정기구를 지칭하는 것으로, 정부 내 합의 및 강제력의 정도에 따라, 각의결정, 각의료해, 각의보고, 포고, 각료발신(閣僚發信) 등이 있다. 각의료해는 최고의 의사결정인 각의결정 다음의 강제력을 가지는 것으로, 실질적인 집행은 비정부기구에 맡기는 사례가 많다. 예를 들면 인도주의적 사업을 결정하는 과정에서 그 실행을 일본적십자사에 맡기는 경우 각의료해의 형식을 띤다.

실력자 체제

『아사히신문』의 여론조사에 의하면 이케다 내각은 전체 기간 동안 지지율이 지지하지 않는 비율보다 낮게 나타난 적이 한 번도 없다. 이러한 수치는 하토야마 내각에서 미야자와 내각에 이르기까지 모든 자민당 내각 가운데 이케다 내각이 유일하다(조사 횟수가 1회에 그친 이시바시 내각은 제외). 이케다는 55년 체제하에서 수상을 역임한 15명 가운데 국민의 신임을 가장 안정적으로 얻은 인물이었다고 할 수 있을 것이다.

그러나 당 내부를 들여다보면 여전히 풍파가 이어지고 있었다.

이케다 정권은 원래 이케다, 기시, 사토 등 각료 3파의 지원 속에 출발했다. 오노, 고노, 미키, 이시이 등의 당인파는 반주류였다. 1960년 7월 14일 이케다가 총재로 지명된 당대회 직후, 고노 등은 절망한 나머지 한때 탈당 및 신당 결성까지 고려할 정도였다. 그러나 1961년 7월 18일의 개각에서 이케다는 사토를 입각시키고 고노, 미키, 후지야마, 가와시마 등에 입각을 요청했다. 이때부터 오노를 부총재로 하는 '실력자 체제'가 실현된다. 파벌의 영수들이 각기 요직을 차지하고, 그 대다수가 각료로 입각한 것은 전례가 없던 일이었다.

미키 조사회

고노는 입각 후 재빨리 이케다에게 접근했다. 이케다 또한 이케다 후임 자리를 되도록 빠른 시일 내에 차지하고자 했던 사토를 견제하기 위해 고노를 중용했다. 양자 간의 접근은 더욱 활발하게 이루어져, 1962년경에 이르면 이케다를 지원하는 인물들이 고노, 오노, 가와시마 등 당인파로 바뀌고, 반대로 사토는 이케다로부터 더욱 멀어지기 시작한다. 주류와 반주류가 역전된 것이다. 또한 기시파가 가와시마파, 후지야마파, 후쿠다 다케오파로 3분되는 과정에서, 기시의 직계를 자부하던 후쿠다가 '당풍쇄신간담회'(이후에 당풍쇄신연맹)

를 만들어 가장 적극적인 반주류 활동을 하게 된다.

당풍쇄신간담회를 중심으로 '파벌 해소' 등 당의 근대화를 요구하는 목소리가 높아지자, 이케다는 사토와의 협의를 거쳐 1962년 7월 18일 개각과 동시에 당조직조사회를 별도로 조직해 본격적인 문제 해결에 나설 것임을 밝혔다. 조사회의 회장은 내각에서 하차한 미키가 임명되었다. 이러한 조치는 후쿠다파를 중심으로 한 반주류 활동의 구실을 봉쇄하려는 의도였다. 미키 조사회는 1963년 10월 17일 "모든 파벌의 무조건 해소", "당 총재는 선거가 아닌 고문회의 추천으로 결정한다" 등을 주요 내용으로 하는 당 근대화 계획을 제시했다.

14 사회당의 좌절

구조개혁론

1960년 총선거 이후 1963년의 차기 총선거까지 사회당은 자민당보다 크게 요동하고 있었다.

사회당은 총선거 직전이었던 1960년 10월 13일, 예정되어 있던 제19회 임시 당대회를 개최했다. 아사누마가 피살된 바로 다음날이었다. 이 대회에서 서기장 에다 사부로(1960년 총선거에서는 위원장 대리)가 제안한 운동 방침에는 다음과 같은 내용이 담겨 있었다.

"구조개혁의 중심목표는 '국민 제 계층의 생활 향상'을 달성하는 것이다. 이것이 우리 당이 목표로 하는 구조개혁의 축이다. 이 과제를 실현하기 위해서는 현재의 '독점 지배 구조를 변혁'함으로써 독점 정책을 제한하고 통제하지 않으면 안 된다."

'구조개혁론'이 당 노선으로 등장한 것이다. 제19회 대회는 아사누마 추도 집회의 성격이 강했기 때문에 구조개혁론이 당장에 문제가 되지는 않았다. 하지만 1961년에 접어들자 총평 및 사회주의협회 등에서 구조개혁론에는 "(사회주의 혁명을 저버리는) 개량주의의 위험이 있다"는 비판이 강하게 제기되기 시작했다. 사회당 좌파에게 '독점자본' 이란 타도의 대상일 뿐이었다. 따라서 양보를 요구하거나 제한하거나 하는 것은 노동자 계급의 이익과 무관하다는 논리였다. 반면 구조개혁론의 내용을 보면, 그와 같은 좌파의 논리는 결국 '혁명' 을 기다리기만 하자는 것으로 이는 '개량' 조차 불가능하게 만들 것이라는 비판이 내재되어 있었다.

3당 대표 TV토론회

1961년은 주요 에너지원이 석탄에서 수입 석유로 전환되어 가는 추세였다. 이를 배경으로 정부는 탄광에 대한 '스크랩 앤드 빌드'◉ 전략을 추진하려 했다. 이에 대해 사회당은 '탄광 정책 전환 투쟁' 으로 도전했다. 한편, 일본의 원수폭금지운동(原水爆禁止運動) 진영에서는 중소 대립의 여파로 사회주의 국가의 핵실험을 인정할 것인가 말 것인가를 둘러싼 논쟁이 치열하게 전개되었다. 이 과정에서 운동 노선과 조직을 장악하고 있던 주류 공산당 계열에 저항해 사회당과 총평계가 분열해 나오게 된다. 국제경제 및 정치의 격랑이 사회주의 정당을 흔들어 놓은 것이다.

스크랩 앤드 빌드 scrap and build

비효율적인 설비를 폐지하고, 효율적인 설비를 새롭게 재건하는 것.

구조개혁 논쟁도 동일한 배경에서 전개되고 있었다. 그러나 구조개혁 논쟁은 노선 논쟁인 동시에 파벌 투쟁이기도 했다. 1962년 1월 20일부터 개최된 제21회 당대회에서는 노선 논쟁과 병행해서 구조개혁파인 에다와 반구조개혁파인 사사키 고조(이후에 위원장) 간에 서기장 자리를 둘러싸고 격렬한 다툼이 일어났다.

아사누마가 피살된 후 에다는 위원장 대리로서 선거사상 최초의 '3당 대표 TV토론회' 에 출현했다. 당시 에다는 부드러운 말투와 개성적인 백발 이미지로 시청자들에게 큰 호감을 주었다. 이에 대해 사사키는 "TV에서 폼 잡는 것보다 집행부와 서기국의 단결 및 일체화에 힘쓰는 것이 서기장의 임무"(『社會新報』 1962년 1월 21일자)라면서 적대감을 드러냈다. 에다와 사사키는 전전의 농민운동가 출신이라는 동일한 이력을 가지고 있었고, 사회당 내에서도 공통적으로 스즈키 모사부로파에 속해 있었다. 하지만 중앙 정치의 이력에서 보면 사사키 쪽이 선배였다. 두 사람의 대립에는 기술혁신에 따라 변해 가는 대중매체와 정치의 관계에 대한 직관력의 차이도 반영되어 있었다고 할 수 있다.

구조개혁론에 대해 당대회에서는 "당장에 당의 전략적인 노선으로 받아들이기는 어렵다"는 사사키파의 주장이 관철되어, 에다파가 일단 패배했다. 그러나 서기장 선거에서는 에다가 사사키를 누르고 재선에 성공했다.

에다 비전

에다는 그로부터 반년 후인 1962년 7월 27일, 도치기(栃木) 현 닛코(日光) 시에서 개최된 당 전체 활동가 회의에서 소위 '에다 비전'을 발표했다. 이는 "소련, 중국과는 다른, 근대 사회에 맞는 사회주의의 이미지를 명확히" 한다는 것으로, 구체적으로 "미국의 높은 생산 수준, 소련의 철저한 사회 보장, 영국의 의회제 민주주의, 일본의 평화헌법" 등 네 가지가 기본 축으로 제시되었다.

사회당 좌파는 에다 비전을 "현 자본주의 체제를 인정하는 논리로 이어진다"면서 격렬하게 공격하는 동시에 에다-구조개혁 노선을 거부하는 데도 전력 투구했다. 그 결과 1962년 11월 27일부터 열린 제22회 대회에서 좌파가 내놓은 "에다 비전 비판 결의"(원 제목은 "당의 지도 체제 강화에 관한 결의")가 232표 대 211표로 가결되어, 에다는 서기장에서 물러나게 된다. 그 직후에 치러진 새로운 서기장 선거에서는 에다 진영의 나리타 도모미가 사사키를 제압하는 데 성공했지만, 나리타 자신은 이후 에다파에서 탈퇴해 좌파 진영으로 돌아섰다. 즉, 구조개혁론은 제22회 대회에서 에다 비전이 부정되는 시점과 동시에 사실상 사문화되었다고 할 수 있다.

구조개혁론은 당시 이탈리아공산당의 톨리아티 노선에 근거를 둔 것으로, 초기에는 일본공산당 이론가들은 물론 사회당 좌파의 서기국 성원들도 관심을 보인 바 있다. 구조개혁파는 종래의 우파와는 상당히 다른 이론적 무장을 한 셈이었고, 이 때문에 사회당 내 기존 우파에 가까운 와다파나 가와카미파의 일부는 오히려 강한 경계심을 보이기까지 했다.

에다 노선에는 이러한 미묘한 요소들이 결부되어 있었지만, 여하튼 일본이 서구 선진국이 걸었던 경제 대국으로의 길을 걷기 시작하면서 새로운 현실에 적극적으로 대응하려는 좌파 세력의 노력이 반영되어 있었던 것은 사실이다. 이에 앞서 서독의 사회민주당은 1959년 고데스베르크(Godesberg) 강령을 통해 맑스주의를 버리고 경제적 자유주의를 표방한 바 있다. 이는 1960년대 말에 사민당 주도로 제시된 브란트 정책의 기초를 이루었다. 에다의 시도도 이와 비슷한 단계로 발전했을지 모른다. 그러나 일본사회당에서 그러한 전환은 1980년대 중반경에 이르러서야 나타난다.

낮은 투표율

이러한 상황에서, 1963년 11월 21일 총선거가 이루어졌다. 자민당은 선거 후 입당한 무소속 후보들을 포함해 총 294석을 획득했다. 이전에 비해 6석이 줄었지만 과반수를 크게 상회하는 수치였다. 사회당은 1석이 줄어 144석이 되었다. 반면 민사당이 6석, 공산당이 2석씩을 늘렸다. 창당 후 최초의 선거였던 지난 총선에서 민사당은 17석밖에 획득하지 못했기 때문에, 이번 선거에서 한 자리 수로 머물 경우 해체될 위험마저 있었다. 그런 민사당이 23석으로 늘어남에 따라 안정권에 진입한 것이다. 이 점을 제외하면 선거 결과에서 그다지 특이할 만한 변화는 없었다.

다만 〈중의원선거임시특례법〉으로 투표 시간을 오후 8시까지 연장했음에도 불구하고, 투표율이 신헌법하에서 최초로 치러진 1947년 선거 다음으로 낮은 71.1%였다는 점이 화제가 되었다.

사회당의 패배 성명

선거 결과에 대한 각 당의 평가 중에서 지금도 납득이 되지 않는 것은 사회당이 '패배 성명'을 되풀이했다는 것이다. 성명의 내용을 보면 민사, 공산을 합쳤을 경우 "의석수와 득표수에서 혁신 측이 착실히 성장했다"는 점을 지적하고 있으면서도, "예상과는 달리 144석에 머무른 것은 솔직히 말해 당의 패배"라고 단정하고 있다.

사회당이 1석만 줄어도 패배성명을 발표하고, 자민당은 6석이나 줄었음에도 승리감에 만끽할 수 있었던 데에는 이유가 있었다. 당시에는 사회당이 상승세였던 반면, 자민당은 하강 곡선을 그리고 있었는데, 이 선거에서도 이 같은 추세가 이어진다면, 사회당은 최소 10~20석이 늘어날 것이고, 자민당은 최악의 경우 10~20석 정도 줄어들 것이라는 견해가 강한 설득력을 발휘하고 있었기 때문이다.

이시다의 논문

이러한 견해를 대표하는 것이, 『주오코론』(中央公論) 1963년 1월호에 실린 자민당 전 노동상 이시다 히로히데의 논문 "보수당의 비전"이었다. 이시다는 농민 수의 감소 및 자민당 득표율의 감소와 함께, 산업 노동자의 증가 및 사회당의 득표율 증가가 드디어 동일선상에 도달했기 때문에, 이러한 추세가 유지된다면 "쇼와 43년(1968년)에는 자민당(의 득표율)이 46.6%, 사회당이 47%가 되어 사회당이 박빙으로 승리하게 될 것"이라고 예측했다.

이시다의 주장은 일본의 산업구조 변동을 투표구조 변동과 연동시킨 것이었다. 특히 자민당원 스스로 자민당에 경종을 울렸다는 점에서, 당시로서는 흔치 않은 논문이었다. 사회당도 이 논문에 크게 영향을 받았다. 1963년 총선거를 앞두고 사회당 정권획득위원회에서는 '사회당 정권'(사회주의 정권에 이르기 전의 과도기 정권) 수립의 예상 시기를 둘러싸고, 앞으로 총선거를 2회 내지 3회 정도 거치면 가능하다는 설과, 적어도 3회 내지 7회 정도는 더 경과해야 한다는 설이 대립하고 있었다. 양자가 공유하고 있던 '3회'의 총선거는 1968년경으로 예정되었다. 그만큼 이시다의 설은 사회당 내에서도 설득력 있는 논리로 받아들여졌다. 이러한 견해를 따른다면 사회당에게 1963년 총선은 '정권 획득으로 가는 제1보'가 되었어야 했다. 이 기준에서 보면 분명 '패배' 였던 것이다.

장기 하락 경향

당시에는 이시다의 논문만이 아니라 그 밖의 다양한 분야에서 이처럼 과거의 통계치를 기준으로 경향적 그래프를 미래에 직선으로 연결해 추측하거나, 경우에 따라 지수곡선적(指數曲線的)으로 그래프의 선을 연장시켜 가며 미래를 예측하는 것이 유행이었다. 이는 고도 경제성장 시대가 가져다 준 행복한 패러다임이었다. 하지만 사회구조 변동과 이에 따른 정치의식의 변화를 전망하는 것은 그렇게 단순하지 않았다. 1960년대 말까지 자민당의 득표율을 그래프로 그려 보면 이시다의 예측은 상당 정도 설득력을 갖는 것처럼 보였다. 하지만 사회당의 득표율 상승과 관련해서는 완전히 빗나가고 있었다. 사회당은 오히려 이 시기부터 '장기 하락 경향'이라고 불릴 정도로 줄곧 하강 그래프를 그리게 된다. 결과론이기는 하지만, 이러한 사실은 일본의 현실 변화에 호응하려던 사회당 내 자생적인 정책 전환의 맹아를 좌익 교조주의가 짓눌러 버렸다는 사실과 무관하지 않다.

15 사토 장기 정권의 시작

신칸센과 올림픽

이케다 수상은 1963년 총선거 후 제3차 내각을 개편했다. 하지만 1964년 9월 9일 돌연 후두암으로 국립 암센터에 입원했고, 10월 25일에 결국 사의를 표명했다.

일본은 그로부터 반년 전인 4월 1일 'IMF(국제통화기금) 8조 국가'◉가 되었다. 이로써 국제수지 악화를 이유로 환율을 제한하는 조치는 더 이상 허용되지 않았다. 4월 28일에는 OECD(경제협력개발기구)에 가입함으로써 명실공히 선진국으로 진입하게 되었다. 이는 이케다 내각의 상징이었던 고도 경제성장의 결과였다. 이케다가 입원하기 이틀 전인 9월 7일에는 도쿄에서 IMF와 세계은행의 합동 연차 총회가 열려 102개 국가 대표들이 참가했다. 10월 1일 당시로서는 세계 최고의 고속철도 도카이 신칸센(東海新幹線)이

IMF 8조 국가

IMF협정 제8조에는 '가맹국의 일반적 의무', 즉 가맹국으로서 당연히 이행해야 할 사항들이 기재되어 있다. 다만 특별한 조건에 있는 가맹국의 경우 이 의무에서 제외되는 예외 조항이 제14조에 존재한다. 일본은 제2차 대전 후 전후 복구라는 명목으로 제8조의 의무 사항에서 제외되었던, 이른바 제14조 국가였다. 결국 'IMF 8조 국가가 되었다'는 것은 예외 조항보다 일반적 의무를 우선시해야 하는 위치가 되었음을 의미한다.

개통되었다. 그리고 10월 10일에는 총 94개국의 대표 선수 5,541명이 참석한 가운데 제18회 도쿄올림픽이 개최되었다. 이케다가 사의를 표한 것은 15일간의 축전이 폐회식을 끝으로 막을 내린 바로 다음날이었다.

이케다에서 사토로

후임 수상이 될 자민당 총재의 선정은 가와시마 부총재와 미키 간사장이 당내 의견을 수렴하고 조정한 뒤, 이를 병상에 있는 이케다에게 보고하고, 이를 토대로 이케다가 지명하는 수순을 밟았다. 후보자는 사토 에이사쿠, 고노 이치로, 후지야마 아이이치로 등 3명이었다. 물론 최종 후보자 선정을 둘러싸고 당 내외에서 다양한 움직임이 있었지만 11월 9일 가와시마와 미키가 사토를 이케다에게 추천하고, 이케다도 사토를 지명함으로써 수습되었다.

사토는 과거 이케다의 '저자세'를 "(야당의 반발을 우려해) 아무것도 하지 않는 내각"이라고 비난한 바 있었다. 1964년 7월 10일에 이케다가 총재 선거에서 3선에 성공할 때에도 사토는 적극적으로 이에 저항했다. 당시 이케다가 242표를 획득했던 반면, 사토는 160표를, 후지야마는 72표를 확보했었다. 이시바시 내각이 성립될 당시의 전략과 동일한 방법으로, 2, 3위 연립을 약속했던 사토와 후지야마의 득표수를 합치면 10표차에 지나지 않았다. 무효표를 포함한 득표 총수의 절반은 239표로, 이케다가 얻은 표수는 이보다 불과 4표가 많은 정도였다. 사토가 후계자가 된 것은 당시 총재 선거의 결과도 크게 작용했다고 할 수 있다.

한일기본조약

제1차 사토 내각은 발족 후 1년 사이에 야당의 저항을 제치고 한일기본조약, ILO 87호 조약의 비준, 〈농지보상법〉 등 3대 현안을 모두 성립시켰다.

한일조약은 1965년 2월 20일에 가조인되었다. 사회당은 이 조약이 군사동맹으로 발전해 아시아의 평화를 위협하게 될 것이라고 강하게 반대했지만, 11월 12일에 중의원, 12월 11일에 참의원에서 각각 비준 승인이 강행 가결되었다. ILO 87호 조약은 결사의 자유와 노동자의 단결권을 보호한다는 내용의 조약이었지만, 사회당은 이와 관련된 국내법이 개악된다는 이유로 비준 승인을 반대했다.◉ 자민당은 1965년 4월 15일에 일단 강행 가결하고 이후 수정 가결했다. 또한 〈농지보상법〉은 점령 당시의 농지개혁으로 토지를 내놓을 수밖에 없었던 구지주에게 국가가 보상금을 지불하는 법률로, 5월 14일에는 중의원에서, 18일에는 참의원에서 강행통과되었다.

ILO 87호 조약에 대한 사회당의 비준 반대

사회당이 비준을 반대한 이유로 거론한 국내법의 개악은, 일본 정부가 ILO 87호 조약의 비준을 위해 실시한 〈공무원 노동법〉의 개정을 의미한다. 교직원 조합의 근평 반대 투쟁 등을 계기로 일본 〈공무원 노동법〉의 부당성이 국제사회에 알려지기 시작하자, 일본 정부는 ILO 87호 조약에 저촉되는 공노법(公勞法) 43조 3항(공공기업체 등의 직원은 그 조합의 조합원 또는 간부가 될 수 없다)을 삭제하는 수준에서 ILO조약을 비준하고자 했다. 하지만 경찰 및 소방서 등의 결사권 부정 및 부당노동행위와 공공단체의 민영화 공세에 의한 대량 해고 등에 대해서는 조치가 없었다. 이것이 사회당을 비롯한 노동계의 반발을 불러일으킨 것이다.

이런 일련의 과정은 사토 내각이 이케다 내각과는 달리 '고자세' 내각이라는 인상을 심어 주기에 충분했다. 하지만 그 후에 강행 가결된 사례는 대학 분규 대책으로 1965년 7~8월에 만들어진 〈대학운영임시조치법〉(대관법) 등 소수에 지나지 않는다. 사실 이들 3대 현안을 단기간에 처리한 것에 대해, 당 내부에서는 '실행형 내각' 이라는 평가를 받고 있었다.

공해 문제의 심각화

사토가 정권을 잡았던 1960년대 후반에는 다양한 형태의 공해 문제가 심각하게 대두되었다. 구마모토(熊本) 현 미나마타(水俣) 만 주변에서 발생한 '미나마타병' 은 처음에는 '기이한 병' 으로 불렸다. 그러던 중 1959년 구마모토 대학

의학부의 의사들에 의해 미나마타병이 신닛폰칫소(新日本窒素) 미나마타 공장의 아세트알데히드 제조 공정에서 배출된 유기수은이 어패류에 축적되고 이것이 다시 인체에 쌓이면서 발생한다는 사실이 밝혀졌다. 그러나 기업과 정부, 그리고 다수파 노조도 진상 규명을 방해하고 있었다. 1965년에는 니가타(新瀉) 현의 아가노(阿賀野) 강 유역에서 쇼와전공(昭和電工)의 폐수로 인해 동일한 증상의 '니가타 미나마타병'이 발견되었다. 1968년 9월 26일이 되어서야 후생성은 두 개의 미나마타병을 공해병으로 공식 인정했다.

한편, 1967년 4월에는 도야마(富山) 현에서 발생한 이타이이타이병이 미쓰이(三井)금속 가미오카(神岡) 광업소의 폐수로 인한 것임이 밝혀졌다. 9월에는 욧카이치(四日市)의 천식 환자들이 석유 콤비나트 소속 6개 회사에 위자료를 청구함으로써 최초의 공해 소송 사건이 일어났다.

그 사이 1966년부터 1970년까지 5년간 GNP를 보면, 명목상의 성장이 2.23배, 실질성장이 1.74배가 되었다. 연평균 11.64%나 되는 고도성장이 유지되어 왔다는 계산이다. 제3차 사토 내각 때인 1968년 현재 일본의 GNP는 서독을 추월해 서구 세계에서 미국 다음의 제2위가 되었고, 이후에도 그 지위는 유지되었다. 수질 및 대기오염과 기타 공해는 전후 부흥에 이은 고도 경제성장의 이면에서 이미 진행되고 있었지만, 성장이 최고조에 달했던 시점에 도달해서야 겨우 사람들의 주목을 받게 된 것이다.

오노와 고노의 죽음

사토 내각은 장기간 강력한 반주류파의 공격을 받지 않은 정권이었다. '인사(人事)의 사토'라는 표현에서 알 수 있듯이, 일단 정확한 정보에 기초해 교묘하게 당내부를 조정하던 사토의 용인술을 그 원인으로 들 수 있지만, 사토에 대적할 만한 강력한 정치적 경쟁자가 없었다는 행운도 지적하지 않을 수 없다.

우선 사토 정권이 만들어지기 직전인 1964년 5월에 오노 반보쿠가 사망했다. 사토는 이케다에게서 이어받은 내각을 자신의 친위세력 중심으로 재편하고, 고노 이치로마저 내각에서 밀어냈다. 고노가 사망한 것은 내각에서 밀려난 직후인 1965년 7월이었다. 더구나 8월 13일에는 사토에게 정권을 넘겨준 장본인이자 반대파 인물이기도 했던 이케다가 세상을 떠났다. 이 중에서 특히 고노의 사망은 관료파에 강하게 저항해 왔던 당인파가 사실상 그 세력을 상실하게 되었음을 의미하는 것이었다.

검은 안개

사토에게 다가온 최초의 위기는, 이러한 정적들에 의해서가 아니라 일부 자민당 의원과 자신이 직접 임명한 관료, 그것도 소위 거물급도 아닌 정치가들의 경솔한 행적에서 비롯되었다.

1966년 8월 1일의 개각 직후인 8월 5일, 자민당 의원 다나카 쇼지가 국유지 처분을 둘러싸고 국제흥업사의 사주인 오사노 겐지에게 1억 엔을 공갈 사취했다는 혐의로 체포되었다. 뒤이어 운수상 아라후네 세이주로가 10월 1일의 국철 노선 계획 개정 과정에서 다카사키(高崎) 선의 급행열차를 자신의 선거구인 사이타마(埼玉) 현 후카야(深谷) 역에 정차시키려고 애초의 계획 안을 수정하도록 하는 일이 있었다. 9월 2일에는 방위청 장관 간바야시야마 에이키치가 통막의장◉들을 거느리고 자신의 고향인 가고시마(鹿兒島) 현을 방문하는 과정에서, 자위대 음악대를 동원해 퍼레이드를 벌이는 소동이 발생했다. 또한 농상인 마쓰노 라이조가

통막의장 統幕議長

통합막료회의(統合幕僚會議) 의장의 약칭. 통합막료회의란 〈방위청설치법〉 제26조에 의거해, 방위청 장관을 보좌하는 회의 기구이다. 안건은 방위 및 경비 계획, 치안 출동 및 훈련, 자위대 각 부대의 지휘, 기타 방위청 장관의 결정 사항 시행 등에 대한 것이다. 통합막료회의는 각각 육상·해상·항공 자위대를 관장하는 육상 통막장, 해상 통막장, 항공 통막장 등으로 구성되며, 통상 육상 통막장이 통합막료회의 의장이 된다.

신혼인 자신의 딸과 사위(자민당 의원 쓰카다 도오루 부부)를 데리고 관비로 해외여행을 한 사건이 있었고, 교와(共和) 제당 그룹의 부정 금융 사건이 그 뒤를 이었다. 줄줄이 폭로된 이 사건들은 속칭 '검은 안개'라고 불렸다.

사토는 1966년 12월 1일의 당대회에서 289표라는 적지 않은 득표로 총재에 재선되었지만, 경쟁 후보였던 후지야마가 89표를 획득했고, 마에오 시게사부로도 47표를 얻는 등 반(反)사토 표가 170표나 나왔다. 한편 야당 또한 '검은 안개'를 이유로 중의원 해산을 강하게 요구하면서 심의를 철저하게 보이콧했다. 결국 사토는 12월 27일에 중의원을 해산하기에 이른다.

전후 최초의 정수 조정

1967년 1월 29일의 총선거는 1964년 7월에 실행된 〈공직선거법〉(公選法)의 개정으로 의원 수가 이전의 467석에서 486석으로 19석이 늘어난 상태에서 이루어졌다. 인구의 도시 집중화가 진전되면서 취해진 전후 최초의 정수 조정으로, 1인당 인구 최대 격차는 3.22배에서 2.19배로 축소되었다. 그러나 조정의 방식은 인구가 줄어든 선거구의 경우 정수는 그대로 둔 채 인구가 증가한 대도시 지역의 정수만을 늘리는 것이었다. 이처럼 비합리적인 방법이 계속 답습됨에 따라, 이후에도 '한 표의 가치'를 둘러싼 불평등 문제는 해를 거듭하면서 심각해져 갔다.

선거 결과 자민당은 1963년 총선거 당시 보유했던 294석에서 14석을 잃어 280석이 되었다. 의석률도 63.0%에서 57.6%로 5.4%가 감소했다. 이를 새로운 정수 규모로 환산하면 27석이 줄어든다는 계산이 나온다. 그럼에도 자민당 내에서는 패배 의식보다 오히려 안도감이 우세했다. 이러한 안도감은 '검은 안개' 사건 직후라는 불리한 조건에서 이보다 많은 의석을 잃었더라도 이상할 것이 없다는 심리 때문이기도 했지만, 사회당 또한 부진을 면치 못했다는 점도 작용했다.

사회당은 3석이 줄은 141석이었다. 득표수는 약 100만 표 가량 늘었지만 유권자의 수도 증가했기 때문에 절대득표상의 실제 증가율은 0.05%에 지나지 않았다. 제자리걸음을 보이고 있었던 것이다. 사회당은 이번에도 '패배 성명'을 발표해야 했다.

다당화의 시작

이 선거에서는 종교법인 창가학회◉를 모태로 하는 공명당(公明黨)이 25명을 당선시켜 최초로 중의원에 진출했다(참의원에는 1956년부터 이미 무소속 의원을 진출시켜 왔다). 또한 민사당이 7석을 늘려 30석이 되었다. '다당화'가 시작된 것이다.

창가학회 創價學會

종교단체 겸 정치단체로 일련정종(日蓮正宗)이라고도 한다. 종전 후 2대 회장 도다 조세이는 명칭을 창가학회로 개칭하고 본격적인 활동을 개시하였다. 1960년 3대 회장 이케다 다이사쿠가 취임한 뒤 종교 정당인 공명당을 만들어 의회에 진출하였다.

또한 자민당의 상대득표율이 처음으로 50%에 미치지 못하는 48.8%를 기록했다는 점도 눈에 띈다. 하지만 이는 공인된 후보만을 계산에 넣었을 경우이고, 사실상 공인에서 누락된 보수계열 무소속 후보들의 득표를 더하면 52.0%라는 수치가 나온다. 다만 당시에는 야당 전체와 혁신 계열 무소속 후보들의 합계 득표율도 총 45.9%를 기록하고 있었다. 향후 전개될 '보혁 간 백중세'라는 상황에 상당히 근접해 있었던 것이다.

16 오키나와의 반환: '본토 수준'으로

오키나와 반환

오키나와 沖縄

오키나와에서는 제2차 세계대전 당시 일본 내 최대의 지상전이 벌어져 본토보다 많은 민간인이 희생되었다. 그리고 1972년 시정권이 이전되기 전까지, 장기간 미국의 점령하에 있었다. 시정권이 복귀된 현재에도 오키나와 섬의 1/3이 군사기지다. 이 때문에 오키나와 주민들은 현재까지도 미군기지에 의존하는 경제, 일본 본토로부터의 소외에서 비롯된 사회문제 등으로 특수한 사회적 환경과 정치의식을 가지고 있다.

1965년 8월 19일 전후의 수상으로는 처음으로 오키나와를 방문한 사토는 "오키나와◉가 본토로 반환되지 않는 한, 우리나라에서 전쟁은 끝났다고 할 수 없다"라고 발했다. 오키나와는 전전에 본토로부터 억압과 차별을 받았던 역사를 가지고 있으며, 제2차 대전 당시 일본 '내지'로는 유일하게 지상전이 벌어진 참담한 전장이기도 했다. 다수의 민간인이 희생되었음은 물론이고 일본군의 박해를 받아 자결한 사람도 적지 않았다. 따라서 '복귀'에 대한 오키나와 주민들의 심정은 복잡했다. 게다가 미군기지로 인해 이민족의 통치를 받고 있다는 사실에 대한 반감도 해를 거듭하면서 커져 가고 있었다.

원래 사토는 일미 관계에 저해가 되지 않는 선에서 반환을 추진해야 한다는 신중한 입장이었다. 정부도 1967년의 총선거가 있고 나서야 겨우 공식 또는 비공식적으로 미국과 접촉을 시작했다. 접촉 과정에서 미국 측도 오키나와에 주둔한 기지의 기능이 유지된다면, 시정권◉을 반환하는 문제에 유연하게 나올 수 있다는 자세를 보이기 시작했다.

시정권 施政權

신탁통치 지역의 영역과 그 지역의 주민에 대해 3권을 행사하는 권한.

1967년 11월 14~15일 워싱턴에서 열린 사토 수상과 존슨 대통령의 회담에서 "오키나와의 시정권을 일본에 반환한다는 방침하에 …… 오키나와의 지위에 대해 공동으로 그리고 계속적으로 검토할 것"이라는 합의가 이루어졌다. 반환 시기에 대해 사토는 회담 후 성명에서 '2~3년 이내'에 결정하고 싶다고 강조했다. 미국 측도 이에 대해 암묵적으로 양해했다는 사실이 나중에 알려지게 된다.

비핵, 본토 수준

오키나와 반환에서는 미군기지에 있는 핵무기를 어떻게 처리할 것인가가 문제의 초점이 되었다. 당초 일본 정부 내에서는 '비핵' 상태의 반환은 무리라는 관측이 있었고, 사토는 일본 측의 요구가 비핵 반환이 될지, 핵을 남겨둔 상황에서의 반환이 될지는 '백지' 상태라고 반복적으로 언급했다. 그러나 존슨 대통령과의 회담 직후인 1967년 12월 11일, 중의원 예산위에서 사회당의 나리타 도모미[전(前)서기장]가 제기한 질의에 대해, 사토는 "우리는 (본토에서의) 핵에 대한 세 가지 원칙, 즉 핵을 만들지 않고, 핵을 보유하지 않으며, 핵을 들여오지도 않을 것이라는 점을 확실히 말해 두는 바이다"라고 회답했다. 일본 정부가 '비핵 3원칙'을 공식 표명한 것은 이때가 최초였다.

'백지'와 '3원칙'의 모순된 관계에 대해 야당이 공세를 시작한 것은 물론이었지만, 자민당 내에서도 미키 다케오, 마에오 시게사부로 등이 반환 후의 오키나와에 대해 "본토와 마찬가지로 비핵 상태의 기지를 사용해야 한다"고 주장하고 있었다. 이는 1968년 11월 27일 자민당 총재 선거에서 쟁점이 되었다. 이 때문에 사토는 미키를 외무상으로 기용한 것이 "자신의 식견 부족이었다" 고까지 말하기도 했다. 총재 선거에서는 사토가 과반수보다 21표나 많은 249표를 얻어 3선을 이루었다. 하지만 사토에 대항해 입후보했던 소파벌의 수장 미키도 "남자라면 단번에 승부한다" 며 목소리를 높였고, 실제로 대파벌인 구(舊)이케다파의 마에오가 획득한 95표보다 많은 107표를 끌어 모아 주목을 받았다.

사토도 총재 선거로부터 3개월 정도밖에 지나지 않은 1969년 3월 10일의 참의원 예산위에서 사회당의 마에카와 단의 질의에 대해 "비핵, 그리고 본토 수준의 기지 사용이라는 방침으로 미국과 교섭할 것" 이라고 답변하기에 이른다. 여기에는 배경이 있었다. 1969년 1월에 들어선 미국 닉슨 정권의 키신저 대통령 특별보좌관은 "적지에 근접한 기지에 전술핵을 설치한다고 해서 억지력을 갖는 것이 아니다. 억지력은 전략 핵무기를 통해 대규모 보복 능력을 갖출 때만이 가능한 것이다" 라는 견해를 밝혔다. 이 견해로 인해 이미 구식이 되어 버린 오키나와의 중거리 핵미사일 메스 B를 비롯한 전술 핵들은 철거해도 무방하게 되어버린 것이다.

1969년 11월 19~20일 워싱턴에서 사토-닉슨 회담이 열렸고, 21일에 "비핵, 본토 수준으로 1972년에 오키나와의 시정권을 반환한다" 는 내용의 공동성명이 발표되었다. 동시에 이 성명에는 주일미군이 한국 및 대만의 안전을 위해 작전행동을 할 경우, 일본은 오키나와로 핵을 유입하는 문제 등을 포함한 미국의 사전 협의 제의에 즉각 '예스' 라고 호응할 것을 약속한다는 취지의 문장도 기재되어 있었다.

오키나와가 실제로 일본으로 반환된 것은 1972년 5월 15일이었다.

300석의 자민당

사토는 닉슨과의 회담을 끝내고 미국에서 돌아온 후, 곧 이어 1969년 12월 2일 중의원을 해산했다. 연말 분위기가 한창이던 12월 27일 시행된 총선거에서, 자민당은 공인 후보 288명, 당선 후 입당한 무소속 후보 12명을 합쳐 총 300석을 획득했다. 이는 이전보다 20석이 늘어난 압승이었다[총선거 직후 자민당에 입당하지 않았던 보수 계열의 무소속 의원 3명 중 2명이 반년 후에 입당해 자민당 의석수는 302석이 되었다. 나머지 한 명도 1971년에 입당하지만, 그 사이 2명이 사망해 의석수는 301석이 되었다. 그러나 당시 자민당 내에서는 '303명 당선'이라고 계산하는 사람들이 많았다. 전전인 1931년 2월 20일 이누카이 내각하에서 치러진 선거에서 여당인 입헌정우회(立憲政友會)가 획득한 최고 기록이 303석이었기 때문에, 이 기록과 동일시하고 싶었던 것이다]. 자민당의 득표수는 이전과 거의 변함이 없었으며, 오히려 10만 표가 줄었다. 다만 입후보자 수도 줄었기 때문에 1인당 득표수가 6만 4천 표에서 6만 6천 표로 약 2천 표가 늘었다. 자민당이 승리했던 주요 원인은 사회당의 의석수가 141석에서 90석으로 일거에 2/3 이하로 줄었기 때문이다. 득표를 분석해 보면, 이전의 사회당 지지층에서 대량의 기권자가 나와 결과적으로 자민당 당선자를 늘려준 것으로 추정된다.

혁신도정

사회당에서는 1966년 1월 19일 제27회 당대회에서 신병차 은퇴를 선언한 가와카미의 뒤를 이어 사사키 고조가 위원장이 되었다. 그러나 그 뒤 여야 최고 간부 사이에서 합의된 바 있던 〈건강보험법〉 개정안이 사회당 중의원 모임에서 번복되는 사건이 일어났다. 이 합의를 이끌어냈던 사사키와 나리타 서기장은 1967년 8월 5일 사임하게 되었고, 후임으로 가쓰마타 세이치 위원장과 야마모토 고이치 서기장이 등장했다. 하지만 가쓰마타도 1968년 7월 7일 참의원 선거에서의 패배에 책임을 지고 사임했고, 야마모토도 여자관계가 문제가 되어 비슷한 시기에 사임했다.

1968년 10월 4일 제31회 당대회에서 이들의 후임으로 나리타가 위원장에, 에다가 서기장에 취임했다. 애초 같은 파벌의 선배와 후배 관계가 역전되었다는 점에서 '사카고 인사'◉라는 평가를 들었다. 이와 같이 빈번한 인사가 있을 때마다, 위원장 자리를 노리던 에다와 이를 저지하려는 사사키파를 비롯한 좌파 계열 사이에는 매우 격렬한 분쟁이 일어났다. 사회당의 에너지가 파벌 간 투쟁으로 소비되어 버린 감이 없지 않았다.

사카고 인사 逆子人事

'사카코'는 머리부터가 아닌 다리부터 태어난 태아를 의미한다.

통일지방선거

일정기간에 임기가 만료된 지방자치단체의 단체장 및 의원의 선거를 전국적으로 동시에 실시하는 것으로, 4년에 한 번씩 이루어진다. 일반적으로 해당 년의 4월에 실시되는데, 그 달 상순(통상 두 번째 일요일)에 도도부현(都都府縣) 지사나 대도시 시장 및 해당 의회 의원을 선출한다. 하순(통상 네 번째 일요일)에는 소도시 및 도쿄도 도심부 23개의 특별구를 포함한 구정촌(區町村)의 수장 및 해당 의회 의원을 선출한다. 애초에 선거일정의 중복을 피하기 위해 시작된 것이나, 선거 결과가 미치는 영향이 적지 않아, 전국정당의 집행부가 퇴진하는 사례도 있다.

사회당은 1967년 4월 15일 통일지방선거◉에서 도쿄 도 지사에 공산당과 공동 추천으로 미노베 료키치를 당선시켜 최초의 '혁신도정'(革新都政)을 실현하기도 했다. 하지만 이는 당시 유일한 성과였다고 해도 과언이 아니다.

소위 혁신 지사는 애초 미노베 이외에 이와테(岩手) 현의 치다 다다시, 교토 부의 니나가와 도라조, 오이타(大分) 현의 기노시타 가오루 등 총 4명에 불과했다. 그러나 4년 후인 1971년 통일지방선거에서 오사카 부 지사로 구로다 료이치가 당선되었고, 1972년에는 오키나와 현에 야라 조뵤, 사이타마 현에 하타 야와라, 오카야마 현에 나가노 시로가 당선되었다. 1년 후인 1974년에는 가가와 현의 마에카와 다다오, 시가 현의 다케무라 마사요시 등이 당선되었다. 그리고 1975년 통일지방선거에서는 가나가와 현에 나가스 가즈지, 시마네 현에 쓰네마쓰 세이지가 당선되었다. 이로써 최전성기의 혁신 지사는 10명에 달하게 된다.

공산·공명·민사

공산당은 1964년 5월 21일 시가 요시오(중의원)와 스즈키 이치조(참의원)를 제명했다. 이들은 미소 간에 체결된 부분핵실험금지조약을 지지하는 등 소련의 의향을 줄곧 대변해 왔었다. 또한 1966년 2월부터 3월에 걸쳐 이루어진 미야모토 서기장과 중국 공산당 마오쩌둥 주석과의 회담이 상호 간의 입장차이로 결렬됨에 따라, 중국은 일본공산당을 '수정주의자'로 부르기 시작했다. 일본공산당의 이러한 행보는 소련과 중국에 추종하지 않는 정당이라는 인상을 주었다. 공산당은 그 후 조직 확대 활동을 치밀하게 전개해 1967년 총선거에서 54만 표를 획득했고, 1969년 총선거에서는 100만 표를 추가로 획득해 14명의 후보를 당선시켰다.

1969년 총선거에서 그 밖에 야당에서 눈에 띄는 약진을 보인 것은 공명당이었다. 이전 선거에서 중의원에 처음 등장할 당시 25석 247만 표를 기록했던 공명당은 47석 512만 표로 늘어나 의석수에서는 1.9배, 득표수에서는 2.1배나 신장했다. 한편 민사당은 2석이 늘어난 32석이었다. 득표에서는 약 29만 표가 증가했다.

전체적으로 자민당이 획득한 300석이라는 수치에 관심이 집중된 선거였지만, 동시에 다른 야당의 득표율을 보면 다당화의 움직임이 보다 확연히 진행되고 있었음을 알 수 있다.

제3부 보수 정치의 확대

1972
- 다나카 내각 7월 7일
- 일중공동성명 조인 9월 29일

1973
- 김대중 납치 사건 8월 8일

1974
- 미키 내각 12월 9일

1976
- 신자유 클럽 결성 6월 25일
- 록히드 사건, 다나카 전 수상 체포 7월 27일
- 후쿠다 내각 12월 24일

1978
- 오히라 내각 12월 7일

1979
- 자민당의 분열, 40일 항쟁 11월

1980
- 스즈키 내각 7월 17일

1982
- 나카소네 내각 11월 27일

1985
- 자민당 다나카파의 내부 분열, 다케시타 노보루를 중심으로 창정회 결성 2월 7일
- 나카소네, 수상으로서 최초로 야스쿠니 신사 참배 8월 15일

1986
- 사회당 '신선언' 채택 1월 22일

1987
- 다케시타 내각 11월 6일

1988
- 리쿠르트 사건 6월

1989
- 우노 내각 6월 2일
- 자민당, 참의원 선거에서 참패 7월 23일
- 가이후 내각 8월 9일

1991
- 미야자와 내각 11월 5일

1992
- PKO 법안 가결 6월 15일
- 도쿄 사가와큐빈 사건 9월 22일
- 다케시타파 분열 12월

1993
- 제40회 총선거, 자민당 중의원에서 과반수 미달 7월 18일

55년 체제의 붕괴

- 호소카와 내각 8월 6일 : 비자민 정권의 탄생(사회-공명-민사-사민련 연립)

1994
- 정치개혁 관련 법안 가결 3월 4일
- 하타 내각 4월 25일
- 사회당 연립정권에서 이탈 4월 26일
- 무라야마 내각(자민-사회-사키가케 연립) 6월 20일
- 신진당 결성 12월 10일

17 서민 재상과 열도 개조

70년 안보와 세계박람회

사토 내각과 자민당은 오키나와 반환과 1969년 총선거에서의 대승을 통해 혁신 측의 강한 도전이 예상되던 '70년 안보'를 무리 없이 진행시켰다. 일미안보조약은 1970년부터 양국의 어느 한 쪽이 폐기를 통고할 경우 1년 후에는 무효가 되도록 규정되어 있다. 이것이 내용의 수정조차 없이 자동적으로 연기되었으며, 반대파의 경우 운동을 조직할 만한 단서를 찾지 못하고 있었다.

게다가 1970년은 '세계박람회'가 열리는 해였다. 3월 14일부터 반년간 오사카에서 개최된 일본 세계박람회(EXPO' 70)에는 행사기간 동안 6,421만여 명의 인파가 운집했다. 국민들은 '안보'보다는 화려한 박람회장으로 빨려가듯이 몰려들었다.

일본과 미국의 섬유 문제

사토는 1970년 10월 29일 당대회에서 총투표의 3/4에 가까운 353표를 획득해 4선을 이루었다. 이전에 전당대회에 출마했던 마에오는 승산없는 싸움이라 판단해 입후보를 단념했고, 미키만이 저항에 나섰지만 111표를 얻는 데 머물렀다. 이 득표수는 예상보다 선전했다는 평가를 받았기 때문에 미키는 그나마 체면을 유지할 수 있었다. 그만큼 사토의 위력은 압도적이었다.

사토 내각과 자민당은 당대회 직후인 11월 24일부터 12월 18일에 걸쳐 개최된 임시국회에서 〈공해대책기본법〉의 개정을 비롯한 14개 공해 관련 법안을 통과시켰다. 이 국회는 '공해국회'라고도 불렸다.

그러나 위력적이었던 사토 정권도 이즈음부터 퇴조의 길에 접어들고 있었다. 우선 일미 간 섬유 문제가 있었다. 일본의 섬유 수출에 일방적으로 밀려왔던 미국이 수출 규제를 요구한 것이다. 이와 관련해서는 1969년 오키나와 반환 교섭 당시, 사토가 '비핵'을 보장받는 대신 미국 측의 섬유 수출 규제 요구에 호응했던 흔적이 있다. "실로 끈을 샀다"[오키나와(沖縄)에서 '나와'가 의미하는 끈(縄)과, 섬유에서 유래하는 실(糸)을 비유한 표현-역자 주]고 일컬어진 이 밀약의 전모는, 일본 측의 증언은 아직 발견되고 있지 않지만, 미국 측 당사자의 회고 등을 통해 거의 확증된 것이었다. 그러나 섬유 문제에 대해 사토는 침묵을 유지한 채 별다른 조치를 취하지 않고 있었다. 이 문제는 2년간 난항을 거듭하면서 오히라, 미야자와, 다나카 가쿠에이 등 세 명의 통산상의 손을 거쳐 갔다. 결국 1971년 10월 15일 수출 규제와 관련한 일미섬유협정에 대한 양해가 성립됨으로써 문제는 일단락되었다. 하지만 미국의 요구가 거의 관철된 형태로 해결되었기 때문에 일본 업계는 강하게 반발했다. 이에 대해 정부는 업계에 소위 '쌈지돈'(우선 수출의 자주 규제에 대한 보상격으로 751억 엔의 구제 융자가 이루어졌고, 이후 정부간의 섬유협정이 이루어진 다음에는 1,278억 엔의 추가 융자가 실시되었다)을 쥐어주는 것으로 반발을 무마했다.

닉슨 쇼크

1971년 일본 정부는 두 차례에 걸친 '닉슨 쇼크'를 경험한다. 제1차 쇼크는 키신저가 중국을 비밀리에 방문해 1972년 5월 안에 닉슨 대통령의 방중을 실현시킨다는 내용에 합의했다는 사실이 발표되면서 이루어졌다(1971년 7월 15일). 냉전 기간 동안 가장 적대적이었던 미중 양국이 갑작스럽게 화해한다는 소식은 일본으로서는 전혀 예상치 못했던 일이었다. 사토는 이 사태를 더욱 어렵게 만들고 있었다. 그로부터 3개월 후인 10월 25일 유엔 총회에서 일본은 미국과 더불어 "역중요사항지정결의안"◉의 공동 제안 국가로 참여했다. 이 결의안은 유엔 대표권을 대만(중화민국)에서 중화인민공화국으로 바꾸는 것을 저지할 목적으로 작성된 것이었다. 하지만 총회에서 결의안은 부결되었고, 중국은 유엔 대표권을 획득했다. 이를 계기로 사토 내각과 중국 사이의 관계는 더욱 악화되고 말았다.

역중요사항지정결의안 逆重要事項指定決議案

1950년대 중반 이후 아시아와 아프리카 신흥국들의 유엔 가입이 증가하면서 중국의 유엔 가입 추진이 본격화되었다. 이에 대해 반대를 고수하던 미국은 1961년 중국의 유엔 가입 의제를 '중요사항(가결을 위해서는 총회에서 2/3 이상의 찬성이 필요)'으로 지정할 것을 제안해 관철시켰다. 의제 자체의 가결 가능성을 낮추자는 계산이었다. 그러나 1971년 키신저의 중국 방문 이후 미국은 중국의 유엔 가입 지지로 기존의 입장에서 크게 선회했다. 다만 대만을 유엔에서 추방하는 것에는 반대하는 방침을 고수했다. 따라서 이번에는 역으로 같은 해 9월 대만의 추방을 '중요사항'으로 지정할 것을 제안해 그 가결을 저지하고자 했다. 이것이 소위 "역중요사항지정결의안"이다. 당시 일미 양국은 이 결의안과 함께 중국과 대만의 2중대표제안을 제출했다.

제2차 닉슨 쇼크는 이로부터 꼭 한 달이 지난 8월 15일에 찾아왔다. 닉슨은 금과 달러의 교환을 일시 정지하고, 10%의 수입 과징금 제도를 실시하는 것 등을 내용으로 하는 달러방위 정책을 발표했다. 이는 전후 서구 국제경제체제의 틀이었던 IMF체제 전체를 뒤흔드는 것이었다. 특히 1달러=360엔의 고정환율이라는 사실상의 엔저 시책을 통해 수출을 늘리고 있던 일본 경제로서는 그 충격이 매우 컸다.

유럽의 환율 시장은 혼란을 피하기 위해 8월 16일부터 일주일간 폐쇄되었지만, 일본 정부와 일본은행은 도쿄 시장을 열어 둔 채로 달러를 사들였고 이를 통해 1달러=360엔의 수준을 유지시키려 했다. 이 시도는 실패로 돌아가

결국 8월 28일 변동환율제를 도입하게 된다. 그리고 12월 17일부터 워싱턴 스미소니안 박물관에서 열린 10개국 재정장관회담에서 엔의 기준 환율을 1달러=308엔[스미소니언 레이트(Smithsonian Rate)]으로 결정했다. 금과 달러의 교환이 정지된 8월에는 열흘 동안 도쿄 시장에 약 46억 달러에 이르는 달러가 대량으로 유입되었다. 1달러를 360엔으로 환산하면 약 1조 6,000억 엔이 넘는 규모였다. 통화위기에 대한 연이은 정책적 대응의 실패는 기업의 자금이 남아돌게 되는 결과를 가져왔다. 이는 이후에 이른바 '광란의 물가'를 초래하는 하나의 요인이 된다.

사토의 퇴진

물론 수상이 사토가 아니라 다른 인물이었다 해도 보다 효과적으로 대응할 수 있었을 것이라고 보기는 힘들다. 그러나 이들 일련의 대응은 적어도 정권의 말기임을 느끼게 하는 것들이었다.

1972년 5월 15일 도쿄의 일본무도관(日本武道館)에서는 오키나와 반환 기념식이 있었다. 사토는 전쟁으로 잃어버린 영토를 평화적 외교 교섭을 통해 반환받은 것은 역사에 남을 만한 위업이라고 자부했다. 하지만 당시의 기념식은 오히려 그의 화려한 퇴진식을 상징하는 듯했다. 반환 협정은 미군기지의 존속을 반대하는 야당의 강한 저항을 받아 난항을 거듭했고, 이 때문에 1971년 말에야 겨우 승인이 이루어졌다. 그리고 기념식이 있은 지 한 달 후인 6월 17일 자민당 양원 의원총회에서 사토는 퇴진을 표명했다.

의원총회 후 사토는 수상 관저에서 내각 기자회견을 열었다. 하지만 회견 모두에서 "신문은 편향되어 있기 때문에" 상대하지 않을 것이며, 따라서 "TV를 통해 직접 국민들에게 이야기하고 싶다"고 말했다. 이에 신문기자들이 화가 나 전원 퇴장하는 상황이 벌어졌다. 사토는 '기자회견'이 아니라 대국민

'담화'라고 착각했다는 후문이다. 그러나 이 사건은 대중매체에 대한 정치가의 인식과 정치 보도의 역할과 관련해 현재까지도 입에 오르내리는 일화가 되었다.

사토가 정식으로 총리를 사직한 것은 7월 6일이었다. 7년 8개월, 2,797일이라는 연속 최장의 임기를 기록했던 정권이었다(통산 최장 기록은 1901~1913년간 세 차례에 걸쳐 총 2,883일 동안 집권했던 가쓰라 타로 내각이 가지고 있다).

가쿠-후쿠 전쟁

사토는 퇴진 과정에서 후임 자민당 총재를 지명하지 않았다. 수상이 될 자민당 총재의 자리는, 사토 정권의 양 기둥이었던 다나카 가쿠에이와 후쿠다 다케오 사이의 격렬한 전장이 되었다. 이는 '가쿠-후쿠 전쟁'(角福戰爭)이라고 불렸다. 당시의 각축은 선거 후에도 이어져 오랫동안 자민당 내부 대립의 기원이 되었다.

사토의 후계를 둘러싼 움직임을 다나카가 정권을 획득해 가는 과정을 중심으로 단순화시켜 정리하면 다음과 같다(여기에는 필자의 추측도 섞여 있음을 밝혀둔다).

- 사토는 기시파의 후계자인 후쿠다파의 지도자 후쿠다에게 총재 자리를 물려주고자 한 것으로 보인다.
- 후쿠다도 이를 예상하고 사토의 결정을 기대하고 있었다. 따라서 후쿠다는 굳이 주류파를 대상으로 하는 세 불리기 공작을 개시하지 않았다.
- 반면 다나카 쪽은 일찍부터 준비 작업에 착수했다.
- 준비에 필요한 시간을 벌기 위해 일단은 사토의 4선을 실현시키는 데 노력했다.
- 다나카는 자금력을 비롯해 갖고 있던 힘을 총동원해서 자신이 속한 사토파 의원 대부분을 자신의 편으로 만들었는데, 이는 사토 자신도 손을 대지 못할 정도로 진척되었다.
- 사토파는 결국 다나카파 82명과 후쿠다를 지지하는 호리 시게루(사토 내각 최후의 간사장) 계열의 22명으로 분열되었다.

- 이케다 내각 당시부터 다나카의 '맹우' 였던 오히라 마사요시가, 마에오와의 경쟁 끝에 구(舊)이케다파를 물려받게 된다.
- 미키는 닉슨 쇼크 이후 시급한 과제로 부상한 일중국교 회복을 위해서는 '사토의 아류'인 후쿠다보다 다나카 쪽이 낫다고 판단하고 있었다.
- 다만 미키파 내부에는 하야카와 다카시 등 후쿠다를 지지하는 세력도 존재하고 있었다.
- 오히라와 미키는 둘 다 총재 선거에 입후보했지만, 제2회 투표에서는 다나카에 대한 지지를 표명했다.
- 나카소네는 같은 '조슈'(上州) 출신의 후쿠다를 지지할 것이라는 관측이 있었지만, 최후에는 스스로 입후보를 단념하고 다나카 진영으로 들어갔다.
- 나카소네의 방향전환은 젊은 의원들의 압력에 의한 것이라는 해석이 일반적이다. 하지만 다나카 측의 강력한 공작 때문이었다는 설도, 나카소네 스스로의 부인에도 불구하고, 매우 설득력 있는 것으로 받아들여지고 있다.
- 물론 당내 젊은 의원들 사이에서는 '선거에 유리한 당수' 이자 젊은 기수로서 다나카 대망론이 압도적이었다는 점도 사실이다.
- 1971년 6월의 참의원 선거 후, 이전까지 참의원 내 자민당을 이끌었던 시게무네 유조 의장이 야당과 연대한 자민당의 고노 겐조에게 밀려남에 따라, 참의원 내에서 후쿠다의 유력한 후견세력이 사라지게 되었다.

이러한 과정을 거쳐, 1972년 7월 5일의 당대회에서는 제1회 투표에서 다나카가 156표, 후쿠다가 150표, 오히라가 101표, 미키가 69표를 얻었다. 이때 다나카와 후쿠다의 차이는 6표에 불과했지만, 결선투표에서는 다나카가 282표로 190표를 획득한 후쿠다를 크게 제압했다.

다나카는 학력도 없었고 게다가 전후세대의 수상으로서는 최연소인 54세였다. '서민재상', '이마 다이코'◉, '가쿠 씨', '컴퓨터가 장착된 불도저' 등의 별명이 붙을 정도로 대중매체와 국민들 사이에서는 그에 대한

이마 다이코 今太閤

다이코(太閤)는 통상 도요토미 히데요시를 지칭. 이마 다이코는 '현대판 도요토미' 라는 의미로 도요토미가 농민 출신으로 천하를 통일한 것을 다나카의 이력과 비유해 지어진 별명.

기대가 매우 컸다. 총재 선거 직후인 1972년 6월 20일에 출간된 다나카의 저서 『일본열도개조론』(日本列島改造論)은 곧 전국적인 베스트셀러가 되었다. 각료들의 협력을 얻어 집필된 이 책은 특히나 도시 밀집화 등으로 소외되고 있던 지방 사람들에게 '개발'의 꿈을 안겨 주었다.

일중 국교 회복

다나카가 자신의 인기에 대해 보란듯이 호응해 준 것은 다름 아닌 일중 국교 회복 교섭이었다. 다나카 내각이 성립된 당일인 1972년 7월 7일, 오히라 외무상은 일중 국교 정상화가 이루어질 경우 지금까지의 일본과 대만 간의 조약은 폐기될 것이라는 취지의 발언을 함으로써 국교 회복의 의욕을 분명히 했다. 중국의 저우언라이 총리도 이틀 뒤인 7일, 다나카 내각의 그와 같은 자세를 환영한다고 표명했다. 그 뒤 공명당 위원장 다케이리 요시카쓰가 7월 27일부터 중국을 방문해 저우언라이 총리와 일중 양국 관계의 정상화에 대해 사전 논의를 했고, 9월 25일에는 다나카가 직접 오히라 외무상과 니카이도 스스무 관방장관을 이끌고 중국을 방문했다.

교섭은 물론 원활하게만 진행된 것은 아니었지만, 4일 후인 9월 29일 베이징의 인민대회당에서 양국 정상은 공동성명에 조인하는 데 성공했다. 전후 27년 만에 양국 관계는 전쟁 상태에 종지부를 찍은 것이다. 일중 양국의 국교 회복은 대세이기도 했다. 그러나 자민당 내에는 상당수의 친대만파 의원들이 있었다. 그럼에도 불구하고, 조각(組閣)한 지 2개월 반만에 정상화를 실현한 것은 대단한 실행력을 과시한 것임에 틀림이 없었다. 이로써 다나카는 자신이 사토와는 분명히 다르다는 점을 일반 국민들에게 과시할 수 있었다.

자민당의 예상치 않은 부진

다나카는 일중 국교 회복의 여세를 몰아 11월 13일 중의원을 해산했다. 이전 총선거로부터 이미 3년이 지났기 때문에 야당도 바라던 바였다. 따라서 사실상 합의 해산이라고 볼 수 있다.

자민당 내에는 압승할 것이라는 분위기가 만연했다. 이즈음에는 통화위기에 대한 사토 내각 말기 금융 완화 정책의 영향과 다나카 내각의 적극적인 경제 정책으로 인해 국내 자금이 '과잉 유동성'을 보이고 있었고, 여기에 '열도 개조'론에 따른 토지 투기 과열까지 겹쳐 땅값과 물가가 큰 폭으로 상승하기 시작했다. 그러나 총선거 시점에서 이러한 악조건은 아직 '이마 다이코' 열기를 식힐 정도는 아니었다.

그런데 12월 10일의 투표 결과 의외로 자민당이 부진한 것으로 나타났다. 이 결과에 대해서는 '선거의 귀재'라고 불리던 다나카조차 의아하게 생각할 정도였다. 의석수가 이전의 300석에서 284석으로 16석이나 줄었고, 의석 점유율도 60%를 넘기지 못한 57.8%에 머물고 말았다. 90석으로 전락했던 사회당은 118석으로 늘어나 세 자리 수를 회복했다. 공명당과 민사당이 각각 47석에서 29석으로, 32석에서 20석으로 거의 40% 가까이 감소했다. 이에 비해 공산당은 14석에서 40석으로 늘어났다. 이는 공산당 사상 최대 기록으로 주목을 받았다.

자민당은 의석이 줄어들기는 했지만 득표수는 220만 표가 늘어나, 이케다와 사토 시대까지 지속되어 왔던 절대득표율 감소 경향을 저지시킨 것이다. 인구가 적은 지방선거구의 경우, 줄곧 상위 수준에서 당선했던 후보자들에게 이 절대득표의 증가는 승리를 보다 확고하게 해주었다. 하지만 전체적인 당선자 수, 특히 대도시 지역에서 당선자 수를 확대시키는 데까지는 미치지 못했다. '열도 개조'의 효과가 없었던 것은 아니었지만, 결정적인 힘을 발휘하지는 못했던 것이다.

사회당은 공인 후보의 수를 이전보다 22명이나 줄여 140만 표 정도를 추가로 득표했다. 그러나 이는 1969년 선거에서 잃어버린 표의 반 정도에 해당하는 것으로, 절대득표율로 계산하면 겨우 1%를 회복한 것에 지나지 않았다. 1967년 총선거 당시 수준으로 회복하기 위해서는 이보다 5% 정도를 더 얻었어야 했다. 표의 분산을 줄이기 위해 후보 수를 줄이는 방식이 그다지 효과적이지 않았던 것이다. 하지만 사회당의 이러한 위축은 이후에도 지속되었다.

공명당에게는 1970년 6월 25일 제8회 당대회에서 단행한 '정교 분리' 조치 이후 처음으로 맞이한 선거였다. 이 정교 분리의 영향으로 공명당의 득표는 이전 선거 득표수의 13%에 해당하는 70만 표나 감소했다. 공명당이 정교 분리를 단행한 배경에는 소위 '언론·출판 방해 사건'이 있었다. 정치학자인 후지와라 히로타쓰가 『창가학회를 단죄한다』(創價學會を斬る)라는 책을 저술하자, 공명당 지도부는 이 책의 간행을 중단시키고자 했다. 이 과정에서 당시 간사장 직에 있던 다나카를 통해 후지와라에게 압력을 가한 사실이 드러나 문제가 되었다. 공명당은 이 사건을 계기로 당의 강령, 규약, 인사 과정에서 종교적 색채를 불식하기로 했던 것이다.

민사당은 의석수가 감소하기는 했지만 절대득표율에는 큰 변화가 없었다. 오히려 총득표수를 약간 상회한 결과가 나왔다. 민사당의 의석수 감소는 동일한 도시형 정당이었던 공산당이 약진한 결과였다. 공산당은 자민당의 총득표수 증가분을 상회하는 250만 표를 추가했다. 이전 선거보다 80%나 늘어난 성장이었다. 이와 같은 결과는 1964년 11월 24~30일의 제9회 당대회부터 1972년 7월 15일 당 창립 50

『아카하타』의 일요일판

『아카하타』는 일간지(16면)와 일요판(36면) 두 가지가 있다. 대체로 일간지는 당원이 거의 의무적으로 읽는 편이지만, 일요판은 대중성을 띠고 있어 일간지에 비해 일반 독자가 많다. 따라서 공산당에 대한 일반인들의 지지도를 가늠하는 기준으로 삼는 경우가 있다.

주년 기념식까지, 8년이 조금 안 되는 기간 동안 추진해 온 조직 확대운동이 성과를 보인 것이다. 이 과정에서 공산당은 당원을 거의 두 배 가까이, 그리고 기관지 『아카하타』(赤旗)의 일요일판◉ 독자 수를 세 배 이상이나 늘렸다.

18 다나카의 몰락

광란의 물가

제2차 다나카 내각이 출범한 1972년 말부터 다나카가 퇴진한 1974년 11월까지 약 2년 동안 국내외적으로 국민 생활을 위협하는 거대한 파도가 엄습해 왔다. 첫 번째 파도는 물가 상승이었다. 전국 소비자물가 종합지수는 1960년대 후반부터 1972년까지 대체로 4~6% 정도의 완만한 상승세를 보였다. 그런데 다나카 내각 당시인 1973년에 갑자기 11.7%로 배 이상이 넘는 상승률을 보인 것이다. 1974년에는 25.5%나 올랐다. 특히 주부들에게 민감한 생선 식료품은 30%를 넘는 상승률을 기록했다.

그 중에서도 땅값 상승이 가장 심각했다. 일례로 6대 도시 주택지의 경우 원래 1960년대 말에는 20%만 올라도 문제가 되었던 것이 1973년에는 42.5%로 급상승했다. 이 때문에 자기 집 마련에 대한 근로자들의 꿈이 산산조각 나 버렸다.

한편, 기껏해야 2~3% 정도의 상승률을 보이던 도매물가도 1973년에는 15.9%로 상승했고 1974년에는 31.3%까지 치솟았다. 이는 의심할 바 없는 인플레이션의 재현이었다. 1973년 11월 대장상 자리를 받아들인 후쿠다는 이를 '광란의 물가'라고 표현했다.

인플레이션의 원인으로는 식료품을 비롯한 해외 수입품의 가격 인상을 들 수 있지만, 이를 극적으로 가속화시킨 것은 국내 기업의 행동이었다. 달러 쇼크 당시의 달러 유입으로 과도한 잉여 자금을 보유하고 있던 대기업들은 '열도 개조'의 붐에 휩쓸려, 처음에는 토지 투기로 몰리다가 나중에는 각종 상품 투기에까지 손을 뻗쳤다. 이와 함께 가격 인상을 노리고 재고 물품을 늘리는 매점매석 행위도 크게 유행했다.

오일 쇼크와 실정

물론 가격 인상의 결정적 요인은 1973년 10월 6일에 시작된 제4차 중동전쟁으로 인한 '(제1차) 오일 쇼크'였다. 전쟁 발발 3개월 후인 1974년 1월에 원유가격이 3.6배나 올라간 것이다. 그럼에도 불구하고 1973년 12월 제너럴 석유사는 오일 쇼크가 오히려 자사가 이익을 올릴 수 있는 '최대의 찬스'라는 지침을 계열 점포에 하달하기도 했다. 이처럼 당시 국내 기업들은 인플레이션을 오히려 부추기는 행동을 보이고 있었다.

정부도 인플레이션을 부추기고 있었다. 경기가 과열 기미를 보이고 있다는 사실을 감지했음에도 불구하고, 1973년도의 예산 규모를 23%나 확대했고 금융 규제마저 완화했다. 정부는 전국 신칸센 연결망을 계획하는 등 '열도 개조'를 추진하는 데만 열중하고 있었던 것이다. 이는 엔화의 강세를 저지하기 위해 내수를 확대한다는 계산에 근거한 것이었지만, 그것이 인플레이션을 조장할 것이라는 점은 이미 예측된 것이었다. 결과적으로 실정이었음은 부정할 수 없는 사실이다. 엔화 또한 결국에는 1973년 2월 14일에 변동환율제가 시행됨에 따라, 스미소니언 레이트 적용 당시의 1달러=308엔에서 1달러=264엔으로, 약 14%가 절상되었다.

서민 재상에 대한 환멸

다나카 내각 성립 직후인 1972년 8월에 실시된 『아사히신문』 여론조사에 따르면 내각 지지율은 62%였다. 이는 강화조약 당시 요시다 내각이 얻은 최고 지지율 58%(1951년 9월 조사)의 기록을 21년 만에 깬 것이다. 또한 이 지지율은 20년 후인 1993년 9월 호소카와 내각이 71%를 기록할 때까지 최고 기록으로 남아 있었다. 다나카의 인기는 불과 1년여 후인 1973년 11월에 22%로 하락한 반면, 비지지층이 60%에 이르게 된다. 물가고, 생활 불안 등의 여파로 국민들이 '서민재상'에 환멸을 품기 시작한 것이다.

다나카 내각과 자민당은 1973년 4월부터 5월에 걸쳐 중의원 선거제도를 소선거구 비례대표 병립제◉(並立制, 당시는 併立으로 표기하고 있었다)로 개정하는 안을 국회에 제출하려 했다. 이와 관련해서 4월 27일 결정한 당의 의결 내용은, 총정수를 520(당시에는 491이었음)으로 하고, 그 중 310을 소선거구로, 210을 도도부현 단위의 비례대표제로 선출한다는 것으로, 소선거구의 후보가 얻은 득표수를 비례구에서 정당이 얻은 득표수로 계산하는 '일표제'(一票制)였다. 당연히 거대 정당인 자민당에 지극히 유리한 제도로, 야당은 물론 여론(당시 신문은 예외 없이 반대 의사를 나타냈다)도 강하게 반발했다. 게다가 자민당 내에서도 이견이 분출해 결국 국회 제출은 취소되었다.

소선거구 비례대표 병립제 小選擧區比例代表並立制

소선거구 비례대표 병립제는 명칭 그대로 소선구제와 비례대표제를 병행하는 선거제도를 의미하지만 일본에서는 입후보자가 소속 정당의 허가하에 '소선거구 선거'와 '비례대표 선거'에 중복 입후보할 수 있다는 특징을 가지고 있다. 따라서 한국과는 달리, 소선구에서 낙선해도 비례에서 당선될 수 있다. 이 경우를 '부활당선'(復活當選)이라고 한다. 부활당선한 의원은 소선거구에서 낙선했음에도 의원직을 유지했다는 의미에서 속칭 '좀비 의원'이라고도 불린다. 중복 입후보를 인정하는 병립제는 일본은 물론 독일도 채용하고 있다.

통년국회 通年國會

특정 기간 동안의 회기를 없애고 1년 내내 국회를 소집할 수 있도록 하는 것.

다나카는 '통년국회'◉를 지론으로 하고 있었다. 다나카로서는 국회에 회기가 정해져 있어, 야당이 심의와 의

결을 연장시켜 법안 처리를 미루거나 심지어 법안을 폐기할 수 있다는 것이 불만이었던 것이다. 1972년 말에 소집된 특별 국회는 65일씩 2차례 연장되었고, 1973년 9월 27일까지 총 280일이라는 장기 회기를 기록했다. 그러나 이러한 장기 회기에도 불구하고 실상 정부가 제안한 법안의 통과율은 80% 정도로 높지는 않았다.

금권 선거와 보혁 백중세

하락 일로에 있던 다나카는 1974년 7월 7일 참의원 선거에서 대승을 거둠으로써 이를 만회하려고 했다. 우선 다수의 탤런트 후보를 자민당에 입후보시키는 한편, 대규모 금권 선거 운동을 전개했는데 최소 200억 엔 이상의 자금이 들어갔다고 알려졌다. 후보자에게는 대기업의 후원을 할당해 자금과 운동원을 제공함은 물론, 산하 기업 및 하청 업체, 동종 기업의 관계자뿐 아니라 종업원, 나아가 그 가족의 표까지 모두 끌어 모으는 '기업 총력 선거'를 조직했다. 다나카 자신도 헬리콥터를 타고 전국을 순회했다. 하지만 결과는 기대와 달랐다. 자민당의 의석은 선거 전 135석에서 129석(보수계 무소속을 포함)으로 줄었다. 이는 참의원의 과반수를 겨우 세 석 넘긴 수준으로 여당과 야당은 그야말로 '백중세'였다.

선거가 한창일 때부터 '금권 총력 선거'라고 공공연히 비판하고 있었던 미키 부총리 겸 환경청 장관은 선거 후 7월 12일 사임했고, 뒤이어 후쿠다 대장상도 16일에 사임했다. 후쿠다를 붙잡지 못한 책임으로 호리 행정관리청 장관도 결국 사임했다. 다나카의 손발이 잘려 나가기 시작한 것이다.

다나카의 금맥 비판

잡지 『분게이슌주』(文藝春秋) 11월호에는 다치바나 다카시의 논문 "다나카 가

쿠에이 연구: 그 금맥과 인맥" 이 실렸다. 8월 8일 워터게이트 사건으로 닉슨 미 대통령이 사임한 지 2개월 후의 일이다. 이 논문에는 '땅 굴리기' 를 비롯해 이전까지 의혹이 제기되어 왔던 다나카의 자금 동원 방법이 변명의 여지가 없을 만큼 상세한 증거와 더불어 극명하게 서술되어 있었다.

다나카는 11월 11일 개각을 통해 정권 연장을 꾀했지만, 결국 26일 사임성명을 발표했다. 그 직전에는 미국 대통령으로서는 최초로 일본을 방문한 포드와의 회담이 있었다. 사임 성명은 다나카가 포드를 환송한 직후에 이루어졌다.

19 수상의 범죄

시이나 에쓰사부로의 중재안

다나카의 후임자를 둘러싼 경쟁에는 오히라, 후쿠다, 미키 등이 나섰다. 다나카파의 지원을 받고 있었던 오히라는 수적으로 충분히 승산이 있다고 판단했기 때문에 당대회 선거를 통한 선출을 주장했던 반면, 후쿠다와 미키는 합의를 통한 선출을 주장했다. 이들 간의 경쟁은 매우 격렬하게 전개되었다. 세 명 모두 자파의 의견대로 되지 않을 경우에는 탈당해 신당을 결성할 것이라는 의지를 내비치기도 했다. 실제로 미키는 민사당으로부터 사회, 공명, 민사 3당 세력을 결집해 정권을 창출하자는 제안을 받았기 때문에, 세 파 중에서 미키파의 탈당 가능성이 제일 높았다.

조정에 나선 당 부총재 시이나 에쓰사부로는 당의 분열을 피하기 위해서는 미키를 선택하는 것이 최선이라고 판단했다. 12월 1일 시이나는 '신에게 기도하는 마음'으로 고민한 결과라면서 미키를 총재로 하는 중재안(仲裁案)을 오히라, 후쿠다, 미키, 나카소네 등 4명의 실력자에게 제시했다. 제안서에는 새로운 총재의 자격으로 청렴함을 갖추고 당의 체질 개선과 근대화에 힘쓸 사람이 필요한 바, 이 점에서 미키가 최적이라는 내용의 문안이 적혀 있었다. 자민당은 다나카로 인해 비리로 점철된 이미지를 불식시킬 만한 인물이 필요했다. 처음에 저항했던 오히라조차도 결국은 시이나의 중재안을 받아들일 수밖에 없었다.

미키 다케오의 정치

미키는 1974년 12월 9일의 개각에서 후쿠다를 부총재 겸 경제기획청 장관으로, 오히라를 대장상으로 입각시키고, 의원 자격이 없었던 교육학자 나가이 미치오를 문부상으로 기용했다. 그는 곧이어 '모든 악의 근원' 으로 일컬어지던 당 총재 선거를 개혁하기 위한 방안으로, 당원에 의한 예비선거의 도입, 기업 헌금을 없애는 정치자금규정법 개정, 선거 공영을 확대하기 위한 공직선거법 개정, 독점기업에 분할을 요구하는 독점금지법 개정 등, 이전부터 생각해 왔던 구상을 차례로 실현하고자 했다. 하지만 그 기반이 되는 미키파가 소파벌에 불과했기 때문에 당내 반대에 부딪혀 좌절되거나 알맹이가 빠진 내용으로 변질되고 말았다.

1975년 11월 26일부터 공노협(公勞協, 공무원노동조합협의회)의 '파업권 쟁취를 위한 파업' 이 발생했을 때에도 미키는 국철 등 공공기업체 직원의 파업권을 인정하는 쪽으로 기울어 있었지만, 이 또한 당 내부의 압력 때문에 번복하지 않을 수 없었다. 이 파업은 국철이 전 노선에서 8일 내내, 즉 192시간 동안 운행을 멈춘 사상 최장의 파업으로 기록되었다.

한편, 미키는 당내 우파 세력의 불만을 잠재우기 위해, 1975년 8월 15일 '개인' 자격이었지만 수상으로는 최초로 야스쿠니 신사를 참배했다. 또한 1975년 7월 23일 미야자와 외무상을 한국에 보내 '김대중 납치 사건' 을 '최종적으로 해결' 함으로써, 꼬여 있던 한일 관계를 회복하기도 했다. 김대중 납치 사건이란, 다나카 내각 당시인 1973년 8월 8일, 한국의 야당인 신민당의 전

대통령 후보 김대중 씨가 도쿄의 한 호텔에서 중앙정보부에 의해 백주대낮에 납치되어 한국으로 강제 연행된 사건을 말한다.

록히드 비리 의혹의 발단

1976년 2월 4일, 미국 상원 외교위원회의 다국적 기업 소위원회에서, 록히드사가 일본에 여객기를 팔기 위해 공작금 1,000만 달러를 우익인 고다마 요시오와 수입 대리점 마루베니(丸紅) 상사 등에 전달한 사실이 밝혀졌다. 이것이 록히드 비리 사건의 발단이었다. 뒤이어 6일에는 록히드사의 부회장인 칼 코치언이 "마루베니를 통해 200만 달러를 일본 정부 고위 관료에게 전달했다"고 증언했다.

다나카의 체포

미키는 진상 규명을 위해 뒤로 물러서지 않을 것임을 분명히 하고, 포드 미국 대통령에게 친서를 보내 미국 측 자료를 제공해 줄 것을 요청했다. 도쿄지검은 형사책임을 묻지 않는다는 조건으로 코치언 등 관계자에게 질의를 할 수 있도록 미국 측에 의뢰했고, 실제로 증언을 확보하는 등 수사에 착수했다. 그 결과 6월 22일 마루베니의 전임 전무 오쿠보 도시하루를 체포했고, 뒤이어 7월 13일까지 마루베니의 전임 전무 이토 히로시와 전 회장 히야마 히로, 그리고 전일본항공 사장 와카사 도쿠지 등을 체포했다.

그리고 7월 27일 전 수상 다나카 가쿠에이가 비서인 에노모토 도시오와 함께 체포되었다. 대형 제트 여객기 '트라이 스타'를 전일본항공에 성공적으로 판매하게 된 데 대한 사례비 형태로 1973년 8월부터 1974년 3월까지 5억 엔을 록히드사로부터 수뢰한 혐의였다. 나아가 8월 20일에는 전 운송정무차관 사토 고코가, 21일에는 전 운송상 하시모토 도미사부로가 줄줄이 체포되었다. 사토는 200만 엔을, 하시모토는 500만 엔을 각각 전일본항공에게 받았다는 죄목이었다.

회색 고관

이상의 체포된 사람들 외에도, 1976년 11월 2일 이나바 오사무 법무상은 소위 '회색 고관' 명단을 발표했다. 명단에는 니카이도 스스무, 사사키 히데요, 후쿠나가 가즈오미, 가토 무쓰키 등 네 명의 이름이 올라와 있었다. 이들은 전일본항공으로부터 금품을 받기는 했지만 이미 뇌물죄를 묻기에는 시효가 지나버렸거나, 여객기를 구입하게 할 만한 권한을 가진 지위에 있지 않았다는 이유 등으로 기소에서 제외되었던 정치가들이었다.

미키 끌어내리기

대부분의 자민당 인사들은 당과 정부의 은밀한 부분까지 메스가 가해진 것에 강한 충격을 받았다. 예외는 미키파의 간부들뿐이었다. 미국 대통령에게 친서를 보냈던 미키에 대해 시이나는 괴로운 속내를 억누르지 못한 채 "튀는 행동" 이라는 표현을 써 가며 질타했다. 그리고 1976년 5월의 연휴가 지나고, 시이나는 다나카, 오히라, 후쿠다 등과 연이어 회동을 갖고 '제1차 미키 끌어내리기' 에 착수했다. 이 때에는 다나카 등 정치가들이 체포되기 전으로, 시이나 등의 이러한 움직임을 포착한 여론은 이를 '록히드 은폐하기' 라고 비난했다. 이 때문에 시이나 등도 일단은 자세를 낮추었다.

다나카의 체포는 역설적으로 '이렇게 된 이상, 어느 누구도 반미키 운동을 록히드 은폐 음모라고 비난하지는 못할 것' 이라는 구실을 반미키 진영에 제공해 준 셈이 되었다. 2억 엔을 들여 보석으로 풀려난 다나카 본인은 물론 다나카파 전체가 미키에게 분노하고 있었고, 차기 정권을 노리고 있던 후쿠다,

오히라도 여기에 가세했다. 오히라는 미키에게 '측은의 정'이 결여되었다며 비난했다. 다나카가 석방된 지 이틀 후인 8월 19일에는 미키파와 간사장이었던 나카소네의 파벌을 제외한 모든 파벌이 모여 '거당체제확립협의회'(擧黨體制確立協議會, 거당협 회장은 후나다 나카 전 중의원 의장)를 결성했고, 277명의 중·참 양 의원의 서명을 동원해 당대회의 개최를 촉구했다. 자민당 의원 총 403명 중 2/3 이상이 서명에 참여했고, 그 안에는 미키 내각의 각료 14명도 포함되어 있었다. '제2차 미키 끌어내리기'였다.

최초의 임기 만료 선거

하지만 미키는 이에 대한 비판 여론을 배경으로 끈질기게 버티며 거당협과 대결한다. 미키 측과 거당협 사이의 수차례에 걸친 밀고 밀리는 격론 끝에, 미키의 중의원 임기가 끝나는 당해년도 12월까지 약 3개월 동안 중의원을 해산하지 않는 대신, 9월 임시국회의 소집을 인정하는 것으로 타결되었다. 미키는 남은 임기만큼은 총리와 총재직을 유지하게 된 것이다.

이로써 1976년 12월 5일의 총선거는 일본 헌정사상 최초로 임기 만료 선거가 되었다. 거당협은 10월 21일에 미키 총재의 퇴진을 결의하고 후임 총재로 후쿠다를 추천했다. 후쿠다는 총선 공시 10일 전인 11월 5일에 부총재를 사임했고, 자민당은 미키 대 반미키로 분열된 상태에서 선거 체제에 돌입했다.

자민당의 참패

투표 결과 자민당은 결성 이래 최초로 공인 후보의 당선자 수가 과반수에 미치지 못하는(총 249석) 참패를 경험했다. 1975년 10월의 공직선거법 개정으로 이 선거부터는 중의원의 총정수가 511명으로 늘었고, 이에 따라 과반수가 이전의 246석에서 256으로 늘어났다는 점도 미키에게는 악수로 작용했다. 자민당의 공인 후보 당선자 및 의석 확보율은 이전보다 6.5% 하락했다. 이를 새로운 정수로 환산해 보면 33석이라는 계산이 나온다. 참패임에 틀림이 없었다. 자민당은 무소속 당선자를 입당시켜 260석을 확보했고, 이로써 겨우 과반수를 유지할 수 있었다. 12월 17일 총재를 사임하는 자리에서, 미키는 "나의 소견" 이라는 글을 발표한다(후술).

사회당은 의석수로 보면 5석, 비율로 치면 3%라는 미진한 증가세를 보였다. 특히 사사키, 가쓰마타 등 전임 위원장들을 비롯해 부위원장이었던 에다와 야마모토 전 서기장 등 거물들이 줄줄이 낙선해 주목을 끌었다. 자민당도 농업상이었던 오이시 부이치를 비롯한 세 명의 현직 각료가 낙선했다.

공명당과 민사당은 처음으로 양당 간 협력체제를 구축했다. 그 결과 공명당의 경우 이전의 29석에서 56석으로 거의 배에 가까운 의석을 확보했고, 민사당도 이전의 20석에서 29석으로 약 50% 정도 신장했다. 이에 비해 공산당의 경우 이전의 40석에서 19석으로 반 이상 의석이 줄어 눈길을 끌었다.

'신자유클럽'의 약진

이 선거에서 태풍의 눈은 '신자유클럽'(이하, 신자클)이었다. 신자클은 다나카가 체포되기 이전인 1976년 6월 25일에 결성된 신당이었다. 록히드 사건이 표면화되자, 부패와 결별한 새로운 보수주의를 창조한다는 슬로건을 내걸고 자민당에서 탈당했던 고노 요헤이, 다가와 세이치, 니시오카 다케오, 야마구치 도시오, 고바야시 마사미 등 5명의 중의원에 아리타 가즈히사 참의원이 가세했다. 신자클은 특정 정당을 지지하지 않는 대도시 지역 유동층을 겨냥해 일거에 붐을 일으켰고, 18명이나 되는 당선자를 내는 데 성공했다. 신자클의 성공에는 부패로 인해 도시 주민들이 보수정당에서 멀어져 가고 있던 추세를 저지했다는 측면도 있었다.

신자클을 당시 자민당의 도시형 분당으로 보고, 여기에 다나카 중심의 자민당에 저항해 당을 이탈했던 의원들, 그리고 그 밖의 보수계 무소속 등을 모두 합쳐 '총보수'로 간주해 선거 결과를 재평가해 보면, 의석수는 총 281석이 된다. 만약 전 자민당 의원이었던 무소속의 우쓰노미야 도쿠마(저자가 그를 따로 계산한 것은 그의 성향이 혁신에 가깝기 때문인 것으로 보인다-역자 주)까지 더하면 282석이 된다. 이는 이전 총선거에서 총보수가 획득한 284석에 비해 불과 2석이 모자란 수치다. 즉 이 선거에서는 지금까지 없었던 신자클과 '검은 고관'[◉]들이 당에서 이탈했기 때문에 자민당은 외형상 축소되어 있었고, 그만큼 참패로 비추어졌을 뿐이었다. 하지만 정수의 증가라는 변수를 제외하고 보면, 사실상 총보수의 의석수는 줄어든 것이 아니었다.

검은 고관, 회색 고관

통상 비리 사건에 연루된 관료나 정치인들을 통칭. 엄밀하게 말하면, 검은 고관은 비리나 뇌물 혐의가 분명히 드러난 관료 및 정치인들을 지칭하는 반면, 회색 고관은 흑과 백을 분명히 가릴 수 없으나 그러한 의혹이 매우 강한 관료나 정치인을 지칭한다.

20 여야 백중세의 지속

자민당의 당 개혁

미키는 퇴진을 즈음해 밝힌 "나의 소견" 이라는 글을 통해, 자민당에 대해 ① 금권 체질과 파벌 투쟁의 일소, ② 장로정치 체질의 개선, ③ 전 당원이 참여하는 공선(公選)제도의 실시 등 3대 과제를 제시했다. 그 뒤를 이은 후쿠다도 국민들이 자민당의 체질에 대해 비판적임을 인정하고 미키의 제안을 실현하고자 했다. 후쿠다 정권은 반년 후인 1977년 참의원 선거에 대비하기 위해 개혁을 서두르지 않을 수 없었다. 후쿠다는 '당개혁실시본부' 에 스스로 본부장으로 취임했다. 그리고 본부에서 제출된 안에 기초해 1977년 4월 25일의 임시 당대회에서는 총재공선제를 실시하고 전 당원이 참가하는 예비선거를 도입하기로 결정했다.

경제의 후쿠다

후쿠다는 '경제의 후쿠다' 를 자임하고 있었다. 제2차 다나카 내각 후반기 '광란의 물가' 가 한창이던 1973년 11월에 대장상이 되었고, 미키 내각에서도 경제기획청장으로서 "일본 경제는 전치 3년" 이라는 진단을 내리고 이를 치료하기 위해 전면에 나선 바 있다. 그 후 자신의 내각 시기를 포함해서 1978년 말까지 약 5년 동안 후쿠다는 줄곧 경제의 조타수 역할을 했다. 그 사이 물가 상승률은 1975년에 11.8%, 1976년에 9.3%, 1977년에 8.1%로 점차 안정세를 보였고, 후쿠다 내각 마지막 해인 1978년에는 3.8%까지 내려갔다. 그러나 1977년부터는 오히려 불황이 심각한 문제였다. 서구 국가들과 비교해 보면 높은 성장률에 비해 실업률이 낮았다고는 하지만, 기업 도산이 줄을 잇는 등 국내에서는 불만 여론이 강해지고 있었다.

일중평화우호조약

후쿠다 내각의 업적으로는, 후쿠다 자신이 특기로 자부한 경제보다는 일반적으로 일중평화우호조약의 체결이 거론된다. 후쿠다 내각 시기에는 1972년 국교 회복 이후 일중 양국의 관계를 보다 심화시킬 조약의 체결이 필요하다는 기운이 무르익어 있었다. 그러나 일본 국내에는 친대만파를 중심으로 한 구 반대파 또는 신중론이 여전히 존재하고 있었고, 중국이 반소련을 의미하는 '패권 반대'에 일본도 동참할 것을 요구하기 시작한 것도 장애로 다가오고 있었다. 이러한 상황에서도 1978년 8월 소노다 스나오 외무상이 우여곡절 끝에 중국을 방문해 황화 외교부장과 평화우호조약 체결을 위한 교섭에 나섰고, 8월 12일에 조인이 이루어졌다. 조약에는 '패권 반대'가 명기되었지만, 한편에서는 "이 조약은 제3국과의 관계와 관련해, 각 체결국의 입장에 영향을 미치지 않는다"고도 되어 있어, 소련에 대한 일본의 입장을 배려하는 내용이 동시에 포함되어 있었다.

최초의 총재 예비선거

조약의 비준은 1978년 10월 23일 중국의 부총리 덩샤오핑이 도쿄를 방문해 비준서를 교환하는 형식으로 이루어졌다. 그로부터 일주일 후인 11월 1일에 자민당 최초의 총재 예비선거 공시가 이루어졌다. 후보자는 후쿠다, 오히라, 나카소네, 고모토 등 총 4명이었지만, 실질적인 대립 축은 후쿠다와 오히라로 모아졌다.

1976년 '미키 끌어내리기'를 위해 결속했던 거당협의 약점은 '포스트 미키'를 후쿠다로 할 것인가 오히라로 할 것인가를 결정하지 않았다는 점이었다. 이것이 후쿠다로 통일된 것은 총재 선거 직전이었다. 이때 후쿠다와 오히라 사이에는, 확실히 기한을 두었는지는 정확하게 알 수 없지만 '2년 내에 교대' 한다는 밀약이 있었던 것으로 전해진다. 두 사람 사이의 경쟁의 이면에는 1972년 '포스트 사토'를 둘러싸고 전개된 '가쿠-후쿠(다나카-후쿠다) 전쟁'의 잔재가 얽혀 있었다. 다나카는 오히라의 강력한 후견자였다.

총재 선거에서 당원 및 당우◉ 전체가 투표하는 예비선거를 도입한 것은 전술한 바와 같이 미키의 구상이었다. 미키는 예비선거를 치를 경우 과거와 같이 의원 및 도도부현 대표자만이 유권자가 되었을 때 발생하는 매수 행위가 불가능해질 것이라고 생각했다. 실제로 "당신의 한 표가 총리대신을 뽑는다"라는 선전하에 당원 150만 명과 당우 17만 명이 등록을 했다. 이로써 총재 예비선거는 애초의 취지를 살릴 수 있을 것으로 예상되었다.

당우 黨友

당 외각에서 당의 정책에 찬동하고 지원하는 사람. 당원과 달리 당의 정식 구성원이 아니기 때문에 일체의 의무를 지지 않는다.

오히라의 압승

하지만 등록한 당원의 대부분은 각 의원의 후원 회원이거나 후원 기업의 종업원들이었기 때문에, 대체로 파벌에 속한 의원의 지시에 따라 투표가 이루어졌다. 투표 자격은 연간 1,500엔의 당비 2년 분을 완납한 자에게만 주어졌지만, 이 당비도 의원들이 대신 지불해 주는 형식으로 자신에게 유리한 사람들을 내세우는 경향이 발생했다. 결국 당원은 파벌로 계열화되었다. 당원의 동원과 매표에 적극적이었던 파벌이 유리한 구도였다. 다나카파는 여기서 최대의 힘을 발휘했다. 1978년 11월 26일의 개표에서는 다나카파의 지원을 받았던 오히라가, 애초 후쿠다가 우세할 것이라는 대다수의 예상을 뒤엎고 압승을 거두었다. 득표수를 보면 오히라가 55만 표, 후쿠다가 47만 표였다. 당시에는 각 도도부현의 당원 수에 따라 미리 책정된 포인트를 상위의 2인에게 비례배분해서 나온 점수로 승패를 가르는 방식을 채택하고 있었다. 이 방식에 따라 산출한 최종 점수를 보면 오히라가 748점이었고 후쿠다가 638점이었다.

후쿠다는 "하늘의 뜻이라고는 하지만 이상한 구석이 있다"라는 말을 남긴 채, 의원들에 의한 본 선거를 시작하기도 전에 사임했다.

유사입법

1978년 12월 7일에 발족한 오히라 내각은 후쿠다 내각 말기부터 부상한 '유사입법'◉ 추진 움직임을 저지함으로써 후쿠다와는 다른 비둘기파로서의 이미지를 과시했다. 그러면서도 한편으로는 후쿠다 내각 당시의 내각 결정 사항인 원호◉의 법제화를, 공명, 민사, 신자클 등의 협력을 이끌어내 1979년 6월 6일에 통과시킴으로써, 당내 우익 세력의 불만

유사입법 有事立法

'유사'(有事)란 유사시, 긴급, 비상시 즉, 군사적 위협이나 큰 재해의 경우를 의미한다. 일본의 평화헌법하에서는 이러한 '유사'에 대처할 만한 법 규정이 존재하지 않는다. 평화헌법 9조에 따라 군대를 둘 수 없도록 하고 있기 때문이다. 유사입법이란 이와 관련한 법안, 유사법제(有事法制)를 별도로 규정해 입안하고자 하는 것을 의미한다. 이는 평화헌법의 해석이나 개정문제와 직결된다는 점에서, 그리고 일본 내 '북한위협론' 등과 같이 '유사'를 규정할 때 주변국의 위협을 과대평가할 수 있다는 점 등에서 논란이 지속되어 왔다. 유사법제화는 2003년 6월 고이즈미 내각 때 이루어졌다.

원호 元号

특정의 연대를 천황의 명칭에 따라 칭하는 것.

을 잠재우는 등 신중한 정국 운영의 모습을 보이기도 했다.

'유사입법' 문제는 1978년 7월 19일 통막의장인 구루스 히로오미가 기자회견에서 "우리나라에는 긴급 상황에 대비한 법률이 없기 때문에, 유사시의 경우 자위대가 초법적 행동을 취할 수도 있다"라고 발언한 것을 계기로 쟁점화되었다. 방위청장인 가네마루 신은 이 발언이 문민 통제를 파괴한다는 이유로 구루스를 해임했지만, 후쿠다는 이를 계기로 유사입법에 대한 연구를 실시하도록 방위청에 지시했다. 또한 총재 예비선거에서도 후쿠다와 나카소네가 유사입법의 필요성을 주장한 것에 비해, 오히라와 고모토는 이를 인정하지 않음으로써 확실한 대조를 보였다.

제2차 오일 쇼크

오히라 내각 발족 직후인 1978년 12월 17일, 석유수출국기구(OPEC)는 1979년에 원유 가격을 단계적으로 14.5%까지 인상한다고 발표했다. 뒤이어 12월 26일에는 석유 수출 대국 중 하나인 이란에서 호메이니의 지도하에 혁명이 일어나 석유 생산이 중지되었다. 국제 석유 자본 회사들은 1979년 1월 17일 일본에 대한 석유 공급을 줄인다고 통보했다. 제2차 오일 쇼크가 발생한 것이다. 석유가 인상과 엔저 현상으로 일본 경제는 인플레이션 위기에 직면했지만, 총수요 억제책 등을 통해 성장률이 억제되는 수준에서 위기를 가까스로 극복할 수 있었다.

통일지방선거와 도쿄정상회담

1979년에는 통일지방선거가 있었다. 4월 8일의 15개 도지사 선거에서는 도쿄도 지사에 자민·공명·민사의 연합 후보인 스즈키 슌이치가 사회·공산 연합후보인 오타 가오루를 누르고 12년간의 '혁신도정'에 종지부를 찍었다. 오사카부 지사 선거에서는 공산당 이외의 각 정당이 연대해서 내세운 기시 사카에 후보가, 현직이자 공산당 후보인 구로다 료이치를 누르고 승리했다. 이로써 자민당은 자신감을 회복했다.

1979년 6월 28일에는 선진국 정상회담이 도쿄에서 최초로 개최되었다. 오히라는 카터 미국 대통령, 지스카르 데스탱 프랑스 대통령, 대처 영국 수상, 슈미트 서독 수상 등을 맞이하는 역할을 순조롭게 수행해냈다.

자민당의 참패

순조로운 출발을 보였던 오히라는 다음 과제를 중의원 해산과 총선거에 두었다. 오히라는 1976년 총선거로 연출되었던 '여야 백중세'에서 탈피해 안정된 정권 기반을 복구할 수 있는 기회를 잡으려 했다. 이전 총선거로부터 이미 3년 가까운 시간이 지났기 때문에 해산을 위한 분위기를 만드는 것은 어렵지 않았다. 총선거는 10월 7일로 잡혔다.

그러나 막상 뚜껑을 열어본 결과 오히라로서는 예상하지 못한, 자민당의 또 한 번의 참패였다. 공인 후보의 당선자 수는 248석으로, 미키의 퇴진을 가져왔던 1976년 총선거 당시의 249석보다 오히려 한 석이 모자란 것이었다. 물론 이것으로는 과반수에도 미치지 못했다. 보수계 무소속 10명을 입당시켰으나 의석 확보율은 과반수보다 간신히 2석이 많은 50.5%에 그쳤다.

사회시민연합과 에다 사부로의 죽음

사회당은 이전의 124석에서 17석이 줄어든 107석을 확보했다. 1976년 2월 당시 사회당 부위원장이었던 에다는 공명당 서기장 야노 준야와 민사당 부위원장 사사키 료사쿠 등과 함께 '새로운 일본을 생각하는 모임'을 결성한 바 있었다. 이는 3당 간의 연합을 염두에 둔 움직임이었다. 사회주의협회를 비롯한 사회당 좌파는 이러한 움직임에 반대했고, 나아가 1977년 2월 8일부터 개최된 제40회 정기 당대회에서는 에다를 부위원장에서 해임하기에 이른다. 에다는 3월 26일 탈당해 시민운동가인 간 나오토와 '사회시민연합'(사시련)을 결성했지만, 활동을 시작한 지 얼마 되지 않은 5월 22일에 급사했다.

그 뒤 1977년 참의원 선거의 패배를 둘러싸고 사회당 내에서는 '협회파'◉ 등의 좌파와 '새물결 모임'◉ 등의 우파 간에 대립이 격화되었다. 9월 26일부터 열린 제41회 당대회에서는 서기장 인사를 둘러싼 대립이 거듭된 끝에 '새물결 모임'의 덴 히데오 등 세 명이 탈당해 사시련에 합류했다. 다음 해 1978년 3월 26일에 사시련은 '사회민주연합'(사민련)으로 개칭했다.

협회파 協會派

사회당 좌파의 대표적인 파벌. 1951년 결성된 일본 좌파 사회주의자들의 동인회인 '사회주의연구협회' 구성원들이 주로 사회당의 좌파를 이룸에 따라, 사회주의연구협회파, 즉 협회파로 지칭되었다. 이후에는 사회당 좌파와 협회파는 거의 동의어가 되었고, 사회당 좌파가 주류가 되면서, 주류파를 지칭하는 표현으로도 쓰였다.

새물결 모임 新しい流れの會

협회파에 대항해 결성된 사회당 우파의 파벌.

제41회 당대회에서는 나리타 위원장, 이시바시 서기장이 참의원 선거 패배에 대한 책임을 지고 사임했다. 이에 따라 12월 13일에 다시 당대회가 개최되었고, 여기서 요코하마 시장이었던 아스카타 이치오가 위원장으로, 다가야 신넨이 서기장으로 각각 취임했다. 한편 민사당 위원장도 1977년 11월 28일에 가스가 잇코에서 사사키로 교체되었다. 1979년 총선거는 이와 같이 자민당, 사회당, 민사당 3당의 당수가 모두 교체된 상황에서 진행되었다.

백중세

사회당의 경우, 선거에 임하기 전부터 이미 100석 이하로 줄어들지도 모른다는 예상들이 분분했다. 특히 요코하마 시장을 그만두고 도쿄 1구에서 출마한 아스카타 위원장도 낙선할 가능성이 없지 않았다. 이 때문에 사회당은 의석수가 줄기는 했지만, 선거 결과에 오히려 안도감을 보이고 있었다.

공명당은 이전보다 2석이 늘어나 현상을 유지했고, 민사당도 7석을 늘린 36석으로 결성 당시의 기록인 40석에 근접해 갔다. 공산당은 40석에서 19석으로 반감되었던 것을 이 선거에서 다시 41석으로 회복했다. 사민련은 2석으로 변함이 없었다.

자민당과 더불어 참패로 평가된 것은, 이전 선거에서 붐을 일으켰던 신자클이었다. 신자클은 18석에서 4석으로 전락했다. 결국 이 선거에서는 총보수의 확보 의석이 282석에서 267석까지 축소되었다. 따라서 총보수 대 야당이라는 구도로 보면 백중세에 근접해 갔다고 볼 수 있다.

일반소비세

자민당의 패인 중에는 선거가 한창일 때 오히라가 최초의 대형 간접세인 '일반소비세' 의 도입에 열의를 보였던 것이 지적된다. '소비세' 는 대장성이 공채 의존율을 낮추기 위한 카드로 구상했던 것인데, 이것이 선거 중에 흘러나온 것이다. 야당은 이를 절호의 기회로 삼았다. 특히 소득 내용이 세무서에 드러날 것을 우려한 상점주들이 반발하고 나섰고, 자민당 내에서도 강한 반론이 제기되었다. 오히라는 어쩔 수 없이 선거 도중에 "1980년도에는 도입하지 않을 것" 이라고 표명하고 만다.

한편 중의원이 해산된 다음날인 9월 8일, 철도건설공단에서 출장을 위조하거나 비공식 수당을 지급하는 등의 부정 회계 사건이 적발된 것도 자민당의 주요 패인으로 지적되었다.

21 실세, 다나카의 지배

40일 항쟁

1979년 총선거에서의 패배는 자민당 내 권력투쟁이 격화되는 계기가 되었다. 총재 선거에서 예상치 못했던 패배를 감수할 수밖에 없었던 후쿠다를 선두로, 이전 총선거에서 비슷한 결과로 패배의 책임을 지고 물러난 미키, 그리고 미키 정권 당시 간사장이었던 나카소네 등은 입을 모아 오히라의 퇴진을 요구했다. 물러날 것까지는 없다는 입장을 보인 파벌 영수는 다나카뿐이었다. 오히라는 총선거 이틀 후인 10월 9일 앞으로도 정권을 맡을 의지가 있음을 표명했다. 이후 오히라와 반주류파 사이에서는 '퇴진하라', '퇴진하지 않는다'는 식의 설전이 계속되었다. 이를 둘러싸고 다양한 움직임이 서로 교차했고, 나아가 10월 30일에 특별국회가 소집되었음에도 불구하고 수상 지명이 이루어지지 않는 사태까지 이르렀다. 결국 11월 6일에 국회 본 회의에서 수상 지명이 이루어졌고, 그것도 자민당 의원이 주류파와 반주류파로 나뉘어 각각 오히라와 후쿠다에게 표를 던지는 기현상이 나타났다.

집권 당시 자민당의 최고 권력을 둘러싼 파벌 투쟁은, 총재의 임기 만료와 더불어 정식 총재 선거를 통해 해결하거나, 통상 양원 의원총회에서 투표로 승부를 가리는 것이 관례였다. 그런데 이번에는 이러한 관례를 밟지 않았던 것이다. 오히라, 다나카 세력과 반주류파의 의원 수를 비교해 보면 중의원 수에서는 거의 비슷한 세를 보였지만, 참의원을 합치면 반주류파가 분명한 열세에 있었기 때문이다. 반주류파는 승산이 없는 총회를 치르는 대신 중의원 본회의에서의 승부를 제안했다.

중의원 본회의에서 승부를 결정하는 것은 전대미문의 사건이었다. 제1회 회의에서는 오히라가 135표를, 후쿠다가 125표를 획득해, 야당 당수들을 크게 제치고 자민당이 1위와 2위를 획득했다. 결선투표에서는 오히라가 138표, 후쿠다가 121표였다. 이로써 가까스로 오히라의 승리가 결정되었다. 신자클이 오히라에게 1회 회의부터 투표해 준 것을 제외하면 나머지 야당은 결선에 이르기까지 모두 기권했기 때문에, 자민당의 분열 및 일부 야당과의 연립이라는 격변은 피할 수 있었다. 나중에야 야당 내에서는 그러한 변화의 기회를 놓친 것에 대해 후회하는 목소리가 나오기 시작했다.

수상 지명 후에도 자민당 내에서는 간사장 및 각료의 인사를 둘러싸고 파벌 싸움이 지속되었다. 이는 11월 16일이 되어서야 일단락되었다. 총선거로부터 만 40일 동안 이루어진 이 싸움은 후일 '40일 항쟁' 으로 표현되었다.

해프닝 해산

그렇다고 반주류파가 도전을 멈춘 것은 아니었다. 이는 1980년 5월 16일 내각불신임안(사회당 제출)의 채택 과정에서 다시 재현되었다. 반주류파 중 나카소네파를 제외한 후쿠다, 미키 양 파벌이 본회의에 불참함으로써 불신임안이 243 대 187로 가결된 것이다. 오히라는 5월 19일 중의원을 해산하여 이에 대응했다. 반주류파가 당의 쇄신을 요구하며 주류파에 대항해 온 것은 사실이지만, 그것이 내각불신임에까지 이르리라고는 대부분 예상하지 못하고 있었다.

따라서 오히라의 중의원 해산은 '해프닝 해산'으로 불렸다. 6월에는 참의원 선거가 예정되어 있었다. 따라서 갑작스러운 중의원 선거는 참의원 선거와 겹칠 수밖에 없었다. 이로써 6월 22일 사상 최초의 중·참 동시선거(또는 더블선거)가 시행되었다.

더블선거와 오히라의 죽음

선거 과정에서는 한층 더 예상치 못한 사태가 발생했다. 참의원 선거가 공시된 5월 30일 밤, 오히라 수상이 심근경색으로 쓰러져 다음날 31일 새벽에 입원했고, 6월 12일에 결국 사망한 것이다. 그로부터 10일 후에 실시된 투표 결과, 양원 모두에서 자민당이 대승을 거두었다. 특히 중의원에서는 8년 만에 55%를 넘는 의석을 획득했다.

중의원의 공인 후보만 해도 284명이 당선됐다. 이전보다 36명이나 늘어난 것이다. 후보 수가 310명이었기 때문에 당선율이 92%까지 육박했다. 추가로 공인된 무소속 당선자를 더하면 자민당은 총 287석이 된다. 그 외에 입당이 불가능해졌거나, 굳이 입당을 하지 않은 보수계 무소속 당선자가 6명이었고, 여기에 12명으로 의석수를 회복한 신자클까지 더하면, 보수 진영 전체 의석은 305석이나 되며 득표수는 3,000만 표가 넘는다. 최고의 성과였다.

연합정권론

사회당은 이전과 전혀 변화가 없는 107석이었다. 사민련은 1석이 증가했다. 공명당은 24석이 줄었고, 공산당도 12석이 줄었다. 민사당 또한 3석이 줄었다.

서구의 분석가들은 당수가 결정되지도 않은 당이 대승을 거둔 것에 의아함을 감추지 않았다. 그러나 일본인의 입장에서 보면 그리 놀라운 일이 아니었다. 오히라의 사망이 자민당에 대량의 동정표를 가져다 준 것이라는 점에 대해서는 대부분의 사람들이 인정하고 있었다. 당내 투쟁이 지속되던 상황이었고, 제11회 총선거에서는 무소속을 영입하여 간신히 과반수를 확보했던 자민당이었기 때문에, 오히라가 사망하기 전까지 야당 내에서는 자민당이 이번 선거에서 과반수를 넘기기 어려울 것이라는 관측이 우세했다. 이에 따라 각 당수들은 선거 중에 '연합 정권' 구상을 표명하기도 했다. 이를 보고 자민당 정권이 무너질지 모른다는 위기의식이 기층의 보수적 유권자들에게 확산되었고, 이것이 자민당에 대한 표몰이로 이어졌다는 분석도 있었다.

'동정설' 에 대해 필자는 의문을 갖고 있다. 자민당이 당시 득표수를 늘린 것은 주로 대도시 지역이었고, 비도시 지역에서는 그다지 현저한 현상이 아니었기 때문이다. 40일 항쟁, 해프닝 해산, 수상의 죽음 등 연쇄적으로 나타난 이례적인 사건들이 대도시에 잠재해 있던 기권층의 관심을 촉발했고, 이것이 이들을 투표소까지 움직이게 했다고 본다. 대도시의 잠재적 기권층은 공명, 공산, 민사 등 도시형 정당의 집표 망에는 오히려 포착되지 않는 사람들이었다. 이들은 일단 투표소에 가면 대부분 자민당에 투표하거나 아니면 일부 사회당에 투표하는 성향을 가지고 있었다.

나카소네·고모토·미야자와

총선거가 끝난 뒤 오히라의 후임자로는 대체로 나카소네 야스히로, 고모토 도시오, 미야자와 기이치 중 한 명이 될 것이라고 예상되었다. 나카소네와 고모토는 1978년 11월 오히라가 후쿠다를 제압하고 총재가 될 당시의 예비선거에서도 입후보한 바 있었다(고모토는 그 때부터 미키파를 물려받아 고모토파를 만들었다). 그러나 파벌식 논리에 근거해 보면, 경력 및 식견 등에서 미야자와가 유력했다. 자민당으로서는 오히라의 사망으로 대승을 거두었기 때문에 오히라파의 인물이 그 뒤를 잇는 것이 당연하다는 것이었다.

당내 융화

그런데 자민당이 내린 결론은 스즈키 젠코(오히라파)였다. 의표를 찌르는 결과였다.

오히라 직계 의원들은 미야자와에 대해 오히라가 생전에 그와 그다지 친밀하지 않았다는 이유로 반대했다. 오히라파의 대표는 그동안 충실한 '수호자'였던 스즈키가 되었다. 스즈키는 대장상, 외무상, 당 간사장 등의 화려한 경력은 없었지만, 당 총무회장직을 10번이나 맡은 바 있다. 파벌 내에서뿐만 아니라 당 전체의 융화['화'(和)는 좁은 의미에서는 융화 또는 화합을 의미하지만, 일본적인 것 또는 일본 문화 전체를 지칭하기도 한다. 따라서 여기서는 일본적인 정치 스타일이라는 의미도 내재되어 있다-역자 주]를 위해서는 더 없는 적임자라는 의견이 많았다. 여기에는 오히라파뿐만 아니라 다나카도 동조하고 있었다. 원래 스즈키는 다나카와 매우 친밀한 관계로 분류되어 있었다. 오히라, 다나카 세력의 숙적인 후쿠다마저 스즈키를 지지했다. 5개의 파벌 중 3대 파벌의 의견이 일치함에 따라 결론은 자연스럽게 도출되었다. 1980년 7월 15일 스즈키는 당 양원 총회에서 만장일치로 총재에 선출되었다.

사실 자민당 내부에서는 사토 정권 이후 끊임없이 지속되어 온 격렬한 파벌 투쟁에 염증을 느끼는 분위기가 지배적이었다. 오히라의 사망은 그러한 분위기를 결정적인 것으로 만들었고, 후쿠다도 그러한 분위기를 거스르지는 못했다. 즉 스즈키 정권은 당내 융화를 최우선으로 삼고자 하는 분위기에서 탄생한 것이다. 수상으로서의 지도력, 식견 등은 고려의 대상이 아니었다. 그만큼 자민당은 파벌 투쟁에 지쳐 있었던 것이다.

스즈키 정권

스즈키는 당 내부의 화해 분위기와, 관방장관 미야자와의 보좌로 이전에 비해 순조롭게 정권을 이양받았다. 1981년 3월 16일에 행정 및 재정개혁을 위한 임시행정조사회(이하 임조, 1962년에 이케다 내각이 같은 이름의 조사회를 만들었기 때문에, '제2차 임조'로 불린다)가 경단련 전 회장 도코 도시오를 회장으로 추대하며 발족되자, 스즈키는 18일 "행정개혁에 정치생명을 걸겠다"고 발언하는 등 매우 의욕적인 모습을 보였다.

임조는 2년 동안의 심의를 거친 후, 1983년 3월 14일 '증세 없는 재정의 개혁', '초긴축재정의 견지' 등을 기본 축으로 하는 최종 제안서를 차기 나카소네 수상에게 제출한 후 해산한다. 스즈키 내각, 그 중에서 당시의 행정관리청장 나카소네가 표방했던 '행정개혁'은, 이후에도 장기간에 걸쳐 '개혁'의 정치적 상징으로 자리 잡았다.

스즈키는 내정과 외교 모두에서 미숙했다. 대표적인 사례로 1981년 5월 4일부터 있었던 미국 방문을 들 수 있다. 스즈키는 7일 레이건 대통령과의 회담을 거쳐 8일 공동성명을 발표했다. 그런데 귀국 후에 스즈키는 이 공동성명이 "회담의 내용을 반영하고 있지 않다"고 발언했다. 이는 큰 파문을 일으켰다. 공동성명은 일미가 동맹 관계에 있다는 점을 최초로 명기하고 있었으며, 향후 양국간의 군사 협력을 증진시킨다는 내용의 합의가 담겨 있었다. 스즈키가 이를 부정한 것이다. 외무상 이토 마사요시는 16일 이에 책임을 지고 사임했다.

스즈키의 불출마

스즈키는 1982년 가을 임기 만료 후에도 재선이 거의 확실시되었다. 총재 선거의 경우, 더 이상 당원에 의한 예비선거 실시가 어려워진 상황이었기 때문에, 양원 의원의 투표로 이루어질 가능성이 높았다. 양원 모두 다나카파와 스즈키파가 다수를 점하고 있었고, 따라서 스즈키는 매우 유리한 상황이었다. 그러나 총재 선거 입후보 접수가 시작되기 직전인 10월 12일, 스즈키는 돌연 불출마를 선언했다.

스즈키의 사임은 일단 그 자신이 '일미동맹' 관계에 불안을 초래했다는 것에 대한 책임감이 작용했을 것이다. 이외에 다나카파, 스즈키파 등 당 주류파와 나머지 비주류파 간의 대립이 재현되려는 움직임이 나타나기 시작했다는 점도 그 이유로 지적되었다. 후쿠다는 "스즈키에게는 국민적 신뢰가 없다"는 말을 꺼냈다. 이에 따라 후쿠다 또는 그의 직계인 아베 신타로가 입후보할 가능성이 점쳐지기 시작했다. 이에 앞서 구(舊)오노 반보쿠파의 계열을 이어받고 있던 나카가와 이치로가 이시하라 신타로 등 매파 세력과 손을 잡고 소파벌을 만들어 스즈키에게 도전하려는 태세를 보이고 있었다. 고모토도 입후보할 가능성이 있었다. 고모토에게는 자금력이 있었고, 자파 계열 당원의 수에서도 스즈키보다 우세할지 모른다는 설도 있었다. 스즈키는 자신의 신조였던 '화'(和)를 버리면서까지 수상 자리를 유지하지 않겠다는 생각에 사임했을 것이라는 분석은 이와 같은 분위기 속에서 나온 것이었다.

스즈키는 본인 스스로 수상의 그릇이 되지 못한다고 인정하고 있었다. 그리고 "(수상이) 되고 싶어서 된 것이 아니다"라는 말을 입버릇처럼 하고 있었다. 실제로 그에게는 역대 수상들처럼 오랜 세월 '군사'(자신의 파벌 또는 그 세력- 역자 주)를 키우거나, 자금을 동원한 흔적이 없다. 수상을 그만두는 것에 미련이 없었다는 말은 진실일지도 모르겠다.

나카소네의 압승

후임 총재는 합의를 통해 선출하자는 의견이 적지 않았다. 그리고 반대 측의 의견을 고려해 '수상은 나카소네, 총재는 후쿠다'라는 총리·총재분리(총총분리)안이 제시되었다. 하지만 10월 22일 나카소네가 이 안에 대해 거부 의사를 분명하게 함에 따라, 합의에 의한 총재 선거는 최종적으로 결렬되었다. 나카소네는 주류파의 지원을 받고 있었기 때문이다. 이로써 나카소네, 고모토, 아베, 나카가와 등 4명이 예비선거에 임하게 되었다.

11월 24일에 이루어진 개표결과는 나카소네가 60만 표, 고모토가 26.5만 표, 아베가 8만 표, 나카가와가 6.6만 표였다. 이는 고모토가 선전할 것이라는 애초의 예상을 뒤엎는 것이었다. 나카소네는 유효 득표의 57.6%를 획득해 압승을 거두었다. 역시 다나카파의 압도적인 위력이 입증된 것이다. '다나카 진영으로 가면 승리한다'는 인식이 양원 의원들은 물론 당원들 사이에까지 확산된 사건이었다.

오히라, 스즈키, 그리고 나카소네 등 3대에 걸쳐 다나카의 힘으로 수상이 만들어진 것이다.이는 '킹 메이커'로서 다나카의 실력을 내외적으로 과시하기에 충분한 것이었다. 다나카는 록히드 사건의 피고인으로서 자민당을 나온 상태였기 때문에, 외형상 일개 무소속 의원에 불과했다. 그러나 이 시기의 일본 정치는 이 '암흑 장군'◉이 움직이고 있었다. 11월 27일에 발족한 제1차 나카소네 내각의 조각에서는 다나카파의 고토다 마사하루가 관방장관이 되었고, 그 외에도 7명의 다나카파 인물이 입각했다. 또한 같은 다나카파이자 록히드 사건 당시 '회색 고관' 리스트에 있었던 니카이도 스스무는 간사장 자리에 유임되었다. 후쿠다파의 회색 고관이었던 가토 무쓰키도 입각했다.

암흑 장군 闇將軍

배후에서 발휘되는 영향력 때문에, 다나카 가쿠에이는 '암흑장군', 즉 '야미 쇼군'이라는 유명한 별명을 갖게 되었다.

침몰하지 않는 항공모함(불침공모)

1983년 1월 2일 나카소네는 한국을 방문해 전두환 대통령과 회담했다. 이 자리에서 40억 달러의 경제 원조를 약속함으로써, 동북아 지역 내 서방진영 간의 공조를 다졌다. 나카소네는 곧이어 17일 미국을 방문했다. 18일 레이건 대통령과의 회담에서 그는 '일미 양국은 태평양을 사이에 둔 운명 공동체'라는 인식을 표명했다. 같은 날 『워싱턴포스트』지 간부와의 간담에서는, 소련의 침공에 대해 "일본 열도를 불침 항공모함으로 만들 것이다", "4개의 해협(이후 3개의 해협으로 정정)을 봉쇄하겠다"는 등의 발언을 했다. 2년 전 스즈키의 '군사동맹 부정' 발언을 완전히 번복한 것이다.

나카소네는 귀국 후인 24일 국회 시정방침 연설에서 "일본은 지금 전후 사상 최대의 전환점"에 있다고 강조하면서, "과거의 제도와 틀을 예외 없이 뜯어고칠 것이다"라고 말했다. 나카소네는 패전 후 1947년 4월 총선거에서 흰색 페인트를 칠한 자전거(일본의 우익계 단체들이 선전 활동을 할 때 사용하며, 나카소네의 정치적 성향을 상징하는 것이기도 하다. 우익 단체들의 가두선전에는 통상 흰 색 내지 검은 색으로 도장한 차량이 이용된다 – 역자 주)를 타고 다니면서 반공을 외쳤던 것으로 유명하다. 그는 당선 이후 35년 동안, 자신이 수상이 될 때를 대비한 구상을 여러 권의 노트에 메모해 두고 있었다. 파벌 역학상 다나카에 의존할 수밖에 없었지만, 수상으로서의 정치적 역할에는 자신감을 가지고 있었다. 그의 정치 방침은 과거 요시다 내각부터 이어져 온 '보수 본류'의 정치를 비판하고, 이로부터 탈피하고자 하는 내용의 것이었다. 그의 노선은 레이건 미국 대통령이나 대처 영국 수상이 제시하고 있던 '신보수주의'와 매우 유사한 것이기도 했다.

한편, 1983년 4월 10일에는 통일지방선거 및 도지사 선거가 실시되었다. 홋카이도에서는 사회당 추천의 요코미치 다카히로가, 후쿠오카 현에서는 사회당과 공산당이 공동 추천한 오쿠다 하치지가 자민당 계열의 유력 후보들을 누르고 처음으로 당선되었다. 6월 26일의 참의원 선거에서도 자민당은 전전(前前) 선거(1977년)보다 2석이 많지만, 바로 전 선거(1980년)보다는 2석이 모자란 성적으로 제자리걸음을 보이고 있었다. 게다가 이 참의원 선거는 1982년 8월 18일에 전국구를 비례대표구로 바꾼 공선법 개정 이후 처음으로 치러진 선거였다. 하지만 비례구에서도 자민당이 얻은 상대득표율은 35.3%에 지나지 않았다.

다나카 유죄판결

이때는 이전 총선거로부터 3년이 지난 시점이었기 때문에 중의원에서는 이미 해산의 바람이 불고 있었다. 그러던 중 도쿄 지방재판소에서는 10월 12일 록히드 사건과 관련해 다나카에 대한 1심 판결이 내려졌다. 뇌물수수죄로 '징역 4년, 추징금 5억 엔'의 실형이 내려졌다. 다나카는 물론 항소했지만, 야당은 입을 모아 다나카에 대한 의원 사직 권고안을 최우선 심의 의제로 제출했고, 더불어 중의원의 조기 해산을 요구했다. 이 때문에 국회는 1개월 정도 공전을 거듭했고, 결국 중·참 양원 의장의 중재로 나카소네도 해산을 결의하기에 이르렀다. 해산은 11월 28일에 이루어졌고, 총선거는 12월 18일에 실시되었다.

선거 결과 자민당 공인 후보의 당선율은 과반수에도 미치지 못했다. 자민당으로서는 세 번째 굴욕이었다. 미키 내각 당시 1976년 총선거에서의 249석, 오히라 내각 당시 1979년 총선거에서의 248석과 비슷한 수준인 250석으로, 무소속 의원의 입당을 포함해도 259석에 불과했다. 가까스로 50.7%를 기록하는 의석률이었다. 패인은 재판을 받고 있던 다나카와 그 다나카를 비호하던 나카소네 세력에 있다는 비판이 있었지만, 다나카는 자신의 선거구(니가타 3구)에서 22만 표라는 대규모 득표력을 발휘했다. 이는 다나카가 수상으로 있을 때 얻은 득표 기록보다 많은 것이었다. 게다가 다나카파는 2명의 의석만을 잃는 데 그쳐, 각 파벌 가운데 손실이 가장 적었다.

여하튼 세 번에 걸쳐 공인 후보의 과반수 미만이라는 결과때문에, 자민당 내부는 다시금 흔들리기 시작했다. 이 때문에 나카소네는 12월 24일 "다나카 씨의 정치적 영향력을 일체 배제하겠다"는 총재 성명을 발표하기에 이른다.

이 성명으로 당내 투쟁의 재연은 일단 피할 수 있었다.

뉴 사회당

사회당에서는 아스카타 위원장이 6월 30일에 사의를 표명했다. 1983년 참의원 선거에서 전전(前前) 선거(1977년)에 비해 5석이 모자란 결과가 나왔기 때문이다. 후임으로는 이시바시 마사시가 만장일치로 선출되었다. 서기장은 다나베 마코토가 되었다. 이시바시는 "자위대는 위헌이지만 합법적"이라는 내용 등이 포함된 '뉴 사회당' 노선을 표방하면서 총선거에 임했다. 결과는 이전보다 6석이 늘어난 113석으로 일단 합격점을 받았다.

공명당은 공인 후보 59명 중 58명이 당선되어 낙승을 거두었다. 공명당으로서는 최고의 성적이었다. 민사당도 39석을 획득해 염원하던 당 결성 당시의 의석수 40석 회복에 매우 근접해 갔다. 하지만 야당의 호조 속에서도 공산당은 전회보다 2석이 줄어 점진적인 감소 추세가 이어졌다.

신자클은 이전의 12석에서 8석으로 줄었지만, 선거 후에 자민당과 통일회파(統一會派)를 만들기로 합의했고, 다가와 세이치 대표가 제2차 나카소네 내각에 자치상으로 입각했다. 자민당이 신자클의 8명을 필요로 한 이유는, 그들이 합류할 경우 예산위에서 위원장을 제외해도 여당이 과반수를 확보할 수 있었기 때문이다.

22 '총결산'의 진전

심의회 정치

나카소네는 취임 초기 '불침공모' 등 매파적인 발언으로 지지율이 떨어지는 것을 목격하고 이를 삼가기 시작했다. 그 대신 각료의 자산 공개, 평화와 군축, 행정개혁, 교육개혁 등을 강조하기 시작했다. 이로써 내각의 지지율은 회복세를 보였다. 여기서 나카소네는 '심의회 정치'라고 불리는 매우 독특한 정치수완을 발휘하기 시작한다. 1984년, 나카소네는 그의 주변에 '고도정보사회에 관한 간담회', '경제정책에 관한 간담회', '임시교육 심의회', '각료의 야스쿠니신사 참배 문제에 관한 간담회' 등 공적 또는 사적으로 복수의 신설 고문기관을 만들어냈다. 이들 위원회에는 세지마 류조 이토추상사(伊藤忠商社) 상담 이사를 비롯해, 사토 세이자부로 도쿄대학 교수, 가야마 겐이치 가쿠슈인대학 교수 등 나카소네의 참모들이 중복적으로 참여해 논의를 주도했다. 그리고 여기서 나온 제안서들을 통해 여론을 움직이고 정책을 실행하는 방식을 취했다.

이는 관료가 만들어낸 정책을 당 내부에서 사전에 합의를 이끌어 내고, 이를 국회에서 통과시키는 종래의 자민당 정책 입안 과정과는 크게 다른 방식으로, 일종의 하향식(top-down)성격을 갖는 것이었다. 이에 대해 자민당 내에서도 정당정치의 기초를 흔드는 것이라는 비판이 나왔지만, 나카소네는 '심의회는 국민의 목소리를 듣기 위해 필요하다'라는 논리로 대응했다.

1984년 9월 6~8일, 전두환 대통령이 한국의 대통령으로는 처음으로 일본을 공식 방문했다. 6일 밤의 궁중 만찬회 자리에서 쇼와천황은 "금세기에 일시적으로 (한일) 양국 간에 불행한 과거가 있었다는 점은 진심으로 유감이며, 또 다시 되풀이되어서는 안 된다고 생각합니다"라는 인사말을 남겼다. 과거 식민지 지배에 대해 최초로 이루어진 정식 반성의 변이었다. 대통령은 이에 대해 "엄숙한 마음으로 경청했습니다"라고 답변했다.

창정회의 부상

나카소네는 1984년 10월 31일 자민당 양원 의원총회에서 총재로 재선되었다. 사토 이후에 총재 및 수상이 된 다나카, 미키, 후쿠다, 오히라, 스즈키 등 5인은 모두 재선에 실패한 채 약 2년 간격으로 교체되었다. 나카소네는 이 2년의 벽을 넘었고, 결국 1987년까지 5년간 수상직을 수행했다.

나카소네는 재선을 시도하는 과정에서도 다나카파의 압도적인 힘에 의존하고 있었기 때문에, 당내에서 크게 반발을 사고 있었다. 재선을 목전에 둔 10월 말에는 스즈키, 후쿠다 등 전 수상들과, 야당인 공명당의 다케이리 요시카쓰 위원장, 야노 서기장, 민주당의 사사키 료사쿠 등이 손을 잡고 니카이도 스스무 부총재(다나카파)를 총재로 내세우려는 움직임이 표면화되었다. 이 움직임은 다나카의 강한 반대와, 당 내부의 일에 야당이 개입한다는 사실에 대한 반발심 등이 작용해, 나카소네의 재선으로 일단락되었다.

'니카이도 옹립극'은 나카소네의 재선 과정에서 돌출된 에피소드에 불과해 보였다. 하지만 다나카의 최대 '충신'이었던 니카이도가 반란을 일으킨 것은 다나카 지배에 균열이 생기기 시작했음을 의미하는 것이었다. 1985년 2월 7일에는 다나카파 소속의 다케시타 노보루 대장상이 중심이 되어 '창정회'(創政會)의 깃발을 올렸다. 파벌 내의 파벌이라 할 수 있는 이 창정회의 출범은 실제로 다나카 지배의 종언을 예감케 하는 사건이었다. 처음에는 다나카파 120명 중에 85명이 창정회의 입회를 신청했지만, 이들에 대한 다나카의 적극적 만류로 창정회는 일단 40명의 회원으로 출발했다. 그러나 구성원 중에는 가네마루 신, 오자와 이치로, 하타 쓰토무, 가지야마 세이로쿠, 오부치 게이조, 와타나베 고조 등 다나카가 사실상 키웠다고 할 수 있는 정치인들이 포함되어 있었다.

다나카 지배의 종언

자민당 국회의원의 1/3을 장악하고 있던 다나카는, 자파에서 직접 총재 및 수상을 배출하는 것이 아니라, 자파의 힘을 다른 파벌의 영수에게 빌려줌으로써 총재를 뽑는 방식을 취했다. 이는 부분이 아니라 전체를 지배하고자 한 것이었다. 하지만 다나카의 지배가 지속되는 한 자파에서 수상이 나올 수 없다는 사실에, 니카이도도, 다케시타도, 그리고 그들의 동조자들도 불만을 품고 있었다.

공교롭게도 창정회가 결성되고 20일이 지난 2월 27일, 다나카는 자택에서 뇌경색으로 쓰러져 입원했다. 2개월 후 퇴원하기는 했지만 심한 언어장애가 후유증으로 남았고, 그의 정치적 영향력도 급속하게 쇠퇴했다. 그리고 1993년 12월 16일 그는 결국 죽음을 맞이했다.

행·재정개혁과 민영화

다나카의 지배는 종결되었지만, 그 뒤를 노리던 다케시타, 아베 신타로, 미야자와 등, 소위 '뉴 리더' 들은 아직 힘을 발휘하지 못하고 있었다. 이러한 공백기에 나카소네는 자신의 정치 노선인 '전후정치의 총결산'을 추진하고 있었다. 그 첫 출발이 정권 발족 이후 줄곧 추진해 왔던 '행정 및 재정개혁'이었다. 전후정치는 산업구조의 변동에 수반된 다양한 비용 및 경기대책, 그리고 사회복지 등의 부담을 정부 책임으로 돌렸기 때문에 행정 기구와 재정은 팽창일로에 있었다. 한편 두 차례 오일 쇼크의 영향에서 비롯된 세수(稅收)의 부족을 감당하기 위해 적자국채의 발행이 확대되어 왔고, 이 때문에 재정은 위험수위에 도달해 있었다. 나카소네는 "민간에서 할 수 없는 최소한의 것만을 국가가 수행한다"라는 '민간 활력의 활용'을 주요 정책의 기본 축으로 삼았다.

이러한 노선에 따라 1984년 8월 3일에는 전매공사를 일본담배산업회사(JT)로 바꾸는 법률이, 12월 20일에는 전전공사(電電公社)를 일본전신전화회사(NTT)로 바꾸는 법률이 통과되었다. 이 양대 민영화는 1985년 4월 1일부터 실시되었다. 다음 과제는 국철 민영화였다. 국철은 37조 3,000억 엔의 장기 채무와 9만 3,000명의 '잉여 인원'을 짊어지고 있었기 때문에, 정부로서는 가장 큰 부담이었다. 국철재건감리위원회는 1987년 4월까지 국철을 6개 사로 분할 민영화하는 것 등을 내용으로 하는 최종 제안서를 작성해 1985년 7월 26일 정부에 제출했다. 정부는 이에 기초해 법률을 준비했고, 우여곡절 끝에 1986년 10월 28일 관련 8법을 통과시켰다. 이에 따라 총평 내 최대 조직력을 자랑하던 공노협(공공기업체노조협의회)이 사라지게 되었다. 당연히 총평은 큰 타격을 받았다.

일본의 노동조합은 1980년대 전반부터 민간이 선행해서 재편 통일을 진전시키고 있었다. 국철 등 3대 공사의 민영화는 결과적으로 이러한 움직임을 더욱 촉진했다. 이에 따라 1989년 11월 21일에는 동맹◉과 총평의 통합을 기반으로 일본노동조합총연합회

동맹 同盟

전일본노동총동맹(全日本勞働總同盟)의 약칭. 1964년, 전일본노동조합회의(전노회의), 전일본노동총동맹조합회의(동맹회의), 일본노동조합총동맹(총동맹)이 통합해 결성했다. 주로 일본노동조합총평의회(총평)와 대항하면서, 정치적으로 반공주의적 색채의 우파 노선을 내걸면서 활동했다.

(연합)가 탄생했다. 초대 회장은 NTT 노조 및 전국전기통신노동조합(전전통) 위원장이었던 야마기시 아키라였다.

GNP 1% 규제의 철폐

나카소네는 방위비를 GNP의 1% 이내로 한다는 규정을 철폐하는 데도 의욕을 보였다. 이 또한 '총결산' 중 하나였다. 1% 규제는 미키 내각 당시인 1976년 11월 5일에 내려진 각의 결정이었다. 이에 대해 1984년 12월 18일, 수상의 사적 고문기관인 '평화문제연구소'가 그 철폐를 촉구하는 최종 보고서를 제출했다. 이를 둘러싼 논쟁은 2년간 지속되었다. 결국 1986년 말에 결정된 1987년도 예산안에 방위비를 예상 GNP의 1.004%로 한다는 조항이 삽입됨으로써, 나카소네는 또 하나의 과제를 수행했다.

야스쿠니 공식 참배

나카소네는 전후정치의 도식에서 벗어난 '국가 정체성'을 확립하고자 했다. 그런 그에게 '야스쿠니 공식 참배'는 또 하나의 중요 과제였다. 나카소네는 제2차 내각 발족 직후인 1984년 1월 5일에 일본 수상으로서는 전후 최초로 야스쿠니 신사를 연두 참배했다. 같은 해 만들어졌던 후지나미 다카오 관방장관의 사적 자문기관 '각료의 야스쿠니 신사 참배 문제에 관한 간담회'는 다음 해 1985년 8월 9일에 헌법의 정경분리 규정에 어긋나지 않는 범위 내에서 참배를 독려한다는 내용의 제안서를 제출했다. 이에 따라 나카소네는 8월 15일 공식적으로 야스쿠니를 참배했다. 이 또한 전후 수상으로서는 최초였다.

중국은 이에 대해 맹렬히 반발했다. 중국은 특히 A급 전범으로서 처형된 도조 히데키 등이 야스쿠니에 묻혀 있다는 사실을 지적하면서 "아시아의 마음에 상처를 입혔다"고 비판했다. 그 뒤 나카소네는 1985년 가을 정례 대제[例

大祭], 1986년의 연두 및 봄 정례 대제, 8월 15일 기념 대제, 가을 연례 대제 등의 참배를 모두 취소했다. 1986년 8월 14일 고토다 마사하루 관방장관은, 공식참배 자체는 폐지하지 않지만 주변국 국민들의 감정을 배려한다는 내용의 담화를 발표했다.

의원 정수 조정

1986년 전반기에는 같은 해에 예정되어 있던 참의원 선거와 중의원의 해산 및 총선거를 같은 날 실시할 것인가가 정계의 최대 관심사였다. 나카소네는 그렇게 되기를 매우 바라고 있었다. 1983년 총선거에서는 자민당이 겨우 과반수를 유지하는 정도에 그쳤기 때문에, 가능한 빨리 안정 의석을 확보할 필요가 있었기 때문이다. 게다가 총선거에서 승리하게 되면, 같은 해 10월 말로 끝나게 될 자민당 총재 임기를 연장시킬 수 있을 것이라는 계산도 있었다. 총재의 임기는 2년이었고 재선까지 허용되어 있었다. 즉 3선이 금지되어 있기는 했지만, 그 직전에 선거를 통해 국민의 신임을 얻을 경우, 수상을 그만두게 하지는 못할 것이라는 생각이었다. 당연히 차기를 노리던 다케시타, 아베, 미야자와 등 '뉴 리더'들과, 1980년 양원 동시선거에서 패배를 경험했던 야당은 이에 반대했다.

나카소네의 구상에 보다 결정적인 장애 요소로 다가온 것은 중의원의 선거구 정수 조정 문제였다. 1985년 7월 17일 최고재판소는 1983년 총선거에서 '한 표의 가치'가 최대 3배 이상 차이를 보이는 것은 위헌에 해당하기 때문에, 원래 1983년 총선거는 무효로 했어야 했다는 판결을 내렸다. 이로써 정수를 조정하지 않은 채 해산을 하는 것은 사실상 불가능하게 되었다. 정수를 조정하는 것은 기정사실화되었지만, 이것을 양원 동시선거와 어떻게 연결시킬 것인가가 공방의 초점이었다. 이 공방은 여·야당의 경계를 초월해 밀고 밀리는 접전을 보였다. 결국 5월 8일 사카타 미치타 중의원 의장이 제출한 조정안을 여·야당이 수락함으로써, 정기국회 마지막 날인 5월 22일에 정수 조정이 이루어졌다. 사카타의 조정안은 '8증 7감'◉으로 한 표의 가치가 갖는 격차를 3배 미만으로 억제할 것, 그리고 선거 공포로부터 30일 동안 '주지기간'(周知期間)을 둘 것을 주요 내용으로 하고 있었다.

8증 7감 八增七減

8개의 인구 과밀 선거구의 정수를 각각 1인씩 증가시키고, 7개의 인구 과소 선거구의 정수를 각각 1인씩 감소시키는 것.

죽은 척 해산 死んだふり解散

나카소네가 해산하지 않을 것처럼 '죽은 듯' 있다가 갑자기 해산을 단행했다는 의미.

죽은 척 해산

'주지기간'이 제정됨에 따라 총선거 공시는 빨리 한다고 해도 6월 21일이 되기 때문에, 그 이후 일정 기간 동안에 양원 동시선거를 실시하는 것은 무리이며, 그 이전에 해산하는 것 또한 불가능하다는 것이 대부분의 관측이었다. 나카소네도 해산을 위해 임시국회를 열지는 않을 것이라고 야당과 약속했다. 후지나미 관방장관은 "(동시선거가 실시될 가능성이 없어졌기 때문에) 수상이 매우 낙담해 있다"고 말했다. 그러나 나카소네는 열흘 뒤인 6월 2일에 임시국회를 소집했고, 소집 첫날 중의원을 해산해 버렸다. 이 해산은 '죽은 척 해산'◉으로 불렸다. 이로써 총선거는 6월 21일에 공시(참의원 선거는 6월 18일 공시)되었고 7월 6일에 양원 동시 투표라는 빡빡한 일정 속에 치러지게 되었다.

연사공련 사건

선거 전에는 거대 정치 비리 사건이 적발되었다. 록히드 사건 이래 10년 만의 일이었다. 5월 1일 민사당의 요코테 후미오 의원이 200만 엔의 뇌물 수수 혐의로, 전(前) 국토청 장관인 자민당(나카소네 파) 이나무라 사콘시로 의원이 200만 엔의 뇌물 수수 혐의로 각각 불구속 기소된 것이다. 일본연사공업조합연합회(日本撚糸工業組合連合會, 연사공련)의 기계 공동 폐기 사업과 관련하여, 요코테는 1982년 8월 6일에 중의원 상공위에서 연사공련 측이 유리하도록 질의해 주는 대가로 자금을 받았다는 혐의였고, 이나무라는 요코테에게 그와 같은 질문을 하도록 설득하는 한편, 통산성 간부에게도 이에 걸맞은 답변을 하도록 압력을 가했다는 혐의였다.

자민당의 대승

양원 동시선거의 결과는 자민당의 압도적인 승리였다. 중의원에서는 공인 후보만 300명이 당선되었고, 그 뒤에도 4명이 추가로 공인됨에 따라 총 304석을 획득했다. 이전보다 45석이나 늘어난 것이다. 이번 선거에서는 '포스트 나카소네'를 노린 3대 파벌의 '뉴 리더'들이 세력 확대를 위해 전력투구했고 나카소네도 자파의 양성을 노렸기 때문에, 결과적으로 자민당 전체가 '표 긁어모으기'에 총력을 기울이고 있었다. 그 효과가 대승으로 이어진 것이다.

사회당과 민사당은 참패했다. 사회당은 86석으로 26석이나 줄었다. 1969년의 대패 이후 17년 만에 두 자리 수 정당이 되었다. 게다가 이번 선거는 1969년의 결과보다 심각한 것이었다. 민사당은 26석으로 13석이 줄었다. 공명당은 59석에서 57석으로, 공산당은 이전과 변함 없이 27석, 신자클은 8석에서 6석, 사민련은 3석에서 4석이 되었다. 대체로 미미한 변화들이었다.

사회당의 '신선언'

사회당은 1984년경부터 이시바시 위원장 주도로 정책의 '현실화'를 추진했다. 특히 다나베 서기장 등 우파 그룹이 중심이 되어 학계와의 협력 속에 '과학적 사회주의'(맑스-레닌주의)를 버리고 사회민주주의적인 노선으로 방향 전환을 시도했다. 1985년 9월 11일 중앙위원회에 제출된 '신선언' 안은 계급정당임을 부정하고 있고, 사회당의 이념은 중국과 소련 등 당시 사회주의 국가의 이념과 다르다는 점을 명기하고 있으며, 보수 세력과의 연합도 가능하다는 내용을 담고 있었다.

물론 좌파는 거세게 반발했다. 1985년 12월 16일부터 3일간 개최된 제50회 정기 당대회에서는 '신선언'이 채택되지 못했다. 그러나 다음 해인 1986년 1월 22일 제50회 당대회가 속개되었고, 여기서 이시바시 위원장의 요청에 의해 만장일치로 선언이 채택되기에 이른다. 당시까지 사회당의 '강령적 문서'였던 "일본 사회주의로의 길"은 일종의 계급독재를 인정한다는 내용으로, 좌파의 색깔이 농후했던 것이었다. 신선언의 채택으로 이 문서는 "역사적 문서가 되었다"(신선언 중).

총선거에서의 참패는 노선 전환이 있은 지 불과 반년 후에 일어났기 때문에, 사회당으로서는 큰 타격이 아닐 수 없었다. 이시바시 위원장이 가장 먼저 사의를 표명했고, 7월 28일에는 집행부가 총사직했다. 후임 위원장 선거에서는 출마를 고사하던 도이 다카코가 폭넓은 지지 속에 입후보해 우에다 데쓰와 단독으로 맞섰고, 9월 6일 84%의 득표로 당선되었다. 선거 과정에서 도이는 "그렇다면 내가 나설 수밖에 없다"라는 말을 남겼다. 이 발언은 이후 도이 선풍을 일으키는 계기가 되기도 했다. 여성이 거대 정당의 당수가 된 것은 도이가 최초였다.

23 자민당의 세대교체

후지오의 파면과 나카소네의 실언

선거에서 승리한 나카소네는 의기양양했다. 1986년 8월 30일 나가노(長野) 현 가루이자와(輕井澤)에서 열린 자민당 주최 세미나에서, 나카소네는 "304석의 확보라는 쾌거는 1986년 체제라고도 부를 만한 새로운 시작이라고 생각한다. 자민당은 전례 없이 좌우의 날개를 넓게 펼쳤고, 이는 신자유클럽, 민사당, 사회당 우파까지 포괄하는 중도 우파에까지 미쳤다"라고 연설했다.

그러나 후지오 마사유키 문부상은 9월 초순 발행된 『분게이슌주』 10월호에서, 나카소네가 8월 15일 중국 등을 배려해 야스쿠니 참배를 취소한 것과 관련해 "상대에게 맞춰주는 것이 외교라고 생각한다면 그것은 착각이다"라며 비판하는 한편, 1910년 한일병합에 대해서 "한국 측에도 어느 정도 책임이 있다"라고 썼다. 한국으로부터 강력한 항의를 받은 나카소네는 9월 8일 후지오를 문부상에서 파면했다. 현재까지도 각료들의 '침략 사실 부정' 등의 발언과 이로 인한 사임 등은 돌출적으로 반복되고 있다.

나카소네 자신의 '실언'도 있었다. 9월 22일 시즈오카(靜岡) 현 간나미(函南)에서 열린 자민당 전국 연수회에서 "미국에는 흑인은 물론, 푸에르토리코인,

멕시코인 등이 상당수 있어, 평균적으로 볼 때 (지식 수준이) 매우 낮다"라고 발언해, 미국, 특히 연방 하원의 강력한 반발을 초래했다. 나카소네는 9월 27일 사과 메시지를 발표했다. 당초 이 문제는 일본 측의 신문, TV 등에는 전혀 보도되지 않았다. 그러나 미국에서 문제가 되면서 대대적으로 보도되기 시작했다. 이 또한 비난의 대상이 되었다.

판매세(매상세)

나카소네는 '죽은 척 해산'을 단행했을 때의 계획대로, 총선거에서의 승리를 자민당 총재의 임기 연장과 연결시키는 데 성공했다. 각 파벌에서도 큰 반론이 나오지 않은 채, 9월 11일 양원 의원총회에서 "당규를 개정해 임기를 1987년 10월 30일까지 1년 연장"하기로 결정했다.

새 임기에 들어서자 나카소네는 곧 '세제개혁'에 손을 댔다. 1987년도 예산의 감세를 충당하기 위해, 10월 28일 정부 세제조사회는 새로운 형태의 간접세 도입 등을 담은 제안서를 제출했다. 이에 정부는 다단계의 '판매세' 도입 등을 내용으로 하는 세제개혁법안을 1987년 1월에 재개된 정기국회에 제출했다.

나카소네는 1985년 2월의 중의원 예산위에서 "다단계의 포괄적인 보편적 소비세, 또는 대규모 소비세를 투망으로 걷어올리듯 시행하는 일은 없을 것이다"라고 말한 바 있고, 총선거 직전인 1986년 6월 30일에도 삿포로(札幌) 시에서의 기자회견에서 "국민과 자민당이 반대하고 있는 대형 간접세는 (본인도) 반대한다. 그러한 성격의 것은 절대 없을 것이다"라고 말했다. 따라서 '공약위반'이라는 목소리가 자민당 내부에서도 분출되었다. 야당은 심의를 연기시키는 등 저항을 강화했다.

국면 전환의 계기가 된 것은 3월 8일 이와테 선거구에서 있었던 참의원 보궐선거였다. 이스루기 미치유키(자민)가 사망함에 따라 실시된 선거로, 자민당에서는 그의 부인을 입후보시켰다. 이러한 방식은 이와테와 같이 보수 성향이 강한 지역에서 자민당이 흔히 취해 오던 필승 전략이었다. 하지만 자민당은 사회당의 오가와 진이치에게 큰 차이로 지고 말았다. 여러 차례 낙선을 경험했던 오가와였지만, 이 선거에서는 슬로건을 판매세 반대로 단일화하여 성공을 거두었다. 그 뒤 4월의 통일지방선거에서도 자민당은 성과를 거두지 못했다. 당연히 야당은 힘을 받기 시작했다.

자민당은 4월 15일에 중의원 예산위에서 예산안을 강행으로 처리했고, 21일에는 본회의의 개회를 강행시켰다. 야당은 예산위 위원장의 해임결의안과 미야자와 대장상의 불신임안을 연속적으로 제출했고, '소걸음 전술'◉로 심의를 지연시켰다.

소걸음 전술 牛步戰術

법안의 통과를 최대한 지연시키기 위한 전술의 일종. 법안 통과를 위해 의원 투표를 할 때 투표함으로 가는 이동 시간을 가능한 늦추는 방식.

야당의 저항으로 국회는 철야 국회가 되어 버렸다. 그 후 23일 하라 겐자부로 중의원 의장은 판매세를 사실상 폐기한다는 내용의 조정안을 여야에 제출했고, 결국 자민당도 이를 받아들였다. 304석을 배경으로 한 나카소네의 강경책이 보란 듯이 완패한 것이다.

일미 경제 마찰

1987년은 일미 경제 마찰이 유난히 심했던 해였다. 미국은 여러 해 동안 대일 무역수지의 적자가 확대일로에 있는 것에 불만을 토로하고 있었다. 미국의 불만은 1985년 9월 22일 뉴욕의 플라자 호텔에서 열린 선진 5개국 재정장관회의(G5)에서 달러화의 절하를 유도한다는 내용의 합의(플라자 합의)가 이루어진 후에도 지속되었다. 이에 대해 나카소네의 사적 자문기관인 '국제협조를 위한 경제구조조정연구회'는 1986년 4월 7일 일본의 경제구조를 내수 주도형으로 전환시켜야 한다는 내용의 보고서를 제출했다. 이 보고서는 연구회의 좌장인 마에카와 하루오 일본은행 전 총재의 이름을 따서 "마에카와 리포트"로 불렸고, 미국도 그 내용을 긍정적으로 평가한 바 있다. 하지만 그 실행은 계속 늦춰진 채 진전을 보지 못하고 있었다. 결국 1년 후인 1987년 4월 17일 미국 정부는 일미반도체협정을 일본이 준수하지 않고 있다는 이유로, 통상법 301조에 근거해 일본산 개인용 컴퓨터, 컬러 TV 등에 100%의 관세를 가하는 제재 조치를 취했다. 전후 최초로 취해진 미국의 본격적인 대일 제재였다. 이 해에는 그 밖에도 일본의 도시바 기계(東芝機械)가 코콤◉을 위반하고 소련에 선박용 프로펠러의 표면 가공기를 수출한 사실이 문제가 되었다. 이 가공기를 수입한 소련은 원자력 잠수함의 소음을 줄여 미국의 레이더망을 피해갈 수 있었던 것으로 알려졌다. 나카소네는 4월 29일부터 5월 2일에 걸쳐 미국을 방문해 5조 엔 규모의 내수 확대를 약속하는 등, 대일 제재를 완화시키고자 했다.

코콤

대공산권수출조정위원회, Coordinating Committee for Export Control. 1949년 미국의 주도로 결성된 대(對) 공산권 수출통제위원회.

경세회와 다케시타의 지명

나카소네의 자민당 총재 임기 만료는 1987년 10월 30일이었다. 후임 총재로는 다케시타, 아베, 미야자와 중 한 사람이 될 것이라는 관측이 유력했다. 하지만 5월 14일 니카이도가 다나카파 총회에서 돌연 총재 선거에 입후보하겠다고 표명했다. 당시 다나카파 소속 의원의 수는 중·참 양원을 합할 경우 141명이었다. 미야자와파가 90명, 아베파가 83명, 나카소네파가 81명, 고모토파가 34명이었던 점을 감안하면, 규모 면에서 다나카파는 다른 파벌들을 압도하고 있었다(파벌에 속하지 않은 의원은 26명이었다). 그러나 니카이도 진영에는 다나카파 소속 의원 중 17명밖에 들어가지 않았다. 한편 다케시타는 7월 4일 다나카파로부터 113명의 의원들을 결집해 '경세회'(經世會)를 만들어 독립했다.

후계 자리를 둘러싼 대립 과정에서는 '아베파-미야자와파-나카소네파' 또는 '아베파-다케시타파-고모토파' 등의 합종연횡이 되풀이되었고, 합의로 선출할 것인가, 아니면 선거로 승부를 결정할 것인가를 둘러싸고 이전과 마찬가지로 혼란을 거듭하는 가운데 타결을 보지 못하고 있었다. 최종적으로 나카소네 총재의 지명으로 총재를 선출하는 것에 각 후보들이 동의하는 것으로 대립은 일단락되었다.

나카소네는 10월 20일 오전 0시를 조금 넘긴 시각에 다케시타를 지명했다. 다나카파는 최대 파벌이었음에도 불구하고 1974년에 다나카가 수상을 그만둔 이래 한 번도 총재 후보를 배출하지 않았다. 파벌의 수장인 다나카가 킹메이커로서의 역할을 하도록 보장해주기 위해서였다. 따라서 13년 만에 최대 파벌로부터 후보가 나온 이상, 나카소네가 그의 손을 들어준 것은 파벌 역학상 매우 상식적인 결론이었다고 할 수 있을 것이다.

다케시타 내각은 11월 6일 성립했다. 그 날 정식으로 퇴진한 나카소네 내각은 1982년 11월 27일부터 약 5년간, 일수로 치면 1,803일간 지속된 전후 세 번째로 장수한 정권이었다(최장은 사토 내각, 그 다음은 요시다 내각).

24 다케시타파의 지배

소비세의 도입

나카소네는 다케시타를 지명함과 동시에 미야자와를 부총리로 하고 아베를 간사장으로 하는 일종의 집단지도 체제를 추진했고, 이를 실현시켰다. 이들 세 명의 '뉴 리더'들은 애초부터 세대교체를 요구한다는 점에서 이해를 같이 하고 있었고, 과거의 소위 '삼각대복중 세대'◉와는 달리 서로 간의 친밀감을 보여주고 있었다. 주요 세 파벌 간의 협력이 이루어졌고, 그 외 고모토파도 다케시타파에 접근하는 등, 자민당 내에서는 소위 '총 주류파 체제'가 모습을 드러냈다. 이 체제는 향후 다케시타파가 거대 세력으로 성장함에 따라 '다케시타파의 지배'로 변질되고, 뒤이어 '이중권력 구조'로 진화해 간다.

삼각대복중 세대 三角大福中 世代
각 파벌의 이름을 딴 것으로 三, 角, 大, 福, 中은 각각 미키파, 다나카파, 오히라파, 후쿠다파, 나카소네파를 의미한다.

'판매세'의 좌절에도 불구하고, 다케시타 내각이 최대 목표로 삼은 과제는 대형 간접세인 '소비세'를 창설하는 것에 있었다. 오히라, 나카소네 양 내각의 실패를 교훈 삼아 다케시타는 주도면밀하게 이를 추진해 갔다.

다케시타는 자영 상공업주들의 불안과 반발, 그리고 이를 반영한 자민당 내부에서의 반대론 때문에, 초기 의견 조정을 제대로 하지 못했던 것이 판매세 도입 실패의 주된 원인이라고 판단했다. '뉴 리더' 세 명은 총재 선거에 앞서, 1987년 10월 10일 "1988년 안에 세제개혁법안을 통과시키기 위해, (세 명 중) 누가 총재가 되든지 상관없이 서로 협력한다"는 내용에 합의했고, 16일에는 정부와 여당수뇌 간의 회담을 열어 세제의 발본 개혁 방침을 결정했다. 당내의 결속을 우선시한 것이다. 업계에 대해서는 1988년 4월 5일부터 자민당 세제조사회(회장 야마나카 사다노리)가 338명의 업계 대표를 당사로 초청해 8일간 의견을 청취했다. 나아가 5월 31일부터는 이후 논란이 되는 "세율 3% 방침"에 대해 4일 동안 두 번째로 의견을 청취했다.

한편, 다케시타는 1988년 3월 10일의 중의원 예산위에서 소비세 도입에 따른 '6대 현안'을 스스로 지적했다. 여기서는 소비세 도입이 역진적(逆進的)인 효과를 갖게 될 가능성과 중간소득층의 불평등 의식 확대 문제 등이 거론되었다. 다케시타는 이러한 문제점들을 모두 고려해 가면서 소비세를 도입하겠다는 태도를 보여줌으로써, 국회에서 논의를 주도함과 동시에 여론을 장악하려 했다. 게다가 정부는 매출이 3,000만 엔 이하인 업자에게는 면세 조치를, 5억 엔 이하의 업자에게는 간이과세제도 등을 제시함으로써 업계의 저항을 약화시키는 한편, 샐러리맨 층에 대해서도 소비세 도입에 앞서 소득세, 주민세의 경감 등을 도입함으로써 반발을 최소화하는 방법을 취했다.

국회에서는 야당이 강하게 저항했지만, '국대족'(國對族, 장기간 국회 대책위에서 활동한 의원)으로서 야당과의 관계가 두터웠던 다케시타, 그리고 다케시타파의 중진인 가네마루 신[전(前) 부총리, 중의원 세제조사회 특별위원장] 등이 공명, 민사 양당 등의 협력을 이끌어냄으로써, 최소한 단독 심의라는 사태를 피하는 등 국회 운영 기술의 전형을 보여주었다. 그 결과 11월 16일 세제개혁 관련 6법안은 사회, 공산 양당이 불참한 상태에서 이루어진 중의원 본회의에서 자민당 찬성,

공명·민사의 반대로 가결되었고, 12월 24일 참의원 본회의에서도 동일한 방식으로 가결되었다.

리쿠르트 사건

다케시타 내각을 붕괴로 몰아간 '리쿠르트 사건'은 소비세 도입 논의가 한창 진행되는 가운데 부상했다.

발단은 1988년 6월 18일자 『아사히신문』에 실린 가와사키(川崎) 시의 조역◉에 관한 기사였다. 기사 제목은 "'리쿠르트' 가와사키 유치 당시/ 조역이 관련 주식을 양도/ 공개 매각 이익 1억 엔/ 자금도 자회사의 융자" 등이었다. 리쿠르트-코스모스 사의 미공개 주식을 그 자회사로부터 받은 융자로 매수하고, 2년 후 주식이 공개되었을 때 오른 가격으로 원가의 몇 배나 되는 이익을 챙기는, 말 그대로 누워서 떡먹기 식의 수법이었다. 뒤이어 30일자 『아사히신문』은 동일한 미공개 주식이 와타나베 미치오(자민당 정조회장), 가토 무쓰키[전(前) 농수산상], 가토 고이치[전(前) 방위청 장관], 쓰카모토 사부로(민사당 위원장) 등에게도 전달되었다는 사실을 보도했다.

조역 助役

시정촌의 장을 보좌하는 최고 간부.

그리고 7월 6일자에서는 드디어 "리쿠르트 관련 비공개 주식의 양도/ 정계 수뇌부 비서의 이름이 등장/ 나카소네, 아베, 미야자와/ 공개 직후에 매각/ 나카소네 씨는 수상 재임 시/ 대금 1억 4,000만 엔"이라는 제하의 기사가 보도되었다. 다음날에는 다케시타의 비서에게도 같은 수법으로 주식이 양도되었다는 보도가 있었다. 미공개 주식은 리쿠르트의 사장 에조에 히로마사로부터 정계, 관계, 매스컴 간부 등에 이르기까지 폭 넓게 뿌려져 있었다. 에조에는 1989년 2월 13일 NTT 이사진에 대한 뇌물 증여 혐의로 체포되었다.

12월 9일 미야자와 부총리 겸 대장상은 이 문제에 대한 자신의 입장 표명이

세 번이나 번복되었다는 점에 책임을 지고 사임했다.

쇼와에서 헤이세이로

1989년은 1월 7일에 쇼와 천황이 89세의 생을 마치고 사망함에 따라 원호가 헤이세이(平成)로 바뀌면서 시작되었다. 4월 1일부터 소비세가 실시되었지만, 이를 가능하게 했던 다케시타는 11일 중의원 예산위에서, 자신과 자신의 비서가 리쿠르트로부터 헌금, 파티권◉ 등의 명목으로 1억 5,100만 엔을 받았다는 자체 조사 결과를 공표했다. 그리고 "(이 이상의 것이) 나오리라고는 전혀 생각하지 않는다"고 부언했다. 그러나 『아사히신문』은 이 달 22일 다케시타의 비서가 1987년의 총재 선거 시기에 리쿠르트사로부터 5,000만 엔을 빌린 후 갚았다는 사실을 보도했다. 다케시타는 3일 후인 25일 퇴진을 표명하기에 이른다.

파티권

정치헌금을 모으는 방법 가운데 하나. 정치인 후원회 등 모임(파티)의 초대권과 같은 것으로, 이를 유상으로 판매한 수입금이 곧 정치헌금이다. 이는 합법적이면서도 일괄적으로 정치헌금을 모으는 방법이 된다. 하지만 출석 유무와 관계없이 파티권을 구입하는 경우가 대부분이기 때문에, 그 액수 및 규모가 문제시되는 사례가 많다. 또한 일반적으로 파티권의 구입자는 지역구의 공공사업을 담당하는 수주업자(受注業者)인 경우가 많은데, 이때 공공사업을 추진하는 정치인만이 아니라 공공사업의 사실상의 발수자인 행정 측 또는 그 관료들마저 파티권을 돌리는 사례가 발생해 문제가 되기도 했다.

사건은 여기서 끝나지 않았다. 5월에는 도쿄지검이 후지나미 다카오(나카소네 내각 당시 관방장관) 등을 리쿠르트사로부터 뇌물을 수수한 혐의로 체포했고, 이 때문에 나카소네가 중의원 예산위에서 증인 심문을 받았다. 후지나미는 이후 1994년 10월 17일 도쿄 지방재판소에서 무죄로 1심 판결을 받았지만, 1996년 도쿄 고등재판소에서는 다시 유죄판결을 받았고, 최고재판소에서도 유죄판결이 확정되었다.

후임 총재에는 청렴하다고 알려진 이토 마사요시 전 외무상이 유력했지만, 이토는 "책의 표지만 바뀌어서는 안 된다. 내용도 바뀌어야 한다"면서 고사했다. 아베, 미야자와 등은 리쿠르트 주식을 양도받은 바가 있기 때문에 사임하지 않을 수 없는 상황이었다. 결국 다케시타 내각의 외무상 우노 소스케(나카소네파)가 다케시타파의 후원을 얻어, 6월 2일 자민당 양원 의원총회에서 전례없는 '기립 다수결'에 의해 총재로 임명되었다. 파벌의 영수가 아닌 인물이 총재가 된 것은 자민당 역사상 최초였다. 그런데 우노는 수상 취임 직후, 게이샤 출신 여성과의 스캔들이 『선데이 마이니치』에 폭로되고 만다.

도이의 인기

1989년 7월 23일 참의원 선거는 이와 같이 '소비세', '리쿠르트 사건', '수상의 염문' 등 3대 사건을 배경으로 실시되었다. 결과는 예상을 훨씬 뛰어넘는 자민당의 참패였다.

당선자는 사회당이 52명으로 가장 많았다. 여기에 1인 선거구를 중심으로 배출된 사회당 계열의 야당 통일 후보 즉, '연합' 당선자를 더할 경우 63명이 된다. 이로써 개선 의석◉의 절반을 획득했다. 자민당의 당선자는 38명에 불과했다. 그 결과 자민당은 비개선의 73명을 더한다 해도 111석에 머물러, 과반수인 127석에 크게 못 미쳤다(이상의 의석수는 각 당 계열의 무소속을 포함). 이 선거에서는 언제나 자민당이 압도적인 강세를 보였던 26개의 1인 구에서 세 명밖에 당선자가 나오지 않았다는 사실이 주목을 받았다. 이 결과는 "소비세가 불신임되었다"(다케시타파 회장 가네마루 신의 발언)는 것 외에, 1986년 총선거 후 이시바시의 뒤를 이어 사회당 위원장이 된 최초의 여성 당수 도

개선 改選, reelection

임기 중에 이루어지는 재선거를 의미한다. 일본 참의원의 임기는 6년이지만 3년마다 개선하도록 되어 있고, 개선의석은 정수의 절반으로 규정되어 있다. 한편, 임기가 4년인 중의원의 경우 별도의 개선 규정이 없으나, 해산이 이루어질 경우 재선거를 치러야 한다. 참의원의 개선 결과는 정권의 교체에는 직접 영향을 미치지 않지만, 정권에 대한 중간평가의 의미를 가진다. 따라서 참의원 선거 결과로 수상이 퇴진하는 경우도 없지 않다.

이 다카코의 인기와, 이에 힘입어 유리한 선거운동을 전개할 수 있었던 여성 후보 22명이 당선('마돈나 선풍'으로 불림)되었던 것도 중요한 요인으로 작용했다. 22명이라고 해도 전체 당선자 중 17.5%에 지나지 않았지만, 이전 기록인 10명을 크게 갱신한 것이었다.

우노에서 가이후로

우노는 선거 패배의 책임을 지고 재임 68일 만에 퇴진했다. 후임으로는 가이후 도시키(고모토파), 하야시 요시로(니카이도 그룹이었지만, 미야자와파가 지지했음), 이시하라 신타로(무파벌) 등이 나섰다. 이 세 사람 간의 경쟁은 8월 8일 양원 의원 및 도도부현의 대의원 투표로 승부가 가려졌다. 이러한 방식은 1972년 다나카 총재 선출 이래 17년 만의 일이었다. 투표 결과 다케시타파가 밀어준 가이후가 451표 중 279표를 획득해 승리했다. 가이후 또한 파벌 영수 경력은 없었지만, 그에게는 금권과 관련이 적은 '깨끗한 이미지', 활달한 언변, 젊은 풍모 등의 장점이 있었고, 이로 인해 오랜만에 내각 지지율이 회복의 기미를 보이기 시작했다.

가이후가 수상이 된 1989년에, 소련 및 동구에서 체제 변혁이 일어나는 등의 격변이 있었고, 이는 11월 9일 베를린 장벽의 붕괴로 이어졌다. 그리고 12월 2일에는 지중해의 말타 섬에서 부시와 고르바초프 사이에 미소 정상회담이 이루어졌고, 다음날 공동 기자회견에서 극적인 '냉전의 종결'을 확인했다. 일본 정치도 곧이어 이와 같은 거대한 변화의 물결에 쓸려 들어간다.

가이후 내각이 성립한 것은 1986년 7월 총선거로부터 이미 3년이 넘는 세월이 경과된 시점이었다. 의원들이 선거를 의식하기 시작한 시기였고, 내각에 대한 지지율이 회복되는 추세이기도 했기 때문에, 가이후는 1990년 1월 24일 중의원을 해산했다. 2월 18일 총선거 결과 자민당의 당선자 수가 286명으로 이전보다 18명이 줄었다. 그러나 각 상임위에서 위원장을 제외해도 과반수의 위원을 구성할 정도로 '안정 과반수'는 확보한 상태였다. 게다가 1989년 참의원 선거에서의 참패와 비교해 보면, 자민당으로서는 안도의 숨을 쉴 수 있는 결과이기도 했다. 사회당도 이전의 86석에서 139석으로 크게 회복되어, 도이의 인기가 여전히 지속되고 있음을 과시했다. 그 외 공명, 공산, 민사 각 당 모두 이전보다 의석수가 줄었기 때문에, 사회당의 승리는 야당 내에서 유일했다는 점에서도 눈에 띄는 것이었다.

25 '국제 공헌'과 선거제도 개혁

걸프 전쟁

제2차 가이후 내각은 선거 후에도 순조로운 출발을 하고 있었다. 지지율도 7월에 실시된 『아사히신문』의 여론조사에 의하면 56%로 높은 수치를 보이고 있었다. 하지만 뒤이어 걸프 전쟁이 가이후 내각을 흔들어 놓았다. 1990년 8월 2일 이라크군이 쿠웨이트에 침입해 전 국토를 제압했다. 7일에는 미국과 영국이 사우디아라비아의 방위를 위해 파병을 결정했다. 그 후 전개된 경제봉쇄, 해상봉쇄 등과 이와 동시에 진행된 다양한 형태의 비군사적 해결들이 실패로 돌아감에 따라, 다음 해 1991년 1월 17일 미군을 주축으로 페르시아만에 진입해 있던 다국적군이 드디어 이라크군에 대한 공격작전—'사막의 폭풍'—을 개시했다.

이 와중에 일본 정부는 시종일관 미국에 끌려가듯이 130억 달러에 이르는 전쟁 비용과 주변국에 대한 원조금을 증세 등의 방법으로 지출했다. 그러나 미국은 "돈만 낼 것이 아니라 사람도"라는 식의 추가적 압력을 가했고, 국내적으로도 '국제 공헌도'를 높이자는 목소리가 거세졌다. 이에 따라 〈유엔평화협력법〉안이 부상하게 되었다. 실제적인 논란은 바로 이 법안의 내용과 그

가부 결정을 둘러싸고 일어났다.

주요 논점은, 협력단에 자위대를 동원할 것인가, 그렇다면 그 지위는 어떻게 되며, 어떠한 무기를 휴대하게 되는가, 집단적 자위권을 부정하고 있는 헌법 9조와의 관계는 어떻게 해명할 것인가 등이었다. 이 문제들을 둘러싸고 여야 간은 물론, 정부 내, 그리고 정부와 여당 간에도 혼란이 거듭되었고, 결국에는 1990년 11월 8일에 이 법안이 폐기되기에 이른다. 일시적이나마 오랫동안 금기시되어 왔던 '해외 파병' 문제를 다루었다는 이유로, 가이후 내각은 그동안 유지해 온 비둘기파의 이미지가 크게 손상되었고, 이로 인해 지지율이 33%로 떨어진 반면, 비지지율이 50%로 상승했다.

그러나 이 문제는 꼬리를 물고 재현되었다. 1991년 1월 24일 정부 및 자민당은 자위대 수송기를 페르시아 만 지역의 피난민 수송에 사용한다는 결정을 내렸고, 4월 24일에는 자위대 소해정◉이 페르시아 만에 파견되기도 했다. 그리고 '국제 공헌' 문제의 경우, 정부는 자민, 공명, 민사 3당간 협의를 거쳐 9월 19일 "유엔평화유지활동 등에 대한 협력법안"(PKO 협력법)을 국회에 제출했다. 이 법안의 처리는 가이후 내각을 잇는 미야자와 내각의 손에 맡겨지게 된다.

소해정 掃海艇

수중에 부설된 지뢰를 발견하고 제거·파괴하여 함선이 안전하게 항해할 수 있도록 하는 해군 군함.

정치개혁

가이후 내각은 발족 당시부터 또 하나의 난제를 안고 있었다. '정치개혁'이 그것이다. 리쿠르트 사건을 계기로 정치 부패의 근절을 요구하는 목소리가 거세짐에 따라, 자민당은 다케시타 내각 말기에 정치개혁위원회(회장 고토다 마사하루)를 창설한 바 있었다. '정치개혁' 문제가 구체성을 띠기 시작한 것은 바로 이 시점을 전후해서였다. 위원회는 다케시타가 사임을 표명한 후인 1989년 5월 22일 "정치개혁대강"을 발표했다. "대강"에는 5년 후 완성을 목표로 소선구 비례대표 병립제(이하 병립제)를 제안하는 내용이 담겨 있었다.

우노 내각은 그로부터 약 한 달 후인 6월 28일에 제8차 선거제도심의회(회장 고바야시 요소지)를 발족시켰다. 위원에는 전국 일간지 및 TV 방송국 사장과 논설위원장이 다수 포함되어 있었다. 하토야마, 다나카 양 내각 모두 소선거구제 도입이 실패한 데는 주요 일간지가 모두 반대 논조로 일관했다는 것이 중요한 원인의 하나로 작용했었기 때문에, 이번에는 주요 신문을 동조자로 만들겠다는 의도가 분명히 드러나 있었다. 1990년 4월 26일 동 심의회는 가이후 내각에 "대강"이 시사하고 있던 병립제 도입과 정치자금 규제강화안을 제안했다. 내용의 중심은 선거제도 개혁에 있었다.

그러나 이즈음 자민당 내부에서는 당세가 회복된 것에 안도한 나머지 '정치개혁' 열의가 식어가고 있었다. 따라서 심의회 제안의 법안 추진은 제자리걸음을 보였다. 당시에는 소선거구제로 의석수가 부당하게 줄어들 것이 확실한 야당들이 예외 없이 병립제를 반대하고 있었고, 자민당 내에서도 반대의견이 강했다. 하지만 가이후로서는 이 '정치개혁' 이야말로 자신의 내각을 지속시킬 수 있는 기반이었다. 가이후의 입장에서 보면 '정치개혁' 은 리쿠르트 사건으로 인해 한 발짝 물러나 있던 아베, 미야자와, 그리고 나카소네파를 이어받은 와타나베 미치오 등의 파벌 영수의 복권을 견제할 수 있는 카드였다. 가이후가 반복해서 '개혁' 의 실현을 강조한 것은 이 때문이다. 가이후는 심의회 제안이 있은 지 1년 3개월이 지난 1991년 7월 10일에 선거제도를 병립제로 바꾸는 법안에 대한 각의 결정을 끌어냈고, 8월 5일 개회된 임시국회에 이를 제출했다.

중의원에는 정치개혁특별위원회가 설치되어 법안에 대한 심의가 시작되었지만, 여야 양쪽의 강한 반대를 고려한 오코노기 히코사부로 위원장은 9월 30일 심의 일수의 부족을 이유로 들어 법안을 폐기했다. 이에 대해 가이후는 '강한 결의'로 사태를 타결할 것임을 표명함으로써, 사실상 중의원의 해산을 암시했다. 하지만 이것이 가이후 스스로의 발목을 잡고 만다. 가이후를 실질적으로 지원해 왔던 다케시타파는 해산 반대 및 가이후 총재의 재임 반대를 통고했다. 그 해 가을에는 자민당 총재 선거가 기다리고 있었다. 결국 가이후는 10월 5일 총재 재선 입후보를 단념했다.

미야자와 내각과 PKO

후임 총재 후보 중 한 명이었던 아베 신타로가 1991년 5월 15일 사망함에 따라, '포스트 가이후'에는 미야자와, 와타나베, 그리고 아베파의 후계자인 미쓰즈카 히로시 등이 거론되었다. 각 파의 세력 관계를 보면 다케시타파의 지지를 받는 사람이 총재 자리에 오른다는 점에는 변화가 없었다. 다케시타파 회장 대리였던 오자와 이치로는 10월 10일 자신의 사무소에 세 명의 후보를 차례로 불러 정책을 청취했고, 이후 다케시타, 가네마루, 오자와 사이의 3자회담 및 파벌 총회가 이루어졌다. 그리고 11일 저녁 무렵 다케시타파는 미야자와에 대한 지지를 최종 결정했다. 이 당시 '오자와 면접'은 '다케시타파의 지배'를 생생하게 보여 주는 장면으로 세상의 이목을 끌었다. 고모토파도 다케시타파의 의견에 동조했기 때문에, 총재 선거 전부터 미야자와의 당선은 거의 확실시되었다.

미야자와 내각은 11월 5일에 성립되었다. 당시 각료, 주요 당직 인사는 사실상 다케시타파가 장악하고 있었기 때문에, 미야자와 내각은 출발부터 '이중권력 구조'를 노골적으로 드러내고 있었다.

이 내각의 정책과제는 가이후 내각 때부터 이어져 온 'PKO'(Peace Keeping Operation, 평화유지활동-역자 주)와 '정치개혁'이었다. PKO 협력 법안은 일단 1991년

12월 3일 중의원을 통과했지만, 이 달 말 참의원에서 계속심의 대상이 되었다. 1992년에 접어들어 캄보디아의 정전이 진전됨에 따라, 정부는 캄보디아에 대한 자위대 파견을 PKO 협력의 최초 무대로 삼고자 법안의 통과를 서두르게 된다. 최초의 법안은 정전 감시 등 직접적인 군사행동을 동반하는 'PKF'(Peace Keeping Force, 평화유지군-역자 주)에도 참가하도록 되어 있었지만, 자민, 공명, 민사 3당이 이를 동결시키는 내용으로 공동 수정안에 합의함으로써 6월 9일 새벽 참의원을 통과했다. 사회당과 공산당이 기록적인 장시간의 소걸음 전술로 저항해 중의원에서는 철야 국회가 지속되었지만, 15일에 결국 가결 통과되었다. 사회당 내부에서는 법안의 통과에 앞서 141명의 소속당 중의원 위원들이 사직서를 제출하는 사태가 발생하기도 했지만 법안 통과 이후 유야무야되었다. 캄보디아의 PKO를 위한 자위대 파견은 1992년 9월 19일부터 개시되었다.

사상 최저의 투표율

1992년 7월 26일의 참의원 선거에서는 자민당이 70명을 당선시킴으로써 개선 의석의 과반수를 얻었다. 1989년 선거에서의 당선자를 기준으로 했을 경우, 비개선 의원이 39명에 불과했기 때문에 여전히 참의원 전체의 과반수에는 크게 미치지 못했지만, 선거 결과로서는 거의 완전한 회복이라고 말할 수 있다.

사회당은 24석을 획득해 이전의 절반에도 미치지 못했다. 도이가 1991년의 통일지방선거 패배를 책임지고 물러난 후, 같은 해 7월에 다나베 마코토가 사회당 위원장이 되었다. 다나베는 구(舊)에다파를 중심으로 한 우파 진영의 지도자였지만, 1992년 PKO 반대시에는 매우 강경한 전술을 채택한 바 있다. 그러나 이것이 국민들의 지지를 얻지는 못했다. 이전 선거에서 약진했던 연합 후보는 당선자를 전혀 내지 못해 참패했다.

각당의 부침보다도 이 선거에서 충격적이었던 사실은, 50.6%라는 참의원 선거사상 최저의 투표율을 기록한 것이다. 소학교와 중학교가 여름방학에 들어간 뒤 첫 일요일에 치러진 선거였기 때문에 많은 사람들이 가족 단위로 놀러 가는 것을 선호했을지 모르지만, 정치에 대한 강한 불신감 또한 무시할 수 없는 원인이었다. 이후 1993년 총선거나 각종 지방선거 등에서 '사상최저의 투표율' 기록이 줄줄이 갱신되었다.

그 밖에, 이 참의원 선거에서는 1992년 5월에 구마모토 현의 지사를 지냈던 호소카와 모리히로가 결성한 '일본신당'이 비례구에서 4명을 당선시켜 시선을 끌었다. 그 전까지 참의원 선거에서 5대 정당 이외의 신당이 당선되는 것은 많아야 1명 내지 2명 정도였기 때문이다.

버블 경제의 붕괴

1990년대 초두, 경제 면에서는 버블의 붕괴라는 충격이 일본 열도를 엄습했다. 1980년대 후반부터 땅값과 주가가 폭등함에 따라 일본은 투기 붐에 빠져들었다. 그러나 1990년대에 접어들자 주가가 계속 떨어지기 시작해, 1990년 1월에 3만 8,000엔 대였던 닛케이(日經) 평균 주가가 동년 10월에는 2만 엔 미만이 되었다. 또한 땅값도 하락을 거듭해, 토지를 담보로 했던 거액의 융자가 부실채권이 되고 말았다.

미야자와 정권은 1992년 8월에 10조 7,000억 엔 규모의 경기대책을 수립했지만, 부실채권 문제에 대한 위기감은 아직 희박한 상태였다. 땅값 하락이 바닥을 친 뒤 다시 상승 기미를 보이면, 부실채권은 해결될 것이라는 낙관적 전망으로 문제 해결은 뒤로 미뤄지고 있었다. 거액의 재정 지출에도 불구하고 경기 상승의 기미가 보이지 않자, 경제학자 및 전문가들 사이에서는 불황의 원인을 둘러싼 논쟁이 끊이지 않았다. 경기대책과 부실채권 처리는 차기 정권에게도 무거운 짐이 되었다.

사가와큐빈 사건과 다케시타파의 분열

1992년도 정계 최대의 사건은 다케시타파의 분열과 종언이었다. 이는 1993년 자민당 일당 지배의 종언, 그리고 비자민 정권의 성립 등 대규모 정계 재편으로 이어졌다.

다케시타파에 직격탄이 된 것은 도쿄지검 특별수사부가 적발한 도쿄 사가와큐빈(佐川急便) 사건이었다. 이는 사상 최대의 특별 배임 사건이었으며, 두 차례에 걸쳐 문제가 되었다. 첫 번째로, 9월 22일 사가와큐빈의 전 사장 와타나베 히로야스의 첫 공판에서 다케시타파와 폭력단체 간의 관계가 드러났다. 1987년 자민당 총재 선거에서 다케시타가 총재가 되었을 때, 우익단체들은 이른바 '호메고로시'◉라고 불리던 수법으로 다케시타를 공격했었다. 이에 대해 가네마루 신(당 부총재, 다케시타파 회장)이 광역 폭력 조직인 이나가와회(稲川會) 전 회장 이시이 스스무에게 중지 공작을 의뢰했던 사실이 폭로된 것이다.

호메고로시 ほめ殺し

중상모략 선전운동의 일종으로, 이를테면 과거의 업적 등을 과대하게 칭찬하는 듯하다가 일거에 그 정반대의 행적 등을 거론함으로써 상대편을 보다 효과적으로 중상하는 방식.

두 번째로, 가네마루가 이나가와회로부터 5억 엔의 비자금을 수뢰한 사실이 8월 22일자 『아사히신문』에 보도되었다. 가네마루는 5일 후에 이 사실을 인정하고 당 부총재직을 물러났다. 하지만 문제는 여기서 멈추지 않았다. 9월 25일 가네마루가 〈정치자금규정법〉 위반으로 약식 기소되어 고작 20만 엔의 벌금으로 처리되었다는 사실이 보도되자 여론이 들끓기 시작했다. 이 소동으로 정치 활동의 재개를 기다리던 가네마루는 10월 14일에 의원직을 사퇴하기에 이르렀다.

사가와큐빈 사건과 가네마루 회장의 후임 문제를 둘러싸고, 다케시타파는 내분에 휩싸이기 시작했다. 파벌 내의 파벌이 준동하는 가운데, 12월 18일 하

〈그림 4〉 자민당의 파벌 계보

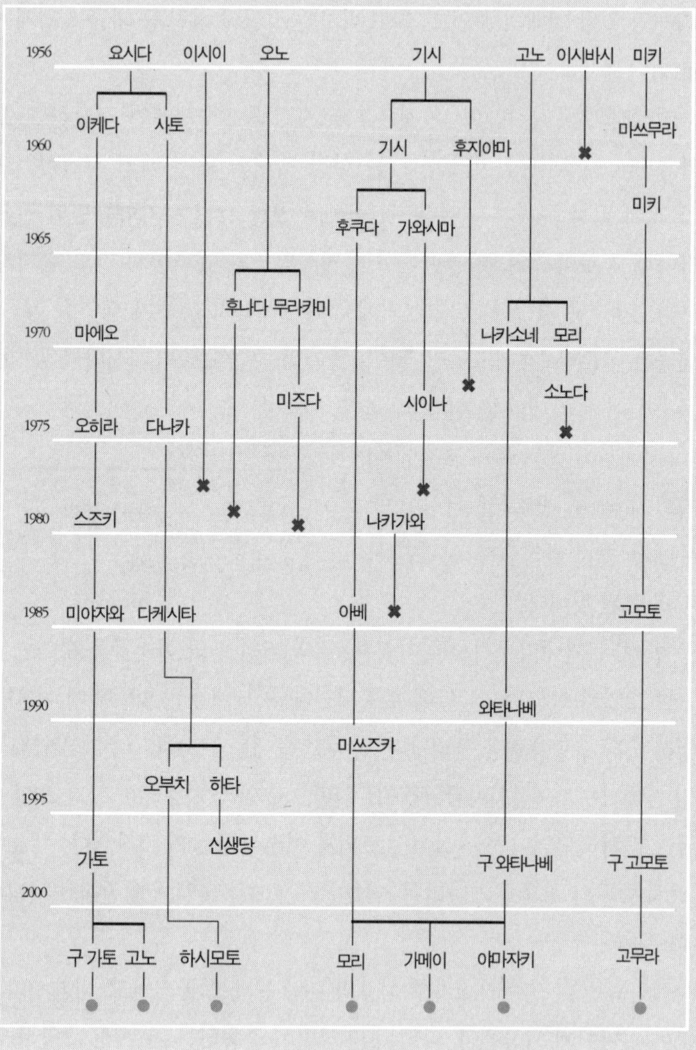

타파(오자와 이치로, 하타 쓰토무, 와타나베 고조, 오쿠다 게이와를 비롯한 중의원 35명, 참의원 9명)와 오부치파(오부치 게이조, 하시모토 류타로, 가지야마 세이로쿠를 비롯한 중의원 32명, 참의원 34명)로 분열되었다.

이전까지 다케시타파는 다케시타 내각 이후에 탄생한 우노, 가이후, 미야자와 등 3명의 수상을 사실상 자파의 힘으로 선출하는 등 영향력을 발휘했고, 인사 및 정책 운영에서도 주도권을 쥐어 왔다. 그 때문에 내각, 당의 각종 결정은 각 책임자 및 관련 조직의 생각 외에도 다케시타파의 의향을 고려하지 않으면 안 되는 '이중권력 구조'가 일본 정치에 정착되었다. 1978년에 시작된 '다나카 지배'의 맥을 이어 14년간 지속되어 온 다케시타파의 주도권이 분열로 인해 종결된 것이다. 그러나 그 구성원들은 이후에도 정계에 격동이 있을 때마다 계속 주요한 역할을 담당한다.

가네마루의 체포와 '개혁'

'정치개혁'은 가이후 내각에게 독약이 된 바 있지만, 미야자와 내각 나아가 자민당 정권 전체에도 마찬가지였다. 1993년 3월 6일 가네마루가 18억 5,000만 엔의 소득을 은폐해 거액의 탈세 혐의로 체포되었다. 그에 대한 수사 과정에서 중앙부터 지방의 정계에 이르기까지 거대 건설 회사인 '제네콘'(General Contractor라는 종합건설회사의 줄임말)의 지하정치자금이 흘러든 사건이 줄줄이 폭로되었다. 이로 인해 정치개혁론은 다시금 고양기를 맞이했다.

4월에는 자민당이 단순 소선거구제의 도입을 기본 축으로 하는 정치개혁 법안을, 사회, 공명 양당은 독일형의 소선거구 비례대표 병용안을 축으로 하는 법안을 각각 국회에 제출했다. 그러나 가지야마 세이로쿠 간사장(오부치파) 등 자민당 집행부 사이에는 법안의 조기 타결에 소극적인 분위기가 우세했다. 그러던 중 5월의 연휴가 끝나자마자 하타파가, '개혁'이 실현되지 않을 경우 미야자와에게 책임을 추궁할 것이라는 방침을 밝혔다. 또한 TV 캐스터 다하라 소이치로는 미야자와와의 인터뷰 프로그램에서, 같은 해 정기국회 회기 중에 "개혁을 반드시 이루어내겠다"는 언질을 얻어냈다.

하지만 가지야마가 6월 14일 "개혁은 차기 참의원 선거 이후로"라고 발언해, 선거제도의 개정을 뒤로 미룰 것이라는 의향을 표명했다. 이는 야당과 자민당 내 '개혁 추진파'의 거센 반발을 불러와 내각불신임안이 상정되기에 이르렀다. 18일 내각불신임안이 가결될 당시, 자민당에서는 하타파 34명을 중심으로 총 38명이 찬성했고, 그 외 16명이 의도적으로 불참했다.

신당에 대한 기대

이에 대해 미야자와는 중의원 해산으로 맞섰다. 하지만 그 즈음 하타파가 36명의 의원을 이끌고 '신생당'을 창당했고, 다케무라 마사요시 등 10명은 '신당 사키가케'를 결성했다. 따라서 해산 당시 자민당 의석수는 이미 222석으로 줄어든 상태였다. 이 상태에서 과반수를 회복하고 유지하는 것은 사실상 불가능하다는 점이 투표 전부터 이미 기정사실화되어 있었다.

7월 18일 총선거의 결과는, 자민당계가 해산 당시의 의석수를 약간 상회하는 223명을 당선시켜 그나마 선전하는 모습을 보였지만, 과반수에는 턱없이 모자란 것이었다. 수많은 스캔들에도 불구하고 유권자들이 자민당을 완전히 저버리지는 않았다고 할 수 있지만, 동시에 '신'(新)이라는 글자가 붙은 정당들에게도 기대를 표명했다.

중의원 선거에서 처음으로 후보를 내세운 호소카와의 일본신당이 39석을 획득했고, 신생당은 20석이 늘어난 55석, 신당 사키가케는 3석이 늘어난 13석으로, 모두 분명한 확대 추세를 보였다. 그 외에도 공명당이 6석을 늘려 52석이 되었고, 민사당도 6석이 늘어나 19석이 되었다.

오직 사회당만이 이전의 137석에서 77석이 되어, 거의 반수에 해당하는 60석이 줄었다(그 외 공산당은 1석을 잃었고, 사민련은 제자리걸음을 보였다). 사회당의 '단독 패배'였다.

26 보수 정치의 확대

'비자민' 정권의 탄생

총선거 후, '비자민' 정권 창출의 깃발 아래, 7개의 정당(그 외 참의원의 회파인 '민주개혁연합'이 가세했다)이 연합해, 제5당인 일본신당의 당수 호소카와를 수상으로 하는 내각을 탄생시켰다.

오랜 기간 자민당 정권의 핵심을 이루어 온 다나카–다케시타–가네마루 계열에 있던 인물들이 결성한 신생당과, 단 한 번도 여당의 경험이 없던 사회, 공명, 민사, 사민련이 연합을 하리라고는 많은 사람들이 예상하지 못했다. 그러나 이들 5개 정당의 당수들은 선거 전인 6월 24일에 회합을 갖고 '비자민, 비공산 연립 정권의 수립을 목표'로 하는 것에 합의했다. 오히려 난관은 일본신당이었다. 호소카와는 선거 중에 신생당을 지명하며 "지금까지 자민당의 중추에 있다가 권력 싸움으로 그 자민당에서 뛰쳐나온 사람들, 그들은 '개혁파'임을 자칭하고 있지만, 그 진위가 의심스러운 사람들"이라고 비판한 바 있었다. 그러나 일본신당은 다케무라가 이끌고 있던 신당 사키가케와 더불어 캐스팅 보트를 쥐고 있었다. 자민당이 223석이었고 '비자민' 5당이 208석이었다. 여기에 일본신당과 사키가케의 52석이 더해지면 과반수를 넘길 수 있는 구도였다.

일본신당이 결국 '비자민' 측의 손을 들어 준 본질적인 이유는, 자민당에 협력해 그들의 "수명을 연장해 주는 데 일조했다"는 평가를 받고 싶지 않았기 때문일 것이다. 그러나 이를 결정적으로 가능하게 한 것은 일본신당이 캐스팅 보트를 쥐고 있다는 사실을 정확히 직시하고, 선거가 끝나자마자 그들에게 접근해 자신을 비방했던 호소카와에게 '총리의 자리'를 제공하는 등의 '화끈한' 수완을 보였던 신생당 오자와 이치로의 정치력이었다.

여하튼 이로써 38년간 지속되어 온 자민당 정권의 시대는 허망하게 막을 내렸다. 자민당은 1955년에 요시다 시게루 계열의 자유당과 하토야마 이치로 계열의 민주당이 합당한 이래 처음으로 야당이 된 것이다.

호소카와의 인기와 소선거구제

호소카와 내각은 1993년 8월 6일 성립되었다. 중의원 의장에도 여성으로서는 최초로 도이 다카코가 취임해 시대의 변화를 보여주었다. 발족 직후 내각의 지지율은, 『마이니치신문』 보도가 75%, 『산케이신문』이 83% 등 전례 없는 수치를 기록해, 국민들의 높은 기대감을 실감케 했다.

호소카와는 봉건시대 구마모토 지역의 번주(藩主)였던 호소카와 집안의 직계 자손으로, 모친의 조부가 패전 직후 A급 전범으로 체포 직전에 자살했던 전 수상 고노에 후미마로 공작이기도 하다. 이러한 혈통과 더불어 전후 수상 중 최연소였던 다나카(54세)에 뒤이은 55세라는 젊은 이미지, 신선한 풍모와 말투, 기자 회견 시 손에 쥐고 있던 볼펜으로 질문자를 지명하는 등의 '퍼포먼스'가 인기를 더욱 상승시켰다. 또한 8월 10일의 기자회견에서, 수상으로서는 처음으로 태평양전쟁은 '침략전쟁, 잘못된 전쟁'이었다고 분명히 말한 점도, 일반인들은 물론 아시아 국가들에게도 신선하고 명쾌한 인상을 심어 주었다.

연합정권인 호소카와 내각의 슬로건은 정치개혁, 구체적으로는 선거제도를 병립제로 바꾸는 것이었다. 호소카와는 1993년도 내에 이를 실현시키지 못할 경우 책임을 지겠다고 밝혔다. 대중매체의 보도 또한 '개혁' 의 내용, 특히 현대 민주제도의 관점에서 보면 오히려 많은 문제점을 가지고 있었던 소선구제의 도입에 대해, 그것의 시비를 따지기보다는 일단 제도를 바꾸는 것이 중요하다는 분위기와 논조로 내각의 방침에 지지를 보였다. 그 때까지 병립제를 반대하고 있었던 구(舊)야당, 특히 사회당 집행부 중에는 자신들의 방침이 전환된 것에 대해 "비자민 정권을 만들기 위해 독약을 마셨다" 고 표현하는 사람도 있었다.

하지만 중·참 양원의 심의는 난항을 보였고, 결국 해를 넘기고 말았다. 여당이 된 사회당 내에서도 소수이기는 했지만 강경한 반대파가 존재했다. 1994년 1월 21일 참의원 최종 본회의에서 야당은 물론 사회당 내의 반대표가 속출해 부결되고 말았다. 이 직후 호소카와와 자민당 총재 고노 요헤이(총선거 후인 7월 22일에 미야자와는 퇴진을 표명했고, 30일 양원 의원 총회에서 고노가 와타나베 미치오를 누르고 총재가 되었다)는 법안을 수정하여 통과시키자는 데 합의했다. 결국 1월 29일 '정치개혁 4법' 안은 이후의 수정을 전제로 하되, 실시 기일은 명기하지 않는다는 변칙적인 형태로 중·참 양원을 통과했다.

4법의 정식 수정 통과는 1994년 3월 4일에 이루어졌다. 수정 내용은 소선거구 선출 300인과 전국의 11개 블록 비례구 선출 200인의 병립제를 도입한다는 〈공직선거법〉 개정과, 국가가 정당에 연간 약 300억 엔의 자금을 지출한다는 〈정당조성법〉 등이었다. 이로써 선거제도는 제8차 선거제도 심의회의 제안대로 결정되었다.

쌀 개방과 국민복지세

이에 앞서, 연립 여당은 1993년 12월 14일 GATT 우루과이 라운드 농업 협상에서 외국 쌀에 대해 국내 시장을 부분적으로 개방할 것—특별조치에 의해 관세화는 6년간 유예되지만, 국내 소비량의 4~8%를 최저선으로 해 단계적으로 수입한다는 것—에 합의했다. 쌀의 국내 시장 개방은 몇 년 전부터 피할 수 없는 것이라고 예상되었지만, 공산당을 포함한 각 정당이 '절대 반대'를 공약으로 내걸었기 때문에 가장 풀기 힘든 정책 과제였다. 이 과제와 선거제도 개혁을 완수함으로써, 호소카와 내각은 자민당 정권 시절부터 내려온 큰 현안 두 가지를 처리한 셈이 되었다.

그러나 호소카와는 1994년 2월 3일 새벽에 돌연 기자회견을 갖고, 소비세를 폐지하는 대신 세율 7%의 '국민복지세'를 신설하겠다고 발표했다. 이는 사실상 소비세율을 3%에서 일거에 배로 인상하겠다는 의미로, 연립 여당 내 사회당과 사키가케의 맹렬한 반대를 불러일으켰고, 결국 다음날 철회하게 된다. 이 사건은 호소카와의 정치적 미숙함과 더불어, 그 배후에 있던 대장성이나 신생당 대표 오자와의 실력을 반증해 주는 것이기도 했다.

이러한 일련의 사건에도 불구하고 호소카와의 인기는 크게 떨어지지 않았다. 그의 장기 집권이 예견되기도 하는 상황에서, 호소카와가 4월 8일 갑자기 사임을 표명했다. 사가와큐빈으로부터 1억 엔을 빌린 사실, 그 사용처 등에 대한 야당의 집중적인 추궁에 대해 더 이상 변명의 여지가 없어졌고 이와 함께 또 다른 금전 의혹이 돌출되었기 때문이다. 재임 8개월 만의 일이었다.

하타 내각

'비자민' 연합은 4월 25일 신생당의 하타를 후임 수상으로 결정했지만, 그 과정에서 신당 사키가케가 연립에서 이탈해 각외협력으로 전환했다. 게다가 하타를 수상으로 선출한 직후 신생당, 일본신당, 민사당이 모여, 사회당에 통보도 없이 중의원 내 여당의 통일 회파 조직인 '개신'(改新)을 결성했다. 이에 반발한 사회당도 연립정권에서 이탈했다. 이처럼 사회당과 사키가케가 '비자민'에서 이탈한 배경에는, 호소카와 정권의 주도권을 장악하고 있던 신생당 대표 간사 오자와 이치로와 공명당 서기장 이치카와 유이치—이른바 '이치-이치라인'—의 독선적 정국 운영에 대한 반발 분위기가 있었다. 이는 2개월 후 자민, 사회, 사키가케 연립정권이 탄생하게 되는 또 다른 배경 중 하나이기도 했다.

소수 여당 정권이 된 하타 내각은 6월 25일 1994년도 예산 통과 직후에 총사직을 표명하고 말았다. 사회당과의 연립 복귀 교섭이 진전을 보지 못함에 따라, 내각불신임안의 가결이 현실화되고 있었기 때문이다. 정식으로 사임한 29일까지 재임 기간은 불과 65일로, 우노 내각의 68일보다 짧았다(전후 가장 단명한 내각은 53일의 히가시쿠니 내각이었고, 그 다음이 64일의 이시바시 내각으로 하타 내각은 세 번째였다).

무라야마 연립정권

6월 29일 성립한 후속 정권은 자민, 사회, 사키가케 3당의 연립이라는 의외의 형태였고, 게다가 사회당 위원장 무라야마 도미이치를 수상으로 하는 내각이었다. 사회당 내에서는 '개신'에 들어가 구(舊)연립 정권에 복귀하자는 움직임이 없지 않았지만, 자당의 위원장을 수상으로 하자는 제안에는 이길 재간이 없었다. 게다가 개신 및 공명당 측이 가이후를 자민당에서 탈당시켜 옹립하고 있었고, 여기에 나카소네, 와타나베 등이 동조하고 있었다는 점도 사회당으로 하여금 '자사사'(自社さ, 자민당 · 사회당 · 사키가케-역자 주) 정권으로의 행보를 촉진시켰다.

무라야마 내각은, 캐스팅 보트를 쥐고 있는 세력에게 수상 자리를 주고 이를 통해 정권을 획득하는 식의, 호소카와 내각 만들기와 동일한 정치 역학이 재등장한 것으로 간주되었다. 무라야마 내각이 성립될 당시 의석수를 보면, 자민당과 사키가케가 총 227석, 개신과 공명당 그룹이 183석, 제3의 세력이었던 사회당이 74석이었다. 이전에 캐스팅 보트를 쥐고 있던 일본신당은 신생, 민사, 자유당(당수 가키자와 고지. 그는 하타 내각 성립 시에 자민당의 와타나베파로부터 독립해 연립에 가세함으로써 외무상이 된 바 있다. 자유당은 총 5석이었다) 등과 더불어 '개신'으로 들어가 버린 상태였다. 따라서 사회당이 일본신당을 대신해 캐스팅 보트를 쥐게 된 것이다. 사키가케의 대표 다케무라와 자민당 총재 고노 등이 이 점을 포착해 사회당에게 '총리 자리'를 안겨 주었던 것이다. 오랫동안 정권을 쥐고 있었던 자민당이 다시 권력 탈환의 집념을 보인 것이다.

사회당 당수가 수상이 된 것은 과거 가타야마 내각이 1948년 2월 10일 퇴진한 이래 46년 4개월 만의 일이었다. 가타야마 내각을 탄생시킨 1947년 총선거에서는 사회당이 제1당이 되어 있었다. 그러나 이와는 달리 무라야마 내각은 1993년 총선거에서 '단독 패배'했던 사회당 정권이었다. 수상은 사회당 위원장이었지만, 각료는 자민당 13명, 사회당 5명, 사키가케 2명으로 분배되었다. 고노가 부총리 겸 외무상을, 다케무라가 대장상, 자민당 오부치파의 하시모토 류타로가 통산상이 되었다.

사회당의 정책 전환

무라야마는 7월 18일 임시국회에서의 소신 표명과 뒤이어 진행된 질의응답 과정에서 일미안보체제의 견지, 자위대의 합헌, 히노마루·기미가요◉의 용인 등, 과거 사회당의 주장과는 크게 다른 견해를 표명했다. 사회당은 1980년대 중반경부터 서서히 노선의 '현

히노마루·기미가요
일본의 국기·국가.

실화'를 추진해 왔었다. 사회당이 오자와 등의 신생당과 더불어 호소카와 내각 당시 여당에 참여했던 것 자체가 이미 보수당과의 정책적인 차이가 거의 없어졌음을 의미하는 것이었다. 당시 무라야마의 정책 전환은 수상이 된 이상 어쩔 수 없다는 식으로, 끝까지 신중했어야 할 마지막 과제들을 너무나 손쉽게 해결해 버리려 했던 것이었다. 이는 냉전의 종언, 소련 및 동구 사회주의 국가의 붕괴 등 '시대의 전환'을 반영하는 것이기도 했다.

하지만 사회당은 이와 같이 정책을 180도 전환시킴에 따라, '정책의 놋페라보 현상'◉을 극명하게 노정하게 되었다. 예외는 공산당뿐이었다. 그 결과 전후정치를 주도해 온 '보수'는 일본 정치 전체를 광범위하게 포괄함은 물론, 보다 강하게 재생산되어 가는 듯이 보였다. 바꿔 말하면 보수 정치의 대척점에 있던 '혁신'이 애초에 갖고 있던 의미를 거의 상실함에 따라 '보수'에 대한 대립 개념이 사라졌고, 이 때문에 '보수'라는 개념조차 애매해지기 시작한 것이다.

놋페라보 のっぺらぼう

일본 전설에 나오는 요괴로 얼굴에 눈, 코, 입이 없다. 즉 단조롭고 변화가 없이 무난하기만 것을 비유한 표현.

1994년 12월 10일 신생당, 일본신당, 민사당, 공명신당(공명당에서 일부 참의원 의원과 지자체 의원이 제외된 상태에서 결성), 그리고 그 외 자민당 탈당 그룹 및 무소속의 중의원 의원 178명과 참의원 의원 36명이 합동해 신진당(新進黨)을 결성했다. 중·참의원 295명의 자민당에 뒤이은 거대 정당이 출현한 것이다. 당수로는 가이후 도시키가 소속 의원 투표를 통해 선출되었다. 그는 무라야마 정권 탄생 당시에도 자민당을 탈당해 신생당과 공명당 등의 수상 후보로 옹립된 바 있었다. 간사장으로는 오자와 이치로가 당선되었다.

이념이 아닌 정책의 미세한 차이로 정당의 분화가 이루어지는 속에서, 전후 50년을 맞이한 일본 정치는 격동의 세기말로 접어들고 있었다.

제4부 전환기에 선 일본 정치

1996

- 하시모토 내각 1월 11일
- 민주당 결성 9월 28일
- 새로운 선거제도하에서의 총선거(소선거구 비례대표제) 10월 20일

1998

- 오부치 내각 7월 30일

1999

- 자민-자유-공명 연립정권의 성립 10월

2000

- 자유당, 연립정권에서 이탈 4월 1일
- 모리 내각 4월 5일

2001

- 자민당 총재 선거, 고이즈미 붐 4월
- 고이즈미 내각(자민-공명 연립정권) 4월 26일

2006

27 전후 50년

한신 대지진과 지하철 사린 사건

자민, 사회, 신당 사키가케 3당에 의한 연립정권 시기는, 일단 야당으로 전락해 궁지에 몰려 있었던 자민당으로서는 재활의 기간이기도 했다. 전후 반세기의 역사적 전기를 맞이한 무라야마 연립정권은 전후 50주년 담화를 통해 일본의 전쟁 책임을 인정한다고 공표했으며, 종군위안부에 대한 위로금 지급, 인정받지 못한 미나마타병 환자의 구제 등, 과거의 정권들이 남겨 놓은 유산을 청산하는 작업에도 성실하게 임했다. 재활을 도모하고 있던 자민당도 사회당의 체면을 세워주는 차원에서 이들 문제를 처리하는 데 협조했다. 자민당이 역사관을 바꾼 것은 아니었지만, 무라야마 수상이 전쟁에 관한 공식 견해를 분명히 함에 따라, 이후 일본과 아시아 국가들 간에 역사 인식을 둘러싼 분규가 발생했을 경우, 이 '50주년 담화'가 분규의 확산을 막아주는 역할을 하게 된다.

전후 50년째가 되는 1995년에는, 1월 17일의 한신·아와지(阪神·淡路) 대지진, 3월 20일의 옴 진리교 지하철 사린 사건◉ 등, 대사건들이 연이어 발생했다. 7월의 참의원 선거에서는

옴 진리교 지하철 사린 사건

1995년 3월 옴 진리교 신도들이 도쿄 지하철 전동차 안에 맹독가스인 사린을 살포하여 12명이 사망하고 5,000여 명이 부상한 사건.

투표율이 44.5%로 사상 최저를 기록했고, 비례대표구에서는 신진당이 제1당이 된 반면, 사회당은 참패했다. 연립 3당은 과반수를 유지하기는 했지만, 무라야마 수상은 점차 정권 유지 의욕을 상실해 1996년 1월 5일 결국 퇴진을 표명했다. 그리고 1995년에 고노 요헤이를 대신해 자민당 총재로 취임했던 하시모토 류타로가 동일한 연립 기반 위에서 수상이 되었다.

하시모토 정권과 금융 불안

하시모토 정권에게 닥친 최초의 시련은 주택금융전문회사(주전)의 처리였다. 버블기에 땅 투기 자금을 공급하고 있던 주전들이 땅값의 하락으로 경영이 파탄남에 따라 그 손실을 어떻게 부담할 것인가가 커다란 정치 문제가 된 것이다. 주전 창립의 모체이자 자금의 출처였던 농협 계열의 금융기관들이 일정 정도 부담을 지고 있었지만, 정부는 그 이상의 금융기관이 파산하는 것을 막기 위해 공적 자금을 투여하지 않으면 안 된다고 판단했다. 이에 따라 1996년도 예산에서는 주전 처리를 위해 6,850억 엔이 계상되었다. 하지만 여론은 투기의 손실을 세금으로 메우는 것에 반발했고, 야당인 신진당은 국회에서 피켓 시위를 하면서 예산심의에 저항했다. 하지만 당시에는 부실채권 문제의 실체에 대한 정보가 전면적으로 공개되지 않았기 때문에 충분한 논의가 이루어지지 못했다. 이는 1990년대 말 금융위기의 원인 가운데 하나로 작용하게 된다. 주전 문제는 부실채권 처리라는 난제의 서장에 불과했다.

치료약 오용으로 인한 에이즈 감염 사건 (약해 에이즈 사건)

금융 불안과 더불어 관료의 실패작으로 주목을 끌었던 것이 '약해(藥害) 에이즈' 사건이었다. 외국의 경우 에이즈 바이러스가 난입하는 것을 막기 위해, 비가열 혈액제제를 혈우병 치료약으로 사용하는 것이 금지되어 있었다. 그럼에도 불구하고 일본에서는 비가열 혈액제가 지속적으로 투여되고 있었고, 이 때문에 혈우병 환자 가운데 다수의 에이즈 환자가 발생한 사건이 있었다. 피해자는 국가에 책임을 물어 손해배상을 청구하는 재판을 걸었지만, 후생성은 그 책임을 인정하려 하지 않았다. 하시모토 정권에서 후생상으로 임명된 간 나오토는 장관으로서의 지휘감독권을 발휘해 진상 규명에 나섰고, 국가의 책임을 인정해 피해자들에게 사죄했다. 이를 계기로 간 나오토는 일약 지도자로서의 이미지를 구축하게 되었다.

새로운 제도하의 총선거

하시모토 수상은 1996년 9월에 중의원을 해산했다. 뒤이어 10월에 소선거구 비례대표 병립제하에서 최초의 총선거가 이루어졌다. 1월에 사회민주당으로 당명을 변경한 구(舊)사회당은 해산 직전까지 리버럴 세력을 결집한 신당 결성을 모색하고 있었지만, 사키가케와의 합류가 불발로 끝남에 따라 일단 좌절했다. 9월 사회당 및 사키가케의 일부 의원이 민주당을 결성해, 간 나오토와 하토야마 유키오가 공동대표로 취임했다. 총선거에서는 자민과 신진이라는 양대 정당에, 민주, 사민, 공산, 사키가케 등의 정당이 각축을 벌이는 양상이 전개되었다. 소선거구제의 경우 다수의 정당이 난립하게 되면 필연적으로 거대 정당이 유리하게 된다. 자민당은 총선거에서 단독 과반수에는 미치지 못했지만, 239석을 획득해 제1당의 자리를 되찾았다. 신진당은 1995년 참의원 선거에서 비례대표로 제1당이 된 바 있지만, 그 여세를 유지하지 못한 채 156석에 머물고 말았다. 민주당도 붐을 일으키지 못한 채, 해산 전의 의석인 52석을 그대로 유지하는 데 그쳤다.

선거 후에도 3당 연립의 틀은 유지되었지만, 그 내실은 선거 이전과는 전혀 다르게 변해 있었다. 사회당과 사키가케는 양자 간의 분열로 인해 의석을 크게 잃고 각외 협력으로 연명하는 처지가 되었다. 자민당은 과반수를 확보하기 위해 이 두 정당의 협력을 필요로 했지만, 연립여당의 역관계는 압도적으로 자민당 우위로 변질돼 있었다. 1993년의 호소카와 정권 이래 오랜만에 자민당 주도의 정권이 부활한 것이다. 하시모토 수상은 자민당 최대 파벌의 지도자였기 때문에, 단독정권에 대한 기대가 높아져 갔다.

세금 인상을 내건 선거전

이 선거에서는 이전에는 볼 수 없었던 현상이 나타났다. 여당이 세금 인상을 내걸고 선거전에 임한 것이다. 무라야마 정권 시기에 연립 3당은 이미 소득세 감세분의 재원을 확보하기 위해 소비세를 3%에서 5%로 인상하기로 합의한 바 있었다. 자민당은 선거전에서 이 세제개혁을 유지하도록 지지해 줄 것을 호소했고, 실제로 승리를 거두었다. 1989년의 참의원 선거 당시와 비교해 보면, 세제에 대한 국민들의 생각이 변화하고 있음을 보여주는 사례였다. 또한 소비세 인상을 국민들에게 납득시키기 위해 자민당은 행정개혁을 주요 쟁점으로 삼았다. 그리고 제2차 하시모토 정권은 발본적인 행정개혁 중심의 개혁 노선을 내세우며 출범했다.

신진당의 좌절

양당제의 확립과 정권 교체를 추구하고 있던 신진당은 첫 선거에서 좌절했다. 신진당은 과거 공명, 사회, 신생, 자민당의 일부 인사가 모여 결성한 정당이었기 때문에, 애초부터 이합집산체에 불과하다는 평가를 받아 왔다. 실제로 정권 교체의 가능성이 희박해지자 신진당은 일거에 구심력을 상실했다. 이 당에는 원래 사상이나 정책에 있어 자민당과 별다른 차이가 없는 정치인들이 다수 존재해 있었다. 그런데 1996년 총선거에서는, 소선거구에서 신진당의 이름으로 의석을 획득한 정치가 중에 정권 교체를 포기하고 차기 선거를 고려해 자민당으로 옷을 갈아입는 자들이 속출했다. 또한 당 내부에는 구당파 간의 주도권 쟁탈전이 이어지고 있었다. 신진당은 결성 후 불과 3년만인 1997년 말에 분열해, 애초의 당파를 단위로 하는 소규모 정당들로 나뉘어졌다. 신진당의 실패는 소선구제하에서의 정당체제 재편이 얼마나 어려운지를 증명해주는 사례였다.

정치개혁은 곧장 정책 본위의 선거로 이어지지는 않았다. 중앙집권적인 행 재정 시스템에 소선거구제가 결부될 경우, 국회의원들은 지역구와 중앙을 연결하는 유일한 통로가 된다. 지방은 정책 실행에 따른 이익 배분에 의존하는 경향이 있다. 따라서 의원들이 지방으로 가면 갈수록, 고도의 정책을 설파하기보다는 우선 지역구의 구체적인 이익을 전달해야 하는 처지에 있게 된다. 이 경우 의원들은 여당으로 들어가지 않는 한, 그러한 역할은 제대로 수행할 수가 없게 된다. 대도시권을 제외하면, 일본에서는 아직 야당 정치가들을 뒷받침해 줄 기반이 형성되어 있지 않았기 때문이다.

신진당의 입장에서는 공명당의 지지기반인 창가학회가 그런 기반이 되었어야 했다. 하지만 자민당이 옴 진리교 테러 사건을 기화로, 〈종교법인법〉 개정 등을 내걸며 창가학회를 압박하고 있었다. 구(舊)공명당 그룹이 신진당을 전면적으로 지원하지 않은 것도 신진당 해체를 촉진하는 원인이 되었다.

새로운 민주당

자민당에 대항하기 위해서는 주의 주장을 달리하는 정치가들을 결집해야 했지만, 설령 다양한 색깔의 정치가들이 '비자민' 이라는 공통의 목표하에 결집해 당을 결성한다 해도, 그 당은 정책이 달라 혼란에 빠지게 된다는 역설이 야당을 지속적으로 괴롭히게 된다. 자민당도 복수의 파벌이 공존한다는 점에서 공통점이 있기는 했지만, 권력이라는 접착제가 당을 유지시켜 주었다. 이 사실은 1990년대 정계 개편 과정에서 보다 선명하게 드러났다.

1998년 여름의 참의원 선거를 앞두고, 야당 세력을 재결집하려는 움직임이 다시 가동되었다. 신진당에서 분열해 나온 세력 중에, 자유당(오자와 중심의 그룹)과 공명당은 독자적인 노선을 걸었다. 다른 보수 중도계의 그룹들은 민주당과의 연계를 선택해, 1998년 4월에 새로운 민주당이 결성되었다. 후생상 재임 당시 약해 에이즈 사건을 해결하면서 여론의 찬사를 받은 바 있던 간 나오토가 구민주당의 대표자리에 그대로 유임되었다.

28 좌절하는 '개혁'

행정개혁

하시모토 수상의 행정개혁 구상은 성(省)과 청(廳)의 수를 반으로 줄이는 것이 주된 내용이었다. 이를 실현하기 위해 하시모토는 1996년 11월에 개혁안을 심의하기 위한 행정개혁회의를 설치하고, 스스로 회장으로 취임했다. 이 회의에서는 1부(府) 12성청(省廳)으로 중앙의 성과 청을 재편하는 것 외에, 내각 기능의 강화, 독립행정법인제도의 도입 등을 주축으로 하는 행정개혁안이 마련되었다. 21세기를 새로운 체제로 맞이한다는 수상의 공약이 개혁의 속도를 규정했고, 이것이 이러한 대규모 조직 개편을 가능하게 했다.

정치인인 하시모토가 행정개혁에 대해 의욕을 갖게 된 것은, 1990년대에 여당에서 야당으로 전락했던 경험을 통해 지금까지 관료에 너무 의존해왔다는 사실을 깨닫게 되면서부터이다. 이후 정치 주도라는 슬로건이 개혁의 중심적 이념이 된다. 내각 기능의 강화—수상의 리더십을 명확히 하고 관방◉에 참모진을 설치하는 등—는 관료의 수직적 행정을 정치의 힘으

관방 官房

수상을 보좌하는 핵심관청으로, 내각뿐만 아니라 각 부 및 성 등에도 설치되어, 비밀, 인사, 문서, 통계 등의 사무를 취급한다. '관방' 이라는 표현은 독일 절대왕정시대에 군주를 측근에서 보좌하던 중신들의 집무실에서 유래한 것.

로 극복하려는 시도였다.

또한 재정투융자로 운영되는 특수법인 사업에 메스가 가해진 것도 개혁의 성과 중 하나였다. 특수법인은 (주로 퇴임) 관료들이 낙하산 인사로 자리를 차지하는 곳이 되어 있었다. 그리고 사업 내용이 사실상 실패한 것이라 할지라도, 그 실태는 은폐되는 것이 관례였기 때문에 누구도 책임을 지지 않았다. 이에 대한 여론의 격렬한 비판을 등에 업고, 드디어 특수법인 개혁을 착수하기 시작한 것이다.

6대 개혁

21세기에 대응할 새로운 국가의 건설이라는 하시모토의 야심찬 계획은 개혁의 테마를 더욱 확대시켰다. 행정개혁을 포함해 재정개혁, 금융, 지방분권, 사회보장, 교육 등 총 6대 개혁의 추진을 공약했다. 이 중 지방분권개혁의 경우, 연구자는 물론 자치체 수장들 스스로 주도적으로 활동하고 있던 지방분권추진위원회가 중앙의 성청 관료와 직접적인 교섭에 나섰고, 그 결과 기관위임사무제도◉의 폐지를 축으로 하는 지방분권의 골격이 세워지는 성과가 있었다. 또한 1997년 11월에는 〈재정구조개혁법〉이 통과되었다. 이 법은 2003년까지 적자 국채를 더 이상 발행하지 않는 것을 목표를 내걸고 있었다. 나아가 1997년 4월부터는 소비세가 5%로, 의료비의 자기 부담률이 20%로 각각 인상됨으로써, 국민 부담을 늘리는 형태로 재정 및 사회보장의 개혁이 시작되었다.

기관위임사무 機關委任事務

국가가 지방에 위임하고 있는 각종의 사무를 지칭한다. 주요 내용은 여권 발행, 병원 개설의 허가, 일급 하천의 관리 등이다. 이 기관위임사무를 폐지하고 지방 자치단체가 재량에 따라 처리하는 사무, 소위 '자치사무'(自治事務)로 바꾸는 것이 지방분권의 중심적인 과제로 지적되어 왔다.

신진당의 퇴조로 야당에 대한 지지가 줄어들고 있었기 때문에, 하시모토 정권에게 정치적 위협 요소는 존재하지 않았다. 그러나 재정 및 금융 분야에서 그가 추진하고 실현시켰던 개혁이 오히려 정권을 위험에 빠뜨리는 결과를 낳게 된다.

경제위기와 뒤늦은 대책

1997년 11월은 일본 경제에 충격을 던져준 위기의 한 달이었다. 3일에 산요(三洋)증권이 도산했고, 17일에는 홋카이도(北海道)척식은행이 파산했으며, 22일에는 야마이치(山一)증권이 자진폐업을 선언했다. 이들 모두 버블기의 무모한 투자 및 융자가 부실채권이 되어 파산에 이른 것이다. 시중 은행과 4대 증권 일각의 붕괴는 큰 충격이 아닐 수 없었다. 이후 경제위기를 타개하기 위해서는 적극적인 재정 지출이 필요하다는 목소리가 높아져 갔다.

그러나 하시모토는 1997년에 2조 엔 규모의 감세를 결정하는 등 긴급 대책을 실시하기는 했지만, 〈재정구조개혁법〉의 이념을 중시해 재정 출동에는 소극적이었다. 1998년도 예산에서는 원래 11년 만에 정책 경비가 전년도보다 삭감되어 있었다. 하시모토로서는 자신이 추진했던 개혁이 중도에서 좌절되는 것에 강한 거부감이 있었을 것이다. 하시모토는 정책통으로 알려져 있었고, 관료들로부터도 강한 신뢰를 얻고 있었다. 6대 개혁의 상당 부분이 대장성 관료들이 강하게 요구해 오던 재정의 건전화로 귀결되었던 것처럼, 하시모토 개혁의 성격은 관료가 제안한 시나리오에 근거한 측면이 강했다. 1997년 4월부터 진행된 소비세의 증세나 의료비의 인상 등이 경기를 후퇴시켰다는 사실이 당시에는 충분히 인식되지 않았다. 각 분야의 개혁이 전체적으로 경제에 어떠한 영향을 미치는가에 대해, 수상은 물론 그의 측근들도 종합적으로 파악할 만한 능력을 갖추고 있지 않았던 것이다.

자민당의 패배

경제 대책에 대한 하시모토 정권의 더딘 대응은, 1998년 7월의 참의원 선거에 크게 영향을 미쳤다. 하시모토 수상은 선거전이 한창이던 때에 항구감세◉의 실시에 대해 여러 차례 말을 번복하고 만다. 이것이 국민들의 불신을 초래했고, 이 때문에 자민당은 개선 의석 61석 중 44석밖에 획득하지 못하는 패배를 경험했다. 이는 예상과는 정반대의 결과였다. 이 참의원 선거부터 투표 시간의 연장, 부재자 투표의 간소화 등 투표율을 높이기 위한 제도 개선이 이루어졌고, 실제로 이는 투표율 상승에 기여했다. 그러나 이전 선거에서 기권했다가 이 선거에서 투표장으로 향했던 무당파 층의 표 대부분을 민주당이 흡수하여 민주당은 27석을 획득했다. 하시모토는 패배의 책임을 지고 퇴진했다. 경제위기가 진행되고 있음에도 불구하고 무정책으로 대응했던 것에 대해 국민들의 불신은 높아져 갔고, 이로써 하시모토의 개혁 노선은 좌절했다.

항구감세 恒久減稅

감세 실시 후 재차 증세를 실시하지 않는 것. 이와 대비되는 것으로 일정 기간 동안만 감세조치를 취하는 것을 특별감세(特別減稅)라고 함.

오부치 정권

1998년 7월, 하시모토가 퇴진한 후 자민당 총재 선거가 실시되었다. 하시모토파에서는 오부치 게이조가 그의 후계자로 입후보했고, 그 외 하시모토파에서 나온 가지야마 세이로쿠, 모리파 대표인 고이즈미 준이치로 등이 경쟁에 돌입했다. 결과적으로 오부치가 당선, 7월 30일 중의원에서 수상으로 지명되었다. 한편 참의원에서 이루어진 수상 지명 선거에서는 야당의 결속으로 간 나오토 민주당 대표가 지명되기도 했지만, 헌법 규정에 따라 결국 오부치가 수상에 취임했다.

오부치는 전임자인 하시모토에 비해 매우 평범한 성격이었고, 관방장관과 외무상을 역임한 것을 제외하면, 각료나 주요 당직자로 활동한 경험도 그다지 많지 않았다. 미국의 한 잡지가 그를 '식은 피자' 에 비유할 정도로, 취임 당시 그에 대한 여론의 기대는 크지 않았다. 실제 오부치 정권은 발족 직후부터 정책 면에서는 물론 국회 운영 면에서도 큰 난관에 봉착했다.

정책 면에서는 금융위기대책이 큰 과제였다. 금융기관의 부실채권 처리는 제대로 진전을 보지 못하고 있었고, 일본장기신용은행이나 일본채권신용은행의 경영불안설이 나돌고 있었다. 일본 최초의 금융공황이라는 말까지 튀어나왔다. 심각한 경영위기에 빠져 있거나, 파산한 금융기관의 처리방식을 고안해 내는 것이 긴급한 과제였다. 야당은 종래 대장성 주도의 재량행정(裁量行政)이 금융기관의 도덕적 해이와 관료와 업계 간의 유착을 초래했다고 비판하면서, 새로운 금융 재생 정책을 주장했다.

국회 운영의 경우에는, 참의원에서 자민당이 과반수에 미치지 못하는 상황이 발목을 붙잡았다. 1998년 10월 방위청 조달 부정 사건에 대한 책임을 추궁하기 위해, 야당은 누카가 후쿠시로 방위청 장관에 대한 문책 결의를 제출했다. 이것이 참의원에서 가결됨에 따라 누카가는 장관직에서 물러나지 않을 수 없었다. 또한 금융 관련 법안에 대해서도 자민당은 야당의 안을 그대로 수용함으로써 당면한 금융 불안을 어떻게 해서든 타결하려 했다.

'진공재상'

이처럼 불안정이 지속되던 오부치 정권은, 1998년 가을부터 국회 양원 모두에서 과반수를 확보하기 위한 방편으로 야당의 일부와 제휴를 모색하기에 이른다. 한편 정권 교체를 목표로 하고 있던 민주당은 공명, 자유 양당과의 협력을 강화할 필요가 있었다. 그러나 민주당 대표 간 나오토가 "금융위기를 정국으로 하지는 않을 것이다"(금융위기를 정권 타도의 수단으로 이용하지는 않겠다는 의미)라고 발언한 것이 자유당의 반발을 초래했다. 공명당도 민주당과의 협력보다는 여당 지향성을 강화해 갔다.

자민·공명당 간 제휴의 구실이 된 것은 적극적 경기대책이었다. 공명당은 국민들에게 상품권(이것이 실현될 당시에는 지역진흥권◉으로 불렸다)을 배포해 소비 확대를 유도할 것을 제안했고, 오부치 정권은 이 제안을 받아들였다. 오부치 정권은 상품권만이 아니라 감세, 공공사업의 확대 등도 진전시켰다. 개혁정책에 지나치게 집착한 나머지 경제정책에서 실패를 경험했던 하시모토와는 달리, 오부치는 '진공'(眞空, 주력하는 정책이 없는 상태-역자 주)이었기 때문에 오히려 융통성 있는 정책을 추진할 수 있었다. 이 때문에 오부치 정권에 대한 지지율은 점차로 상승하기 시작했다.

지역진흥권 地域振興券

1999년 4월 1일부터 9월 30일까지, 일본 국내에서 유통된 상품권의 일종이다. 재원을 국가가 전액 보조하고, 일본 전국 시구정촌(市區町村)에서 발행했다. 15세 이상의 국민에게 액면가 1,000엔의 지역진흥권을 한 사람당 20장씩 총액 6,194억 엔을 증여하는 형태로 교부했고, 원칙적으로 각 시구정촌 내에서만 사용이 가능하게 되었다. 또한 진흥권의 사용 시 잔돈 거래가 금지되어 액면 이상의 소비가 의무화되어 있었다.

자자공 연립

1999년 1월, 자민당과 자유당 사이에는 관료 및 공무원 수의 삭감 등을 내용으로 하는 정식 합의가 성립되었다. 나아가 10월에는 공명당과도 합의가 이루어져 자자공(자민-자유-공명) 연립정권이 발족했다. 이로써 오부치 정권은 국회 내에서 튼튼한 여당 기반을 확립하는 데 성공했다. 자유당과 공명당이 연립정권에 참여한 동기는 서로 다른 것이었다. 자유당은 민주당을 축으로 하는 비자민 정권의 가능성을 포기하는 대신, 정당 재편의 수단으로 자민당과 연립했다. 실제 정책 합의의 내용을 보면, 자유당 측은 각료 자리의 삭감 등과 같이 자민당 의원들이 받아들이기 어려운 정책을 제시하거나, 집단적 자위권 행사 등 헌법상의 쟁점 사항을 일부러 자민당에게 밀어붙이는 등, 정권의 혼란을 유도하고자 한 흔적이 엿보인다. 반면 공명당은 자민당이 정권의 주축이 되는 것을 대전제로, 지역진흥권 사례 등에서 드러나듯이, 이익 분배 정책을 실현시킬 목적으로 연립에 참여했다. 자유당이 정당 재편의 한 단계로 연립정권이라는 길을 선택한 것에 비해, 공명당은 자민당 정권을 보완하는 차원에서 연립에 참여한 것이다.

이처럼 자유당과 공명당은 각각 다른 의미에서 연립을 생각하고 있었지만, 이러한 모순된 연합을 손쉽게 단행하는 것이야말로 자민당의 체질이었다. 자민당에게 있어 연립은 권력을 유지하기 위해 숫자를 확보하는 것 이상의 의미는 없었다. 1990년대 중반의 자사사(자민-사회-사키가케) 연립과 1990년대 말의 자자공 연립의 정책 지향이 전혀 달랐다는 사실만 봐도 이 점은 쉽게 드러난다. 자민당은 1993년 야당으로 전락했던 경험을 통해, 정권을 유지하지 못할 경우 당은 해체되고 만다는 중요한 교훈을 얻었다. 이러한 기회주의가 연립정권에 그대로 드러난 것이다.

공명당에 대한 자민당의 의존

조직적 기반을 전혀 갖고 있지 않던 자유당은, 자민당의 입장에서 보면 공명당과의 연립을 유지하기 위한 완충재에 불과했다. 자민당 내에서도 종교단체를 기반으로 하는 공명당의 독특한 당풍에 위화감 또는 경계감을 느끼는 정치인이 적지 않았다. 공명당과 연립정권을 원활하게 유지하기 위해서라도 자유당을 그 사이에 둘 필요가 있었던 것이다. 이후 자민당 정권을 보완하는 차원에서 공명당과 연립을 이룬다는 노선은 점차로 자민당 내 정치인들 사이에서도 깊게 뿌리내리게 된다.

자민당이 연립을 단행한 가장 큰 이유는, 본래의 보수 기반이 조금씩 무너져 가고 있는 상황을 직시한 자민당 정치인들이 재빠르게 안정적인 지지기반을 확보하고자 했기 때문이다. 전통적인 자민당의 지지 기반인 각종 업계 단체나 농협 등은 점차 그 동원력이 약화되고 있었다. 또한 자민당 정치인들의 지역 후원회도 고령화가 진전되어, '선거 머신' 이라고도 불리던 과거의 힘을 상실하고 있었다. 1990년대 중반 이후부터 지역에서 정당이나 단체의 지원을 받지 않는 무당파 지사 및 시장이 급증한 것도 그와 같은 정치 질서의 변화를 반영했다. 이러한 변화에 위기감을 느낀 자민당의 정치가들은 공명당의 조직표를 획득함으로써 생존을 획책한 것이다. 이처럼 자자공 연립은 국회 내에서 다수파를 형성하기 위한 것이었고, 이는 선거 협력으로까지 발전했다. 이 과정에서 공명당에 대한 자민당의 의존은 깊어졌다.

또한 공명당은 이미 1970년대부터 지방선거에서 자민당과 공조했던 경험이 있었기 때문에, 자민당과의 협력을 통해 여당의 지위를 얻는 것에 대해 위화감을 갖고 있지 않았다. 자자공 연립은 어떤 의미에서 지방의 여당 체제가 국정으로 이전된 것이라고도 할 수 있다.

29 1999년이라는 전환기

주변사태법

오부치 수상은 과거 외무상이었던 시절 대인지뢰금지조약의 비준을 추진하는 데 지도력을 발휘하는 등 대체로 온건 성향의 정치가라는 이미지를 갖고 있었다. 하지만 1999년 정기국회에서는 일본의 평화와 민주주의에 중대한 영향을 미치는 법률들이 그의 손에서 차례로 추진되었다.

외교안보 분야에서는 〈수변사태법〉이 통과되었다. 이는 하시모토 정권 당시 클린턴 정권이 제안했던 안보 재정의의 일환으로 일미안보체제의 질적인 전환을 위한 법적 틀이었다. 원래 일미안보조약은 구소련 등을 가상의 적으로 하고 일미 공동으로 일본 및 극동 지역의 안전을 확보한다는 취지의 것이었다. 이 점에서 보면 일미안보조약은 냉전의 종결과 더불어 그 역사적 사명도 끝났어야 했다.

하지만 미국은 탈냉전 시대 세계 전략을 추진하기 위한 발판으로 일미안보조약을 재이용하려 했다. 즉 일본 및 극동의 안전을 지키기 위해서가 아니라, 유일 초강대국으로서 세계 각지에서 자국의 이익을 추구하겠다는 것이며, 그 연장선상에서 일본의 기지를 이용함은 물론 자위대로부터 병참 및 정보를 원조 받기 위해 일미안보의 의미를 재정의한다는 것이 미국의 의도였다. 〈주변사태법〉은 이와 같은 미국의 의도를 반영해 유사시 일미 간 협력 관계를 규정하는 법이었다. 그러나 '주변'의 의미는 모호한 상태로 처리되어 있었다. 일본에서 멀리 떨어져 직접적으로 일본을 위협하는 분쟁이 아니더라도, 미국이 이 분쟁에 관여할 경우 미국의 요구가 있으면 일본은 이를 지원하도록 규정한 것이다. 이로써 전쟁에 관여하지 않는다는 헌법 9조의 규정은 사문화되었다.

주민기본대장법, 도청법, 국기·국가법

국내 치안과 관련해서는 개인의 권리를 억제하고 정부의 권력을 강화하는 세 개의 법률 즉, 〈주민기본대장법〉, 〈통신방수법〉(도청법), 〈국기·국가(國歌)법〉이 통과되었다. 〈주민기본대장법〉은 국민 모두에게 코드 번호를 할당해 주민표를 컴퓨터 네트워크를 통해 일원적으로 관리한다고 규정하고 있다. 이러한 규정에 대해, 국민 모두에게 등 번호를 붙이듯이 고유 번호를 부여하는 제도[國民總背番號制]가 프라이버시의 침해와 개인 정보의 누출 등을 초래할 것이라는 격렬한 비판이 있었다. 〈도청법〉은 범죄 수사상 필요하다고 판단될 경우, 경찰이 법원의 허가를 받아 전화 등의 통신 내용을 도청할 수 있도록 규정한 법률이다. 그리고 〈국기·국가법〉은 이전까지 법적 근거를 갖고 있지 못했던 히노마루와 기미가요를 각각 국기 및 국가로 규정한 것이다. 이 법률로 인해 공립학교에서 기미가요를 강제하는 문제가 논쟁으로 떠오르게 되었다. 이 법률의 제정으로 학교 내에서 히노마루, 기미가요를 강제하는 경향이 한층 강화되리라는 것은 제정 당시부터 예견된 것이었다.

이들은 모두 전후 헌법의 이념을 침해할 수 있는 중대한 법안이었지만, 자자공의 협력으로 손쉽게 통과될 수 있었다. 특히 자민당과 공명당의 연립은 국회 심의 방식을 변질시켰다. 법안에 결함이 드러나거나, 야당이 어떠한 질의를 하든 상관없이 법안은 다수결에 따라 자동적으로 처리되는 일이 횡횡하게 되었다. 최대 야당인 민주당이 안전보장이나 인권 문제에 대해 동질적인 이념을 공유하고 있지 않았던 점도, 이 법안들을 심의하는 과정에서 비판이 충분하게 이루어지지 못했던 원인이었다.

오부치의 갑작스러운 죽음과 밀실 모의

2000년부터는 주요 현안이 처리되고 경기대책에서도 어느 정도 효과가 나타나기 시작해 오부치 정권은 안정 궤도에 오른 것처럼 보였다. 그러나 오부치 정권은 예기치 않은 종말을 맞게 되었다. 4월 2일 오부치가 뇌경색으로 쓰러져 의식 불명에 빠진 것이다. 그 후 의식을 회복하지 못한 채 5월 14일 사망했다. 오부치의 갑작스러운 죽음은 자유당의 연립 이탈 문제로 심신에 피로가 쌓인 것이 계기가 되었다고 전해진다. 오자와 이치로는 정당 개편의 카드로, 자신이 제시한 개혁 이념에 따라 자민당과 자유당을 합병하자고 요구해 왔다. 그러나 오부치가 이를 거부함에 따라 오자와는 각외로 나가 버렸다. 이 과정에서 자유당도 분열했고, 그 중 일부는 보수당 결성을 통해 연립정권에 잔류했다.

현직 수상이 갑자기 쓰러져 의식불명에 빠지는 것은 매우 드문 사례였고, 긴급시에 수상의 역할을 대행하는 문제와 관련된 헌법이나 법률 규정도 존재하지 않았다. 그의 상태에 대한 구체적인 정보가 공개되지 않은 채, 정부 및 자민당 수뇌부는 후계자를 물색하기 시작했다. 아오키 미키오 관방장관, 모리 요시로 간사장, 노나카 히로무 간사장 대리, 가메이 시즈카 정조회장, 무라카미 마사쿠니 참의원 의장 등 5명이 밀실에 모여 회담을 가졌고, 여기서 모리를 후속 수상으로 하기로 합의가 이루어졌다. 나머지 자민당 의원들은 현직 수상의 부재라는 긴급사태를 수습한다는 차원에서 이 합의를 받아들였다. 그리고 모리가 수상에 취임한 뒤, 연립의 틀은 자민–자유–공명에서 자민–공명–보수 3당 연립으로 변화되었다.

모리의 '일본은 신의 나라' 발언

밀실 모의에 의한 수상 결정에 대해 국민을 무시한 비민주적 행위라는 비판이 강하게 일어났다. 모리 정권은 발족 당시부터 강한 역풍을 맞고 있었다. 모리는 "일본은 천황을 중심으로 하는 신의 나라"라고 말하는 등 여러 차례에 걸친 실언으로 여론의 빈축을 샀고, 그 밖에도 수상으로서 자격 미달이 될 만한 행동들을 보였다. 모리는 6월에 중의원을 해산하고, 새로운 제도하에서는 두 번째인 총선거를 실시했다. 자민당은 현직 의원 수를 크게 잃어 단독 과반수를 획득하는 데 실패하고 말았다. 패인에는 모리의 인기 하락이라는 이유도 있었다. 그러나 공명당 등과의 연립으로 정권을 유지하는 것에는 문제가 없었다. 1년 전에 간 나오토에서 하토야마 유키오로 대표가 교체된 민주당의 경우 의석이 늘기는 했지만 정권 교체를 전망할 정도는 못 되었다.

총선거 후에는 자민당의 젊은 의원들을 중심으로 집행부에 대한 비판이 확산되었다. 대표적으로 '가토의 난'을 들 수 있다. 11월, 장래 수상 후보감으로 거론되고 있던 가토 고이치가 자민당의 현 상태에 대해 강하게 비판하며, 야당이 제출한 내각불신임안에 동조할 태세를 보였다. 야마자키 다쿠도 이에 동조할 태세를 보였다. 이에 따라 정국은 갑자기 긴박해지기 시작했고, 자민당이 분열될 것이라는 관측마저 부상했다. 그러나 노나카 간사장을 중심으로 가토파와 야마자키파에 대한 견제가 이루어져, 결국 불신임안 채택 시 양 파벌의 의원들이 불참하는 것으로 문제가 수습되었다. 이 과정에서 과거 이케다 하야토 파벌을 계승하던 가토파는 분열했다.

모리 정권의 집행부는 '가토의 난' 을 진압하기는 했지만, 점차로 정권을 유지할 만한 기력을 상실해 갔다. 2001년 2월에는 내각 지지율이 9%(『아사히신문』)까지 떨어져 사상 최저를 기록했다. 모리 정권은 이 해 여름 참의원 선거 직전에 퇴진했다. 당시의 정세를 볼 때 그의 퇴진은 필연적인 것이었다.

30 고이즈미 붐과 구조개혁

총선거와 여론

모리가 퇴진을 표명한 후, 2001년 4월에 자민당 총재 선거가 실시되었다. 최대 파벌인 하시모토파에서는 하시모토 류타로 전 수상이, 모리파에서는 모리의 후계자로서 고이즈미 준이치로가 각각 입후보했고, 그 밖에 가메이 시즈카와 아소 다로도 경쟁에 가담했다. 총재 선거는 일반 당원에 의한 예비선거를 거친 후, 당 소속 의원들이 투표하는 2단계로 이루어졌다. 예비선거에서는 각 도도부현에 할당된 표를 1위의 후보가 모두 가져가는 방식이 채택되었다.

모리 내각의 타성에 젖은 체질을 비판했던 다나카 마키코, 이시하라 노부테루 등 젊은 의원들은 파벌을 초월해 고이즈미를 지지했다. 고이즈미 자신도 자민당의 개혁을 외치며 커다란 붐을 일으켰다. 총재 선거에서 유권자는 자민당 당원에 한정되어 있었다. 하지만 고이즈미는 전국 각지의 유세에서 일반 국민들에게 직접 다가가 개혁론을 호소했고, 이를 통해 모리 정권에 등을 돌렸던 국민들의 기대를 다시 모았다. 자민당원들 대부분은 업계 단체나 정치가 후원회 등의 구성원이었기 때문에, 하시모토파를 중심으로 한 이익 배분 정치[◉]의 네트워크에서 자유롭지 않았다. 그럼에도 불구하고 그들마저 여론의 커다란 파고에 밀려 고이즈미로 지지로 선회하기 시작했다. 예비선거에서는 고이즈미가 거의 모든 도도부현에서 승리해 국민적 인기를 과시했다. 국회의원이 유권자가 되는 본 선거에서는 파벌의 역학상 하시모토가 유리했다. 그러나 본 선거에서도 고이즈미가 승리해 결국 총리 자리를 획득했다. 국회의원들 또한 국민의 여론에 압도되었던 것이다.

이익 배분 정치

자민당의 이익 배분 정치는 국회상임위, 자민당 정조부회(政調部會)나 의원연맹을 발판으로, 특정 정치인 또는 집단이 행정청 등을 상대로 공공사업이나 보조금을 유치하거나 관련 정보를 획득해, 이를 특정 지역(주로 각 정치인들이 속한 지역구)의 유력인사 및 업자들에게 제공하는 과정에서 이루어지는 정치 방식. 결과적으로 관련 관료들은 예산의 확대 및 이를 통한 특권을 획득하고, 정치인들은 수혜를 받은 지역의 유력자들의 지원으로 선거구에서 압도적인 표의 결집이 가능하게 된다. 즉, 정치가, 행정관청, 지역, 업자가 각각 이익을 분배받는 시스템. 이처럼 이념이나 이데올로기에 근거한 정치행위가 아니라 이익 분배에 충실한 자민당 내 정치인들의 집단은 속칭 '족의원'(族議員)으로 불린다. 자민당의 이익 분배 정치는 보수 세력의 집표력 활성화, 재정 및 예산의 낭비, 특정 관정청 관료 권력의 확대를 수반했다.

인기의 원천

고이즈미가 주창하고 있던 구조개혁론의 양대 표적은 다나카 가쿠에이에서 하시모토파로 이어지고 있던 이권 정치, 그리고 관료였다. 그의 언동은 기존 정계의 상식을 송두리째 부정하는듯이 보였고, 강한 혁명적 호소력을 가지고 있었다. 수상 취임 후의 내각 인사도, 파벌의 균형이나 당선 횟수에 따른 서열 고려 등 종래의 기준을 무시하고, 젊은 세대와 민간인을 등용했다. 또한 한센병 소송 사건에서도 환자 측의 주장을 인정하여 국가를 패소시킨 구마모토 지방재판소의 판결에 대해, 고이즈미는 후생성 관료들의 의향을 물리치고 항소를 단념하는 퍼포먼스를 보여 국민들의 갈채를 받았다. 그리고 우정 사업 민영화, 도로 특정 재원의 개정, 수상 공선제의 검토 등 새로운 과제들을 연이어 제출해 하향식 정치가 새롭게 형성되어 가는 것 같은 인상을 주었다. 또한 국민에 대해서는 구조개혁에 수반되는 고통을 분담하자고 호소했다. 이조차도 이권 정치에 염증을 느끼던 국민들의 지지를 받았다. 발족 당시 고이즈미 내각의 지지율은 80%를 넘는 기록적인 것이었다.

고이즈미 인기의 원천은 자민당 내부로부터 자민당을 부정했다는 점으로 압축된다. 모리 수상이 수상으로서의 자질을 의심케 하는 언동과 행동을 되풀이함에 따라, 자민당에 대한 국민의 불만은 누적되어 있었다. 여기에 반발했던 11월 가토의 난이 불발로 그친 것도 이를 더욱 부채질했다. 고이즈미의 등장은 이러한 국민들의 불만이 일거에 폭발한 것이라고 볼 수 있다. 고이즈미류 정치의 본질은 정부 여당 내에 적(저항세력)을 설정하고 이에 대해 도발하고 공격함으로써 문제를 제기하는 수법에 있었다. 정권 초기의 경우, 이는 이전까지 금기시되어 왔던 문제들을 정책 논의의 장으로 끌어올리는 데 의미 있는 역할을 하기도 했다.

불경기의 심화

고이즈미 붐이 한창이던 2001년 7월에 참의원 선거가 실시되었다. 자민당은 64석을 얻어 대승을 거두었다. 비례대표의 득표는 2,100만여 표로 1998년의 1,400만여 표에 비해 무려 50%나 증가했다.

구조개혁이라는 슬로건은, 오부치 정권 때와 같이 재정을 지출해 일시적으로 경기를 자극하는 방식 대신, 새로운 산업을 통해 경제에 활력을 주며, 규제나 공공투자를 축소해 작은 정부를 실현하는 것 등을 그 내용으로 하고 있었다. 그러나 이를 정책으로 구체화하는 단계로 접어들면 자민당은 커다란 모순에 직면하게 된다. 대다수의 지방 출신 의원들이나 각종 경제 단체의 지원을 받아 비례대표로 당선된 의원들은, 규제 정책 및 공공투자의 실행을 통해 관련 업계를 보호해 줄 것을 약속하는 대가로 당선되었다. 따라서 고이즈미의 개혁을 실현시키는 것은 대다수 자민당 의원들에게 있어서는 지지자에 대한 배반을 의미하는 것이었다. 도로공단이나 우정 사업의 민영화 등 개혁을 구체화하는 과정에서 개혁파와 저항 세력 사이에 밀고 밀리는 싸움이 지속되는 것은 바로 이 때문이다.

2002년에 접어들자, 스즈키 무네오가 공공사업과 경제개발원조(ODA)에 개입한 것이 적발되어 문제가 되었다. 이 사건을 계기로 여전히 이익 정치의 실태는 변하지 않고 있다는 사실이 명백히 드러났다. 또한 이노우에 유타카 참의원 의장도 공공사업에 대한 중재 및 알선 사실이 드러나 의장 및 의원직을 사퇴했다. 이러한 일련의 사건들은 자민당에 뿌리내려 있는 이권 정치를 개혁하는 것이 얼마나 어려운 일인지를 잘 보여 준다.

고이즈미 정권하에서는 불경기가 심화되었다. 실업률은 5%를 넘었고, 도쿄 증권거래소의 평균 주가(닛케이 평균)는 한때 8,000엔 미만이 되기도 했다. 금융기관의 파탄도 뒤를 이어 경제위기 도래설이 심심치 않게 떠돌았다. 하지만 고이즈미 정권은 구조개혁을 버리고 경기 부양책을 구사하는 것에 강한 거부 의사를 보였다.

31 '9·11' 이후

자위대의 인도양 파견

고이즈미 정권이 큰 전환을 일으킨 것은 외교 및 안전보장 정책이었다. 그 계기는 2001년 9월 11일 미국에서 발생한 동시 다발 테러였다. 미국은 이슬람 과격파 알카에다를 테러의 주모로 간주해 동년 11월 그 근거지인 아프가니스탄을 공격했고, 알카에다를 옹호한 탈레반 정권을 타도했다.

일본은 미국의 군사행동을 지지하기 위해 〈테러 특별조치법〉(이하 특조법)을 제정하고 자위대를 인도양에 파견해 미군을 지원했다. 당시에는 미국의 정부 고관이 일본에게 "쇼 더 플래그"◉라는 말로 압력을 가했다고 한다. 1991년 걸프 전쟁 이래 외무성이나 일부 정치가가 추구해 온 자위대의 해외파병, 미국과의 군사 협력 강화라는 과제가 고이즈미 정권에서 드디어 실현된 것이다.

쇼 더 플래그 Show the flag

9·11테러 참사가 발생한 며칠 후 리처드 아미티지 미 국무부 부장관이 야나이 슌지 주미 일본 대사를 만나 테러 대응 지원을 요청하는 자리에서 한 말이다. 일본 정부 각료들은 이후 테러 대응 지원을 명분으로 자위대 파병이라는 강경책을 내세웠다. 그러나 이를 비판해온 간 나오토 민주당 간사장은 중의원 예산위원회에서 고이즈미 총리에게, 아미티지의 말은 '태도를 분명히 하다', '지지를 표명하다'라는 뜻의 숙어라며, 정부가 테러와의 전쟁을 지원하기 위해 자위대 파병을 추진하고 있는 것이 혹시 이를 일본의 깃발, 즉 히노마루를 단 자위대를 파병하라는 뜻으로 잘못 해석했기 때문이 아니냐고 공격했다.

일미안보체제가 일본의 안전을 지켜주는 틀에서 미국의 세계 전략을 지원하는 틀로 변화해 가는 추세는 오부치 정권 시절부터 이미 시작된 것이다. 일방주의(unilateralism)적 지향을 가진 부시 정권의 발족과 '9·11'의 충격은 일미간 군사적 긴밀화를 더욱 가속화시켰다.

이라크 전쟁과 자위대

게다가 미국은 영국과 더불어 2003년 3월 대량 살상 무기를 은폐하고 있다는 이유로 이라크를 공격해 후세인 정권을 타도했다. 이라크 전쟁에 대해서 프랑스와 독일은 강하게 반대했고, 러시아와 중국도 지지하지 않았다. 이와는 대조적으로 일본은 재빠르게 미국에 대한 지지를 표명했다. 그리고 2003년 가을에는 〈이라크 특조법〉을 제정했고, 2004년 2월에는 자위대를 이라크에 파견했다. 이러한 조치는 당시 미국 정부 고관의 "풋 온 더 그라운드"◉라는 말에 호응한 것이라고 한다. 미국이 일으킨 전쟁에 대해 일본이 자위대를 파견해 협력한다는 것은 헌법상 중대한 논란거리였다. 국민들의 의견도 찬반으로 나뉘었다.

풋 온 더 그라운드 Foot on the ground

군홧발로 땅을 고르게 하라, 즉 군사력으로 복종시키라는 의미.

조일 회담과 납치 사건

정부나 언론들은 일본이 이처럼 대미 추종적 자세를 강화할 수밖에 없는 이유로 북한의 위협을 제시했다. 고이즈미는 2002년 9월 17일, 일본의 수상으로서는 최초로 북한을 방문해 김정일 총서기와 회담을 가졌다. 당시 북한 측은 과거에 일본인을 북한에 납치했고, 그 중 일부는 이미 사망했다는 사실을 시인하고 이에 대해 사죄했다. 이 사건은 일본인들에게 큰 충격을 주었다.

1990년대부터 북한은 핵무기 개발을 부정하지 않았고 미사일 발사 실험도 했었다. 납치 사건으로 인해 증폭된 북한에 대한 반감은, 군사적 위협에 대한 경계심을 더욱 강화시켰다. 북한과 군사적 분쟁이 발생했을 경우 일본의 안전을 지키기 위해서는 미국의 군사력이 불가결한 것이기 때문에, 유사시 미국의 도움을 받기 위해서는 아프가니스탄이나 이라크에서 미국의 군사행동에 협력할 수밖에 없다는 것이 고이즈미 수상의 설명이었다.

고이즈미 정권은 이른바 유사법제의 정비도 실현시켰다. 1990년대부터 미국은 일본에 대해 군사 협력의 긴밀화는 물론, 실제 군사 분쟁이 발생할 경우 자위대의 행동에 대한 법 제도를 정비할 것도 요구해 왔다. 고이즈미 정권은 이에 따라 2003년 6월, 분쟁 발생 시 지방자치체나 민간의 협력 의무, 자위대의 행동에 관한 권한 등을 규정한 유사법제를 제정했다. 전후 일본이 지켜온 평화국가 노선이 고이즈미 정권에 의해 크게 전환된 것이다.

매니페스토 선거

고이즈미는 2003년 9월의 자민당 총재 선거에서 재선에 성공했다. 이 총재 선거를 계기로 하시모토파는 분열했다. 참의원의 실력자 아오키 미키오와 젊은 의원들은 고이즈미를 지지했고, 하시모토파에서 후보로 나선 후지이 다카오는 참패했다. 고이즈미는 총재 선거의 여세를 몰아 10월에 중의원을 해산했고, 11월에 총선거를 실시했다.

민주당은 2002년 대표선거에서 대표로 복귀한 간 나오토가 이끌고 있었다. 이 총선거에서 민주당은 매니페스토(manifesto) 선거를 제시했다. 매니페스토란 영국의 총선거에서 각 당이 제시하는 정책 공약을 의미하는 것으로, 정권을 획득했을 경우를 가정한 정책이라는 점에서 종래의 공약과는 차별성을 갖는다. 민주당은 종래의 나열적인 선거공약 대신에, 스스로 정권을 획득했을 경우의 비전을 제시함으로써 수권 능력을 과시하고자 했다. 민주당에 뒤질세라 다른 정당들도 매니페스토를 제시했다. 적어도 외형상으로 보면 사회보장, 경제, 고용 등의 과제에 관해 각 정당들이 거시적 정책을 제시하며 경쟁하는 새로운 선거전이 전개되었다. 고이즈미 정권이 실시한 재정 긴축 노선으로 인해, 이전과 같이 이익 유도형 선거가 어려워졌다는 점도 선거전의 양상을 변화시킨 또 다른 요인이었다.

선거 결과 자민당은 237석을 획득해 정권을 계속 유지했다. 한편 선거 직전에 자유당과 합당한 민주당은 177석을 획득해 전후정치사상 최대 규모의 야당이 되었다. 민주당은 또한 비례대표의 득표에서 자민당을 상회하는 성과를 냈다. 반면 고이즈미 정권의 내정과 외교에 대결 자세를 취해 왔던 공산, 사민 양당은 참패했다. 이러한 결과를 근거로, 소선거구제 도입 후 10년만에 드디어 일본에서도 양당제가 자리를 잡아가기 시작했다는 관측이 나오기도 했다.

양당제로?

하지만 일본에서 양당제가 성립되기 시작했다는 관측에 대해서는 몇 가지 유보적인 견해도 제기되었다. 자민당이 변함없이 제1당의 지위를 지키고 있었지만, 이는 공명당과의 선거 공조 없이는 불가능했다. 자민, 공명 연립정권이 정착됨에 따라 자민당에 대한 공명당의 협력은 더욱 강화되었다. 공명당은 1개의 선거구 당 약 2만의 조직표를 갖고 있는 것으로 알려져 있다. 공명당은 소선거구에서의 후보 옹립을 단념하는 한편, 자민당에 대한 협력의 대가로 연립정권 내에서 영향력을 확대한다는 노선을 채택했다. 소선거구 내 자민당의 승리는 공명당과의 협력에 따른 부산물이었다.

한편 민주당도 한계를 갖고 있었다. 민주당은 '비자민' 의 결집체로서 그 규모를 확대해 왔다. 야당으로 성장하는 한에서는 비자민이라는 정체성이 유효

할 수 있지만, 실제 정권을 획득했을 경우에는 이야기가 달라진다. 민주당은 이질적인 정치가들의 집합체인 만큼 한 번도 정권 구상을 공유한 적이 없었기 때문이다. 이 같은 양적인 측면에서의 '비자민'과 질적인 측면에서의 '비자민' 사이의 모순은 새로운 것이 아니었다. 이 모순은 신진당 이래 일본의 야당들이 항상 짊어지고 있었고, 민주당도 여기에서 자유롭지 않았다.

특히 이 모순은 민주당이 열세로 돌아서게 되었을 때 보다 선명하게 표출되었다. 2004년 초반부터 학력 사칭 및 비서 급여 사취 등 민주당 의원들의 스캔들이 폭로되면서, 민주당에 대한 지지율은 계속해서 떨어지기 시작했다. 그리고 연금개혁법안의 심의 과정에서, 간 나오토는 각료들의 연금보험료 미납 사실을 공격했다. 그러나 간 나오토 자신도 각료 시절에 보험금을 납부하지 않았다는 점이 적발되었고, 이 때문에 대표직에서 물러날 수밖에 없었다.

연금개혁과 다국적군 참가

2004년 7월 11일, 참의원 선거가 실시되었다. 고이즈미식 내정 및 외교가 한창 전개되고 있던 시점이었다. 민주당의 경우 간 대표의 사임 후 차기 대표 선출에서 혼란을 거듭하고 있었던 반면, 고이즈미 정권은 북한으로부터 납치 피해자 가족을 일본으로 돌아오게 했던 것이 평가를 받아 높은 지지율을 유지하고 있었다. 6월 중순경까지는 참의원 선거에서 자민당의 우위가 예상되고 있었다.

그러나 6월 하순부터 고이즈미 정권 및 자민당에 대한 여론을 급변시키는 역풍이 불어왔다. 연금개혁 추진 과정에서 보인 고이즈미 정권의 강경함에 대해 국민들이 반발과 불안감을 갖게 된 것이 첫 번째 원인이었다. 연금제도의 유지 가능성에 대한 의문이 확대되고 있었음에도 불구하고, 정부는 국민부담의 점진적 확대, 급부 삭감 등을 주축으로 하는 〈연금개혁법〉을 야당의 반대를 누르고 강행 채택했다. 법안이 통과된 후 장래 연금제도 설계의 토대가 될 출산율이 크게 저하되고 있다는 사실(2003년에는 여성 1인당 출산율이 평균 1.29까지 저하되었다)이 공표됨에 따라, 연금제도에 대한 국민들의 불안이 가중되었다.

또한 보험료 미납 문제와 관련해, 고이즈미 수상이 국회의원 당선 이전에 근무 실적조차 없는 회사로 하여금 연금을 납부하게 했다는 사실이 밝혀졌다. 이때 고이즈미는 "인생사 여러 가지(일이 있기 마련)"라는 말로 얼버무려, 국민들의 강한 반발을 초래했다.

두 번째 원인은, 이라크 현지 상황이 미국과 영국군의 점령에서 임시 정권의 수립으로 이행하고 있던 시점에서, 고이즈미 수상이 치안 유지를 위한 다국적군에 자위대도 참가시킬 것임을 부시 대통령에게 약속한 것이다. 공교롭게도 바로 그 때, 이라크 현지에서 미군의 포로 학대 문제가 폭로되고 대량살상 무기가 발견되지 않는 등, 이라크 전쟁이 대의명분을 결여한 것이었다는 사실이 결정적으로 드러나고 있었다. 이러한 상황에도 불구하고, 국내에서는 이와 관련된 논의가 전혀 이루어지지 않았다는 점, 나아가 수상이 독단적으로 다국적군 참가를 결정해 버렸다는 점 등은 국민들의 불안감을 더욱 고조시켰다.

고이즈미 붐의 종언

이처럼 당시 참의원 선거는 고이즈미와 자민당에 역풍이 불어오는 가운데 실시되었다. 자민당 획득 의석수가 개선의 경우 51석에서 49석으로 줄어들었던 것이다. 각 선거구에서는 공명당의 협력으로 가까스로 현상을 유지했지만, 과거 보수의 지지 기반이었던 도호쿠, 규슈 지방 등에서 민주당에 패배하는 이변이 일어났다. 고이즈미 정권이 추진하고 있었던 지방 재정 지원의 삭감과 공공사업의 재검토, 우정 사업의 민영화 움직임 등으로, 지방의 전통적인 자민당 집표 머신들은 급격히 약체화되고 있었고, 이 때문에 자민당은 지방에서 패배하거나 고전을 면치 못했다.

이에 반해 오카다 가쓰야를 새로운 대표로 내세우고 있던 민주당은 50석을 획득해 제1당이 되었으며, 비례에서도 2,100만여 표를 끌어 모았다. 고이즈미 붐의 종결과 더불어 무당파 층의 약 절반 정도가 민주당에 투표한 것이다. 또한 이 참의원 선거에서는 공산당, 사회당이 각각, 4석과 2석밖에 얻지 못해, 호헌을 내건 혁신정당의 퇴조가 여실히 드러났다. 달리 말하면 1년 전 총선거 때부터 나타나기 시작한 양당제의 흐름이, 이 참의원 선거에서는 보다 분명하게 모습을 드러냈다고 할 수 있다.

자민당 내에서는 포스트 고이즈미를 담당할 지도자가 부재했기 때문에, 선거 패배에 대한 책임을 묻는 목소리조차 일어나지 않은 채, 자공(자민-공명) 연립 및 고이즈미 정권의 유지가 결정되었다. 중·참 양원의 임기를 고려할 경우 2007년까지는 국정 선거를 굳이 치를 필요가 없다. 따라서 자공 연립으로 국회에서 안정적인 다수가 유지되는 한 고이즈미 정권은 안주하게 될 것이다. 그러나 이는 자민당에 있어 일시적인, 그리고 마지막 안주가 될 것이다.

평화국가 노선에 대한 의구심

고이즈미 정권은 내정과 외교 양 측면에 걸쳐 전후정치의 청산을 추진해 왔다. 내정의 측면에서는 자민당의 이익 배분 정치를 부정했고, 불황을 감당해 가면서도 이에 대한 정부의 개입을 억제해 왔다. 2004년에 접어들면서 경기는 상승세를 회복했지만, 이는 정책의 성과라기보다는 중국의 경제성장이 미친 여파라는 측면이 강한 것이다. 경제위기설은 현실화되지 않았지만 빈부 격차의 확대, 고용의 불안정 등의 문제가 여전히 산적해 있다. 이익 배분의 정치를 어떠한 식으로 변화시킬 것인가. 이에 대한 새로운 모델은 아직 제시되지 않고 있다.

외교 및 안보에 관해서는 헌법 9조에 의해 견지되어 온 평화국가의 노선을 어떻게 처리할 것인가가 문제가 되고 있다. 2000년부터 중·참 양원에 헌법조사회가 설치됨에 따라 헌법 개정에 대한 논의가 본격화되어 왔다. 호헌을 주장하는 공산, 사민 양당의 세력은 크게 후퇴한 반면, 2대 정당(자민, 민주)은 모두 헌법 개정에 전향적이다. 전후 보수정권이 만들어 온 경무장·플러스 경제성장◉이라는 국가 노선을 대신할 새로운 비전의 창출이 커다란 과제가 되고 있다. 포스트 고이즈미 정치의 내용을 채우는 것은 곧 포스트 전후정치의 방향을 규정하는 것이기도 하다.

경무장·플러스 경제성장

요시다 내각 당시, 전면 강화를 포기하는 동시에 미국과의 안보조약을 체결하면서 제기된 일본의 국가 발전 노선. 즉 일본의 안전보장을 전적으로 미국과의 동맹에 의존함으로써 군비를 대폭 줄이고 이를 경제성장에 투입한다는 것.

역대 국회의원 선거 결과

중의원 의원 총선거 기본수치

0=22회 1946. 4.10

	의석수			의석률	득표수	득표율	
	후보	당선	비율			상대	절대
자 유 사후변화 계	485	140 148	28.9	30.2 31.8	13,505,746 +576,829 14,082,575	24.36 25.40	15.43 16.10
진 보 사후변화 계	376	94 110	25.0	20.3 23.6	10,350,530 +882,080 11,232,610	18.67 20.26	11.83 12.84
협동(협민) 사후변화 계	92	14 45	15.2	3.0 9.7	1,799,764 3,484,889	3.25 +1,685,125 6.28	2.06 3.98
국 민 사후변화 계	-	- 33	- -	- 7.1	- 2,183,014	- 3.94	- 2.50
선거 소계 변화 후 소계	953	248 336	26.0	53.4 72.1	25,656,040 30,983,088	46.27 55.88	29.32 35.41
사 회 사후변화 계	331	93 96	28.1	20.0 20.6	9,924,930 +144,977 10,069,907	17.90 18.16	11.34 11.51
공 산 사후변화 계	143	5 6	3.5	1.1 1.3	2,135,757 2,135,757	3.85 3.85	2.44 2.44
선거 소계 변화 후 소계	474	98 102	20.7	21.1 21.9	12,060,687 12,205,664	21.75 22.01	13.79 13.95
제 정파 사후변화 계	570	38 0	6.7	8.2 0.0	6,488,032 -1,978,689 4,509,343	11.70 8.13	7.42 5.15
무소속 사후변화 계	773	80 28	10.3	17.2 6.0	11,244,120 -3,493,336 7,750,784	20.28 13.98	12.85 8.86
총 계 투 표 율	2,770	464	16.8	100.0	55,448,879	100.00	63.38 72.08
기권 · 무효					32,040,613		36.62
당일 유권자수					36,878,417명 → 87,489,492표		
여 당	자유142+진보97=239; 51.3% (1946. 5. 16 제90회 제국의회 소집일)						

주: 1. 이외 재선거에서 자유, 사회당에 각각 1인의 당선자가 있으나, 여기서는 제외되었음.
2. 선거 후에 추방 등의 이유로 이동이 많았기 때문에, 이 번 회기에 한해서 '사후변화' ('계' 의 란)는 최초의 의회소집일이 아니라, 회기 최종일인 1946년 10월 11일로 했음.
3. 절대율 득표율 산출의 기초가 되는 당일 유권자수는, 이 번 회기에서는 유권자가 갖는 표수에, 2Σx+3Σy(Σx는 정수가 10 이하인 선거구의 유권자 수의 합계, Σy는 정수가 11 이상인 선거구의 유권자수 합계)로 산출했다.
4. 무소속 중 23인은 '무소속 클럽' 을 결성. 그 외 5인은 순 무소속.
5. 통산 23회 선거를 1로 표기한 것은 형식상의 주권이 최초로 천황에서 국민으로 이동했다는 의미. 22회 선거는 전후 최초의 선거라는 점에서 가장 먼저 기록했지만, 23회 선거와 구분하기 위해 0으로 표기(역자 주).

	의석수			의석률	득표수	득표율	
	후보	당선	비율			상대율	절대율
자 유	326	131	40.2	28.1	7,312,524	26.73	17.88
사후변화		-5+3			-49,181		
계		129		27.7	7,263,343	26.55	17.76
민 주	350	124	35.4	26.6	6,960,270	25.44	17.01
사후변화		+8			+238,022		
계		132		28.3	7,198,292	26.31	17.60
국 협	108	31	28.7	6.7	1,915,948	7.00	4.68
일 농	13	4	30.8	0.9	214,754	0.78	0.52
사후변화		+4			+129,141		
계		8		1.7	343,895	1.26	0.84
선거 소계	797	290	36.4	62.2	16,403,496	59.95	40.10
변화 후 소계		300		64.4	16,721,478	61.11	40.88
사 회	289	143	49.5	30.7	7,176,882	26.23	17.54
사후변화		+1			+26,168		
계		144		30.9	7,203,050	26.33	17.61
공 산	120	4	3.3	0.9	1,002,883	3.67	2.45
선거 소계	409	147	35.9	31.6	8,179,765	29.90	19.99
변화 후 소계		148		31.8	8,205,933	30.00	20.06
제 정파	142	17	12.0	3.6	1,174,662	4.29	2.87
사후변화		-17			-559,594		
계		0		0.0	615,068	2.25	1.50
무소속	242	12	5.0	2.6	1,603,684	5.86	3.92
사후변화		+6			+215,444		
계		18		3.9	1,819,128	6.65	4.45
총 계	1,590	466	29.3	100.0	27,361,607	100.00	66.89
투 표 율							67.95
기권·무효					13,545,886		33.11
당일 유권자수					40,907,493		100.00
여 당	사144+민132+국31=307; 65.9%						

	의석수			의석률	득표수	득표율	
	후보	당선	비율			상대율	절대율
민주자유	420	264	62.9	56.7	13,420,269	43.87	31.87
사후변화		+5				+163,020	
계		269		57.7	13,583,289	44.40	32.26
민 주	208	69	33.2	14.8	4,798,352	15.68	11.40
사후변화		+1			+29,837		
계		70		15.0	4,828,189	15.78	11.47
국 협	63	14	22.2	3.0	1,041,879	3.41	2.47
일 농	16	1	6.3	0.2	205,420	0.67	0.49
사후변화		-1			-59,638		
계		0		0.0	145,782	0.48	0.35
농민신당	12	6	50.0	1.3	297,203	0.97	0.71
사후변화		+4			+147,089		
계		10		2.1	444,292	1.45	1.06
신자유	11	2	18.2	0.4	187,232	0.61	0.44
사후변화		-2			-60,449		
계		0		0.0	126,783	0.41	0.30
선거 소계	730	356	48.8	76.4	19,950,355	65.21	47.38
변화 후 소계		363		77.9	20,170,214	65.93	47.90
사 회	187	48	25.7	10.3	4,129,794	13.50	9.81
노 농	45	7	15.6	1.5	606,840	1.98	1.44
공 산	115	35	30.4	7.5	2,984,780	9.76	7.09
소계	347	90	25.9	19.3	7,721,414	25.24	18.34
사회혁신	29	5	17.2	1.1	387,214	1.27	0.92
제 정파	47	3	6.4	0.6	525,427	1.72	1.25
사후변화		-3			-110,747		
계		0	0.0	0.0	414,680	1.36	0.98
무소속	211	12	5.7	2.6	2,008,109	6.56	4.77
사후변화		-7+3			-109,112		
계		8		1.7	1,898,997	6.21	4.51
총 계	1,364	466	34.2	100.0	30,592,519	100.00	72.66
투 표 율							74.04
기권·무효					11,512,781		27.34
당일 유권자수					42,105,300		100.00
여 당	민자 269+민주 이누카이(犬養)파 33=302; 64.8%						

	의석수			의석률	득표수	득표율	
	후보	당선	비율			상대율	절대율
자 유	475	240	50.5	51.5	16,938,221	47.93	36.21
사후변화		+4-2			+17,913		
계		242		51.9	16,956,134	47.98	36.25
개 진	209	85	40.7	18.2	6,429,450	18.19	13.75
사후변화		+4			+200,620		
계		89		19.1	6,630,070	18.76	14.18
재건동맹	12	1	8.3	0.2	181,329	0.51	0.39
사후변화		-1			-34,748		
계		0		0.0	146,581	0.41	0.31
선거 소계	696	326	46.8	70.0	23,549,000	66.64	50.35
변화 후 소계		331		71.0	23,732,785	67.16	50.74
좌 사	96	54	56.3	11.6	3,398,597	9.62	7.27
사후변화		+2			+65,445		
계		56		12.0	3,464,042	9.80	7.41
우 사	109	57	52.3	12.2	4,108,274	11.63	8.78
사후변화		+3			+429,429		
계		60		12.9	4,537,703	12.84	9.70
협동(히라노)	28	2	7.1	0.4	390,015	1.10	0.83
사후변화		-2			-390,015		
계		0		0.0	0	0.00	0.00
노 농	11	4	36.4	0.9	261,190	0.74	0.56
공 산	107	0	0.0	0.0	896,765	2.54	1.92
선거 소계	351	117	33.3	25.1	896,765	25.62	19.36
변화 후 소계		120		25.8	9,159,700	25.92	19.58
제 정파	29	4	13.8	0.9	377,692	1.07	0.81
사후변화		-4			-182,816		
계		0		0.0	194,876	0.55	0.42
무소속	166	19	11.4	4.1	2,355,172	6.66	5.04
사후변화		-10+6			-105,828		
계		15		3.2	2,249,344	6.37	4.81
총 계	1,242	466	37.5	100.0	35,336,705	100.00	75.55
투 표 율							76.43
기권·무효					11,435,879		24.45
당일 유권자수					46,772,584		100.00
여 당	자유단독=242; 51.9%						

주: 무소속 중 12인은 원내에 무소속클럽을 결성. 3인은 순 무소속.

4=26회　　　　1953. 4. 19

	의석수			의석률	득표수	득표율	
	후보	당선	비율			상대율	절대율
요시다 자유	316	199	63.0	42.7	13,476,428	38.95	28.62
사후변화		+3			+177,038		
계		202		43.3	13,653,466	39.46	28.99
하토야마 자유	102	35	34.3	7.5	3,054,688	8.83	6.49
개 진	169	76	45.0	16.3	6,186,232	17.88	13.14
사후변화		+1			+44,879		
계		77		16.5	6,231,111	18.01	13.23
선거 소계	587	310	52.8	66.5	22,717,348	65.65	48.24
변화 후 소계		314		67.4	22,939,265	66.29	48.71
좌 사	108	72	66.7	15.5	4,516,715	13.05	9.59
우 사	117	66	56.4	14.2	4,677,833	13.52	9.93
노 농	12	5	41.7	1.1	358,773	1.04	0.76
공 산	85	1	1.2	0.2	655,990	1.90	1.39
소 계	322	144	44.7	30.9	10,209,311	29.50	21.68
제 정파	13	1	7.7	0.2	152,050	0.44	0.32
무소속	105	11	10.5	2.4	1,523,736	4.40	3.24
사후변화		-4			-221,917		
계		7		1.5	1,301,819	3.76	2.76
총 계	1,027	466	45.4	100.00	34,602,445	100.00	73.48
투 표 율							74.22
기권 · 무효					12,487,722		26.52
당일 유권자수					47,090,167		100.00
여 당	요시다 자유 단독=202; 43.3%						

주: 노농, 공산, 제 정파, 무소속의 14인은 원내에 소회파(小會派) 클럽을 결성.

	의석수			의석률	득표수	득표율	
	후보	당선	비율			상대율	절대율
민 주	286	185	64.7	39.6	13,536,044	36.57	27.49
자 유	248	112	45.2	24.0	9,849,457	26.61	20.00
사후변화		+2			+76,020		
계		114		24.4	9,925,477	26.81	20.16
선거 소계	534	297	55.6	63.6	23,385,501	63.18	47.50
변화 후 소계		299		64.0	23,461,521	63.38	47.65
좌 사	121	89	73.6	19.1	5,683,312	15.35	11.54
우 사	122	67	54.9	14.3	5,129,594	13.86	10.42
노 농	16	4	25.0	0.9	357,611	0.97	0.73
공 산	60	2	3.3	0.4	733,121	1.98	1.49
소 계	319	162	50.8	34.7	11,903,638	32.16	24.18
제 정파	37	2	5.4	0.4	496,614	1.34	1.01
사후변화		-1			-40,444		
계		1			456,170	1.23	0.93
무소속	127	6	4.7	1.3	1,229,081	3.32	2.50
사후변화		-1			-35,576		
계		5			1,193,505	3.22	2.42
총 계	1,017	467	45.9	100.0	37,014,837	100.00	75.18
투표율							75.84
기권·무효					12,220,538		24.82
당일 유권자수					49,235,375		100.00
여 당	민주 단독=185; 39.6%						

주: 1. 노농, 공산, 무소속 11인은 원내에 소회파 클럽을 결성, 제 정파 1인은 순 무소속이 됨.
2. 동성(同姓) 후보자의 득표를 안분(按分)했기 때문에 득표수의 합계가 맞지 않을 수 있음(이하 선거도 동일).

	의석수			의석률	득표수	득표율	
	후보	당선	비율			상대율	절대율
자 민	413	287	69.5	61.5	22,976,846	57.80	44.17
사후변화		+11			+503,324		
계		298		63.8	23,480,170	59.07	45.14
보수계 무소속	+45	0		0.0	+833,566	2.10	1.60
무소속 가산수치		298		63.8	24,313,736	61.16	46.75
사회	246	166	67.5	35.5	13,093,993	32.94	25.17
사후변화		+1			+61,722		
계	·	167		35.8	13,155,715	33.09	25.29
공 산	114	1	0.9	0.2	1,012,035	2.55	1.95
사회·공산 소계	360	167	46.4	35.8	14,106,028	35.49	27.12
변화 후 소계		168		36.0	14,167,750	35.64	27.24
혁신계 무소속	+3	0		0.0	+82,203	0.21	0.16
무소속 가산수치		168		36.0	14,249,953	35.85	27.40
제 정파	33	1	3.0	0.2	287,991	0.72	0.55
각 계파 가산수치	-4	-1			-128,285		
잔계	29	0		0.0	159,706	0.40	0.31
무소속	145	12	8.3	2.6	2,380,795	5.99	4.58
각 계파 가산수치	-44	-11			-1,352,530		
잔계	98	1		0.2	1,028,265	2.59	1.98
총 계	951	467	49.1	100.00	39,751,661	100.00	76.43
투 표 율							76.99
기권·무효					12,261,868		23.57
당일 유권자수					52,013,529		100.00
여 당	자민 단독=298; 63.8%						

주: 1. 무소속의 오자와 사다타카와 공산당의 시가 요시오는 같은 소회파 클럽에 속해 있었으나, 이 중 오자와는 9월에 사회당에 입당했다.
2. 이 회기 선거 이후부터는, 무소속의 득표를 보수계와 혁신계로 대별해 집계한다. 여기서 그 대상자는 선거 후 입당하거나, 선거를 전후해 특정 정당의 후보자가 된 인물에 한정한다. 보수·혁신의 분류는 각 인물이 속해 있는 해당 정당의 계통에 따르는 것을 원칙으로 한다. 다만 당선 이후에, 이를테면, '공명당·국민회의' 등과 같은 회파에 소속될 예정인 후보의 경우에도, 선거 후 입당자와 동격으로 취급한다. 또한 자민당의 각 파벌이 사실상 자파의 후보로서 공인한 무소속 후보자도 보수계로 간주한다.

7=29회 1960. 11. 20

	의석수			의석률	득표수	득표율	
	후보	당선	비율			상대율	절대율
자 민	399	296	74.2	63.4	22,740,271	57.56	41.87
사후변화		+4			+210,133		
계		300		64.2	22,950,404	58.09	42.26
보수계 무소속	+21	0		0.0	+359,685	0.91	0.66
무소속 가산수치		300		64.2	23,310,089	59.00	42.92
사회	186	145	78.0	31.0	10,887,134	27.56	20.05
사후변화		-1			-48,004		
계		144		30.8	10,839,130	27.43	19.96
민 사	105	17	16.2	3.6	3,464,147	8.77	6.38
공 산	118	3	2.5	0.6	1,156,723	2.93	2.13
사 · 민 · 공 소계	409	165	40.3	35.3	15,508,004	39.25	28.55
변화 후 소계		164		35.1	15,460,000	39.13	28.46
혁신계 무소속	+3	0		0.0	+28,624	0.07	0.05
무소속 가산수치		164		35.1	15,488,624	39.20	28.52
제 정파	34	1	2.9	0.2	141,941	0.36	0.26
무소속	98	5	5.1	1.1	1,118,905	2.83	2.06
각 계파 가산수치	-24	-4+1			-550,438		
잔계	74	2		0.4	568,467	1.44	1.05
총 계	940	467	49.7	100.0	39,509,123	100.00	72.74
투 표 율							73.51
기권 · 무효					14,803,870		27.26
당일 유권자수					54,312,993		100.00
여 당	자민 단독=300; 64.2%						

주: 무소속 당선자 잔계(殘計) 해당자는 기요세 이치로와 구보타 쓰루마쓰. 제 정파의 당선자 잔계 해당자는 고가 사토루.

8=30회 1963. 11. 21

	의석수			의석률	득표수	득표율	
	후보	당선	비율			상대율	절대율
자 민	359	283	78.8	60.6	22,423,915	54.67	38.47
사후변화		+11			+548,977		
계		294		63.0	22,972,892	56.01	39.42
보수계 무소속	+34	0		0.0	+727,316	1.77	1.25
무소속 가산수치		294			23,700,208	57.78	40.66
사 회	198	144	72.7	30.8	11,906,766	29.03	20.43
민 사	59	23	39.0	4.9	3,023,302	7.37	5.19
공 산	118	5	4.2	1.1	1,646,477	4.01	2.83
사·민·공 소계	375	172	45.9	36.8	16,576,545	40.41	28.44
제 정파	64	0	0.0	0.0	59,765	0.15	0.10
무소속	119	12	10.1	2.6	1,956,313	4.77	3.36
각 계파 가산수치	-34	-11			-1,276,293		
잔계	85	1		0.2	680,020	1.66	1.17
총 계	917	467	50.9	100.0	41,016,540	100.00	70.38
투 표 율							71.14
기권·무효					17,265,138		29.62
당일 유권자수					58,281,678		100.00
여 당	자민 단독=294; 63.0%						

주: 무소속 당선자 잔계 해당자는 기요세 이치로.

9=31회 1967. 1. 29

	의석수			의석률	득표수	득표율	
	후보	당선	비율			상대율	절대율
자 민	342	277	81.0	57.0	22,447,838	48.80	35.64
사후변화		+3			+165,353		
계		280		57.6	22,613,191	49.16	35.90
보수계 무소속	+31	+5		1.0	+1,293,584	2.81	2.05
무소속 가산수치		285		58.6	23,906,775	51.98	37.95
사 회	209	140	67.0	28.8	12,826,103	27.88	20.36
사후변화		+1			+73,029		
계		141		29.0	12,899,132	28.04	20.48
공 명	32	25	78.1	5.1	2,472,371	5.38	3.92
민 사	60	30	50.0	6.2	3,404,463	7.40	5.40
공 산	123	5	4.1	1.0	2,190,563	4.76	3.48
야당 소계	424	200	47.2	41.2	20,893,500	45.42	33.17
변화 후 소계		201			20,966,529	45.58	33.28
혁신계 무소속	+4	0		0.0	+160,388	0.35	0.25
무소속 가산수치					21,126,917	45.93	33.54
제 정파	16	0	0.0	0.0	101,244	0.22	0.16
각 계파 가산수치	-1				-10,782		
잔계	15				90,462	0.20	0.14
무소속	135	9	6.7	1.9	2,553,988	5.55	4.05
각 계파 가산수치	-34	-9			-1,681,572		
잔계	101	0		0.0	872,416	1.90	1.38
총 계	917	486	53.0	100.0	45,996,573	100.00	73.02
투 표 율							73.99
기권·무효					16,996,223		26.98
당일 유권자수					62,992,796		100.00
여 당	자민 단독=280; 57.6%						

주: 자민계 무소속 해당자는 마쓰노 유키야스, 아베 기겐, 후루치 히로오, 나카오 에이이치, 사이토 도시오 등 총 5인. 이들은 1969년 1월에 자민당에 입당했다.

10=32회 1969. 12. 27

	의석수			의석률	득표수	득표율	
	후보	당선	비율			상대율	절대율
자 민	328	288	87.8	59.3	22,381,570	47.63	32.32
사후변화		+12			+674,821		
계		300		61.7	23,056,391	49.07	33.29
보수계 무소속	+31	3		0.6	+749,684	1.60	1.08
무소속 가산수치		303		62.3	23,806,075	50.66	34.37
사 회	183	90	49.2	18.5	10,074,100	21.44	14.55
공 명	76	47	6.18	9.7	5,124,666	10.91	7.40
민 사	68	31	45.6	6.4	3,636,590	7.74	5.25
사후변화	+1	+1			+58,965		
계	69	32		6.6	3,695,555	7.86	5.34
공 산	123	14	11.4	2.9	3,199,031	6.81	4.62
야당 소계	450	182	40.4	37.4	22,034,387	46.89	31.81
변화 후 소계		183		37.7	22,093,352	47.02	31.90
혁신계 무소속	+3	0		0.0	+117,938	0.25	0.17
무소속 가산수치		183		37.7	22,211,290	47.27	32.07
제 정파	37	0	0.0	0.0	81,373	0.17	0.12
무소속	130	16	12.3	3.3	2,492,560	5.30	3.60
각 계파 가산수치	-35	-16			-1,601,408		
잔계	95	0			891,152	1.90	1.29
총 계	945	486	51.4	100.0	46,989,892	100.00	67.85
투 표 율							68.51
기권 · 무효					22,270,532		32.15
당일 유권자수					69,260,424		100.00
여 당	자민 단독=300; 61.7%						

주: 자민계 무소속 해당자는, 나카무라 다쿠도, 이케다 마사노스케, 세키야 가쓰토시 등 총 3인. 이들은 1971년 6월 자민당에 입당했다.

	의석수			의석률	득표수	득표율	
	후보	당선	비율			상대율	절대율
자 민	339	271	79.9	55.2	24,563,199	46.85	33.30
사후변화		+13			+803,490		
계		284		57.8	25,366,689	48.39	34.39
보수계 무소속	+31	0		0.0	+675,136	1.29	0.92
무소속 가산수치		284		57.8	26,041,825	49.67	35.30
사 회	161	118	73.3	24.0	11,478,742	21.90	15.56
공 명	59	29	49.2	5.9	4,436,755	8.46	6.01
민 사	65	19	29.2	3.9	3,660,953	6.98	4.96
사후변화	+1	+1			+57,203		
계	66	20		4.1	3,718,156	7.09	5.04
공 산	122	38	31.1	7.7	5,496,827	10.49	7.45
사후변화	+3	+2			+205,343		
계	125	40		8.1	5,702,170	10.88	7.73
혁신계 무소속	+2	0		0.0	+80,961	0.15	0.11
야당 소계	407	204	50.1	41.5	25,073,277	47.83	33.99
변화수치 소계	413	207		42.2	25,416,784	48.48	34.45
제 정파	15	2	13.3	0.4	143,019	0.27	0.19
각 계파 가산수치	-2	-2			-121,636		
잔계	13	0		0.0	21,383	0.04	0.03
무소속	134	14	10.4	2.9	2,645,582	5.05	3.59
각 계파 가산수치	-35	-14			-1,700,497		
잔계	99	0		0.0	945,085	1.80	1.28
총 계	895	491	54.9	100.0	52,425,078	100.00	71.07
투 표 율							71.76
기권 · 무효					21,344,558		28.93
당일 유권자수					73,769,636		100.00
여 당	자민 단독=284; 57.8%						

주: 제 정파의 당선자는 세나가 가메지로(오키나와 인민당), 아사토 쓰미치요(오키나와 사회대중당). 이들은 각각 공산당과 민사당으로 가산했다.

	의석수			의석률	득표수	득표율	
	후보	당선	비율			상대율	절대율
자 민	320	249	77.8	48.7	23,653,626	41.78	30.35
사후변화		+12-1			+804,686		
계		260		50.9	24,458,312	43.20	31.39
신자클	25	17	68.0	3.3	2,363,984	4.18	3.03
사후변화		+1			+72,286		
계		18		3.5	2,436,270	4.30	3.13
보수계 무소속	+27	+3			+793,992	1.40	1.02
무소속 가산수치		281		55.0	27,688,574	48.91	35.53
사 회	162	123	75.9	24.1	11,713,008	20.69	15.03
사후변화		+1			-		
계		124		24.3	11,713,008	20.69	15.03
공 명	84	55	65.4	10.8	6,177,300	10.91	7.93
사후변화	+1	+1			+113,529		
계	85	56		11.0	6,290,829	11.11	8.07
민 사	51	29	56.9	5.7	3,554,075	6.28	4.56
공 산	128	17	13.3	3.3	5,878,192	10.38	7.54
사후변화	+3	+2			+154,695		
계	131	19		3.7	6,032,887	10.66	7.74
혁신·무소속	+2	0		0.0	+57,692	0.10	0.07
혁신 소계	425	224	52.7	43.8	27,322,575	48.26	35.06
무소속 가산수치	431	228		44.6	27,648,491	48.84	35.48
제 정파	17	0	0.0	0.0	45,113	0.08	0.06
보수계 가산수치	-1	0			-10,702		
잔계	16	0		0.0	34,411	0.06	0.04
무소속	112	21	18.8	4.1	3,227,463	5.70	4.14
각 계파 가산수치	-32	-19			-1,986,178		
잔계	80	2		0.4	1,241,285	2.19	1.59
총 계	899	511	56.8	100.0	56,612,761	100.00	72.65
투 표 율							73.45
기권·무효					21,313,824		27.35
당일 유권자수					77,926,585		100.00
여 당	자민 단독=260; 50.9%						

주: 1. 보수계 무소속 해당자는 하시모토 도미사부로, 하토야마 구니오, 다나카 가쿠에이.
2. 무소속 잔계 해당자는 아소 요시카타, 우쓰노미야 도쿠마.
3. 총선거 직후에 치바 3구의 미즈다 미키오(자민)가 사망하고, 치바 치요세(사회)가 소기당선됨에 따라, 자·사 양당의 당선자 수가 각각 -1, +1의 변동이 있었다.

	의석수			의석률	득표수	득표율	
	후보	당선	비율			상대율	절대율
자 민	322	248	77.0	48.5	24,084,130	44.59	30.04
사후변화		+10			+670,646		
계		258		50.5	24,754,776	45.83	30.88
신 자 클	31	4	12.9	0.8	1,631,811	3.02	2.04
보수계 무소속	+30	+5		1.0	+985,595	1.82	1.23
총 보수		267		52.3	27,372,182	50.68	34.14
사 회	157	107	68.2	20.9	10,643,450	19.71	13.28
공 명	64	57	89.1	11.2	5,282,682	9.78	6.59
사후변화	+1	+1			+93,634		
계	65	58		11.4	5,376,316	9.95	6.71
민 사	53	35	66.0	6.8	3,663,691	6.78	4.57
사후변화	+1	+1			+89,142		
계	54	36		7.0	3,752,833	6.95	4.68
공 산	128	39	30.5	7.6	5,625,527	10.42	7.02
사후변화	+3	+2			+141,908		
계	131	41		8.0	5,767,435	10.68	7.19
사민련	7	2	28.6	0.4	368,660	0.68	0.46
혁신·무소속	+2	0		0.0	+42,087	0.08	0.05
혁신 소계	409	240	58.7	47.0	25,584,010	47.37	31.91
무소속 가산수치	416	244		47.7	25,950,781	48.05	32.37
제 정파	33	0	0.0	0.0	69,101	0.13	0.09
무소속	96	19	19.8	3.7	2,641,064	4.89	3.29
각 계파 가산수치	-37	-19			-2,023,012		
잔계	59	0		0.0	618,052	1.14	0.77
총 계	891	511	57.4	100.0	54,010,120	100.00	67.37
투 표 율							68.01
기권·무효					26,159,804		32.63
당일 유권자수					80,169,924		100.00
여 당	자민 단독=258; 50.5%						

주: 보수계 무소속 해당자는 사토 고코, 와타나베 세이로, 하시모토 도미사부로, 다나카 가쿠에이, 니시오카 다케오.

	의석수			의석률	득표수	득표율	
	후보	당선	비율			상대율	절대율
자 민	310	284	91.6	55.6	28,262,441	47.88	34.92
사후변화		+3			+291,273		
계		287		56.2	28,553,714	48.38	35.28
신 자 클	25	12	48.0	2.3	1,766,396	2.99	2.18
보수계 무소속	+16	+6		1.2	+864,188	1.46	1.07
총 보수		305		59.7	31,184,298	52.83	38.53
사 회	149	107	71.8	20.9	11,400,747	19.31	14.09
공 명	64	33	51.6	6.5	5,329,942	9.03	6.59
사후변화	+1	+1			+97,674		
계	65	34		6.7	5,427,616	9.19	6.71
민 사	50	32	64.0	6.3	3,896,728	6.60	4.82
사후변화	+1	+1			+85,343		
계	51	33		6.5	3,982,071	6.75	4.92
공 산	129	29	22.5	5.7	5,803,613	9.83	7.17
사후변화	+3	0			+140,197		
계	132	29		5.7	5,943,810	10.07	7.34
사민련	5	3	60.0	0.6	402,832	0.68	0.50
혁신·무소속	+3	0		0.0	+156,085	0.26	0.19
혁신 소계	397	204	51.4	39.9	26,833,862	45.46	33.16
무소속 가산수치	405	206		40.3	27,313,161	46.27	33.75
제 정파	42	0	0.0	0.0	109,168	0.18	0.13
무소속	61	11	18.0	2.2	2,056,967	3.48	2.54
각 계파 가산수치	-24	-11			-1,634,760		
잔계	37	0		0.0	422,207	0.72	0.52
총 계	835	511	61.2	100.0	59,028,836	100.00	72.94
투 표 율							74.57
기권·무효					21,896,198		27.06
당일 유권자수					80,925,034		100.00
여 당	자민 단독=287; 56.2%						

주: 보수계 무소속 해당자는 사토 고코, 다나카 가쿠에이, 다나카 이소지, 나카가와 히데나오, 니시오카 다케오, 마쓰노 라이조.

	의석수			의석률	득표수	득표율	
	후보	당선	비율			상대율	절대율
자 민	339	250	73.7	48.9	25,982,785	45.76	30.84
사후변화		+9			+694,296		
계		259		50.7	26,677,081	46.98	31.66
신 자 클	17	8	47.1	1.6	1,341,584	2.36	1.59
보수계 무소속	+31	+2		0.4	+939,972	1.66	1.12
총 보수·무		269		52.6	28,958,637	51.00	34.37
사 회	144	112	77.8	21.9	11,065,082	19.49	13.13
사후변화	+2	+1			+224,512		
계	146	113		22.3	11,289,594	19.88	13.40
공 명	59	58	98.3	11.4	5,745,751	10.12	6.82
사후변화	+1	+1			+114,302		
계	60	59		11.5	5,860,053	10.32	6.96
민 사	54	38	70.4	7.4	4,129,907	7.27	4.90
사후변화	+1	+1			+73,500		
계	55	39		7.6	4,203,407	7.40	4.99
공 산	129	26	20.2	5.1	5,302,485	9.34	6.29
사후변화	+3	+1			+136,995		
계	132	27		5.3	5,439,480	9.58	6.46
사민련	4	3	75.0	0.6	381,045	0.67	0.45
야당 소계	390	237	60.8	46.4	26,624,270	46.89	31.60
무소속 가산수치	397	241		47.4	27,173,579	47.86	32.25
제 정파	18	0	0.0	0.0	62,323	0.11	0.07
무소속	84	16	19.0	3.1	2,768,735	4.88	3.29
각 계파 가산수치	-38	-15			-2,183,577		
잔계	46	1		0.0	585,158	1.03	0.69
총 계	848	511	60.3	100.0	56,779,700	100.00	67.39
투 표 율							67.94
기권·무효					27,472,908		32.61
당일 유권자수					84,252,608		100.00
여 당	자민259+신자클8=267; 52.3%						

주: 보수계 무소속 해당자는 사토 고코, 다나카 가쿠에이.

16=38회 1986.7.6

	의석수			의석률	득표수	득표율	
	후보	당선	비율			상대율	절대율
자 민	322	300	93.2	58.6	29,875,501	49.42	34.57
사후변화		+4			364,068		
계		304		59.3	30,239,569	50.03	34.99
신 자 클	12	6	50.0	1.2	1,114,800	1.84	1.29
보수계 무소속	80	2			2,874,075	4.75	3.33
총 보수·무소속	414	312	75.4	60.9	33,864,376	56.02	39.18
사 회	138	85	61.6	16.6	10,412,584	17.23	12.05
사후변화	+4	+1			319,635		
계	142	86	60.6	16.8	10,732,219	17.75	12.42
공 명	61	56	91.8	10.9	5,701,277	9.43	6.60
사후변화	+1	+1			101,735		
계	62	57	91.9	11.1	5,803,012	9.60	6.71
민 사	56	26	46.4	5.1	3,895,858	6.44	4.51
사후변화	+2	0			83,899		
계	58	26	44.8	5.1	3,979,757	6.58	4.60
공 산	129	26	20.1	5.1	5,313,246	8.79	6.15
사후변화	+2	+1			113,722		
계	131	27	20.6	5.3	5,426,968	8.98	6.28
사민련	5	4	80.0	0.8	499,670	0.83	0.58
야당 소계	389	197	50.6	38.5	25,822,635	42.72	29.88
무소속 가산수치	398	200	50.3	39.1	26,441,626	43.74	30.59
제 정파	15	0	0.0	0.0	120,627	0.20	0.14
무소속	100	9	9.0		3,515,043	5.81	4.07
각 계파 가산수치	-89	-7			3,493,066		
잔계	11	2		0.4	21,977	0.04	0.03
총 계	838	512	61.1	100.0	60,448,606	100.00	69.94
투 표 율							71.40
기권·무효					25,978,239		30.06
당일 유권자수					86,426,845		100.00
여 당	자민304+신자클6=310; 60.5% 이 중 신자클은 다가와 세이치를 제외한 5인이 자민당에 합류했음. 이에 따라 여당의석수는 309석이 됨.						

	의석수			의석률	득표수	득표율	
	후보	당선	비율			상대율	절대율
자 민	338	275	81.4	53.7	30,315,417	46.14	33.56
사후변화		+11			725,841		
계		286		55.9	31,041,258	47.24	34.37
진 보	7	1	14.3	0.2	281,793	0.43	0.31
보수계 무소속	109	4	3.7	0.8	3,486,591	5.31	3.86
총보수·무소속	454	291	64.1	56.8	34,083,801	51.87	37.74
사 회	149	136	91.3	26.6	16,025,472	24.39	17.74
사후변화		+3			250,682		
계		139		27.1	16,276,154	24.77	18.02
공 명	58	45	77.6	8.8	5,242,675	7.98	5.80
사후변화		+1			117,725		
계		46		9.0	5,360,400	8.16	5.93
공 산	131	16	12.2	3.1	5,226,986	7.96	5.79
민 사	44	14	31.8	2.7	3,178,949	4.84	3.52
사민련	6	4	66.7	0.8	566,957	0.86	0.63
야당계열 무소속	25	2	8.0	0.4	1,259,462	1.92	1.39
야당 소계	413	215	52.1	42.0	30,241,039	46.03	33.48
무소속 가산수치		221		43.2	31,500,501	47.94	34.88
제 정파	64	0	0.0	0.0	58,535	0.09	0.06
각계열 무소속	134	21	15.7		4,746,053	7.22	5.25
그 외 무소속	22	0			61,467	0.09	0.07
사후변화		-15			1,094,248		
무소속 총계	156	6		1.2	4,807,520	7.32	5.32
총 계	953	512	53.7	100.0	65,704,304	100.00	72.74
투 표 율							73.31
기권·무효					24,618,604		27.26
당일 유권자수					90,322,908		100.00
여 당	자민 단독 286; 55.9%						

주: 무소속 해당자 중, 보수계=나카소네 야스히로, 후지나미 다카오, 가메이 히사오키, 도쿠다 도라오, 야당계=오카자키 히로미, 요시오카 겐지.

18=40회 1993.7.18

	의석수			의석률	득표수	득표율	
	후보	당선	비율			상대율	절대율
자 민	285	223	78.2	43.6	22,999,646	36.62	24.34
사후변화		+8-3			504,378		
계		228		44.6	23,504,024	37.42	24.88
사 회	142	70	49.3	13.7	9,687,588	15.43	10.25
무소속·사민련 출신		+7			578,034		
계		77		15.1	10,265,622	16.35	10.87
신 생	69	55	79.7	10.8	6,341,364	10.10	6.71
무소속·자민 출신		+5			406,384		
계		60		11.7	6,747,748	10.74	7.14
공 명	54	51	94.4	10.0	5,114,351	8.14	5.41
무소속 출신		+1			151,260		
계		52		10.2	5,265,611	8.38	5.57
일본신	57	35	61.4	6.8	5,053,981	8.05	5.35
사키가케	16	13	81.3	2.5	1,658,097	2.64	1.76
사키가케·일본신당으로 이동			+4			389,847	
계		52		10.2	7,101,925	11.31	7.52
공 산	129	15	11.6	2.9	4,834,587	7.70	5.12
민 사		15	53.5	2.9	2,205,682	3.51	2.33
무소속 출신	28	+4			358,336		
계		19		3.7	2,564,018	4.08	2.71
사민련	4	4	100.0	0.8	461,169	0.73	0.49
사후변화		-4			461,169		
계		0			0	0.00	0.00
제 정파 62	0	0.0	0.0	143,486	0.23	0.15	
무소속	109	30	27.5	5.9	4,304,188	6.85	4.56
각 당파로 이동		-22			-1,927,070	3.07	2.04
계		8		1.6	2,377,118	3.78	2.52
총 계	955	511	53.5	100.0	62,804,144	100.00	66.48
투 표 율							67.26
기권·무효					31,673,672		33.52
당일 유권자수					94,477,816		100.00
여 당	사회77+신생60+공명52+일본신·사키가케52+민사19=260; 50.9%						

		의석수			의석률	득표수	득표율	
		후보	당선	비율			상대율	절대율
자 민	소선거구	288	169	58.68	56.33	21,836,096	38.63	22.35
	비례대표	327	70	21.41	35.00	18,205,955	32.76	18.64
	계	355 (260)	239	67.32 (38.86)	47.80			
신 진	소선거구	235	96	40.85	32.00	15,812,325	27.97	16.19
	비례대표	133	60	45.11	30.00	15,580,053	28.04	15.95
	계	361 (7)	156	43.21 (42.39)	31.20			
민 주	소선거구	143	17	11.89	5.67	6,001,666	10.62	6.14
	비례대표	159	35	22.01	17.50	8,949,190	16.10	9.16
	계	161 (141)	52	32.30 (17.22)	10.40			
공 산	소선거구	299	2	0.67	0.67	7,096,765	12.55	7.27
	비례대표	53	24	45.28	12.00	7,268,743	13.08	7.44
	계	321 (31)	26	8.10 (7.39)	5.20			
사 민	소선거구	43	4	9.30	1.33	1,240,649	2.19	1.27
	비례대표	48	11	22.92	5.50	3,547,240	6.38	3.63
	계	48 (43)	15	31.25 (16.48)	3.00			
사키가케	소선거구	13	2	15.38	0.67	727,644	1.29	0.74
	비례대표	11	0	0.00	0.00	582,093	1.05	0.60
	계	15 (9)	2	13.33 (8.33)	0.40			
민개련	소선거구	2	1	50.00	0.33	149,357	0.26	0.15
	비례대표	1	0	0.00	0.00	18,844	0.03	0.02
	계	2 (1)	1	50.00 (33.33)	0.20			
제정파·무소속	소선거구	238	9	3.78	3.00	3,663,917	6.48	3.75
	비례대표	76	0	0.00	0.00	1,417,077	2.55	1.45
	계	240 (74)	9	3.75 (2.87)	1.80			
총 계	소선거구	1,261	300	23.79	100.00	56,528,421	100.00	57.87
	비례대표	808	200	24.75	100.00	55,569,195	100.00	56.89
	계	1,503 (566)	500	33.27	100.00			
투표율	소선거구							59.65
	비례대표							59.62
기권·무효	소선거구					39,417,789		40.35
	비례대표					39,441,305		40.38
당일 유권자수						97,680,719		100.00

주: 괄호 안은 중복입후보자 수와, 중복후보를 각각 별개의 후보로 다룰 경우의 당선율을 나타냄.

		의석수			의석률	득표수	득표율	
		후보	당선	비율			상대율	절대율
자 민	소선거구	271	177	65.31	59.00	24,945,806	41.01	24.84
	비례대표	326	56	17.18	31.11	16,943,425	28.31	16.86
	계	337	233	69.14	48.54			
		(260)		(39.03)				
민 주	소선거구	242	80	33.06	26.67	16,811,732	27.64	16.74(?)
	비례대표	259	47	18.15	26.11	15,067,990	25.18	14.99
	계	262	127	48.47	26.46			
		(239)		(25.35)				
공 명	소선거구	18	7	38.89	2.33	1,231,753	2.03	1.23
	비례대표	63	24	38.10	13.33	7,762,032	12.97	7.72
	계	74	31	41.89	6.46			
		(7)		(38.27)				
공 산	소선거구	300	0	0.00	0.00	7,352,843	12.09	7.32
	비례대표	66	20	30.30	11.11	6,719,016	11.23	6.69
	계	332	20	6.02	4.17			
		(34)		(5.46)				
사 민	소선거구	71	4	5.63	1.33	2,315,234	3.81	2.31
	비례대표	76	15	19.74	8.33	5,603,680	9.36	5.58
	계	76	19	25.00	3.96			
		(71)		(12.93)				
보 수	소선거구	16	7	43.75	2.33	1,230,464	2.02	1.23
	비례대표	3	0	0.00	0.00	247,334	0.41	0.25
	계	19	7	36.84	1.46			
		(0)						
자 유	소선거구	61	4	6.56	1.33	2,053,736	3.38	2.04
	비례대표	72	18	25.00	10.00	6,589,490	11.01	6.56
	계	75	22	29.33	4.58			
		(58)		(16.54)				
무소속모임	소선거구	9	5	55.56	1.67	652,138	1.07	0.65
	비례대표	2	0	0.00	0.00	151,345	0.25	0.15
	계	11	5	45.45	1.04			
		(0)						
개혁클럽	소선거구	4	0	0.00	0.00	203,736	0.33	0.20
	비례대표	0	-	-	-	-	-	-
	계	4	0	0.00	0.00			
		(0)						
자유연합	소선거구	123	1	0.81	0.33	1,071,012	1.76	1.07
	비례대표	33	0	0.00	0.00	660,724	1.10	0.66
	계	126	1	0.79	0.21			
		(30)		(0.64)				

		의석수			의석률	득표수	득표율	
		후보	당선	비율			상대율	절대율
(신)사회	소선거구	0	-	-	-	-	-	-
	비례대표	4	0	0.00	0.00	99,565	0.17	0.10
	계	4 (0)	0	0.00	0.00			
제정파·무소속	소선거구	84	15	17.86	5.00	3,014,014	4.96	3.00
	비례대표	0	-	-	-	-	-	-
	계	84 (0)	15	17.86	3.13			
총 계	소선거구	1,119	300	25.02	99.99	60,822,470	100.00	60.56
	비례대표	904	180	19.91	99.99	59,844,601	100.00	59.55
	계	1,404 (699)	480	34.19 (22.82)	100.00			
투표율	소선거구							62.49
	비례대표							62.45
기권·무효	소선거구					37,669,559		37.51
	비례대표					37,734,500		37.55
당일 유권자수	소선거구					100,433,798		
	비례대표					100,492,328		

주: 괄호는 중복입후보자 수와 중복후보를 각각 별개의 후보로 다룰 경우의 당선율을 표시함.

		의석수			의석률	득표수	득표율	
		후보	당선	비율			상대율	절대율
자 민	소선거구	277	168	60.65	56.00	26,089,326	43.85	25.52
	비례대표	314	69	21.97	38.33	20,660,185	34.96	20.19
	계	336 (255)	237	70.54 (40.10)	49.38			
민 주	소선거구	267	105	39.33	35.00	21,814,154	36.66	21.34
	비례대표	274	72	26.28	40.00	22,095,636	37.39	21.60
	계	277 (264)	177	63.90 (32.72)	36.88			
공 명	소선거구	10	9	90.00	3.00	886,507	1.49	0.87
	비례대표	45	25	55.56	13.89	8,733,444	14.78	8.54
	계	55	34	61.82	7.08			
공 산	소선거구	300	0	0.00	0.00	4,837,952	8.13	4.73
	비례대표	47	9	19.15	5.00	4,586,172	7.76	4.48
	계	316 (31)	9	2.85 (2.59)	1.88			
사 민	소선거구	62	1	1.61	0.33	1,708,672	2.87	1.67
	비례대표	65	5	7.69	2.78	3,027,390	5.12	2.96
	계	65 (62)	6	9.23 (4.72)	1.25			
보수신	소선거구	11	4	36.36	1.33	791,588	1.33	0.77
	비례대표	0	-	-	-	-	-	-
	계	11	4	36.36	0.83			
무소속모임	소선거구	8	1	12.50	0.33	497,108	0.84	0.49
	비례대표	0	-	-	-	-	-	-
	계	8	1	12.50	0.21			
자유연합	소선거구	1	1	100.00	0.33	97,423	0.16	0.10
	비례대표	0	-	-	-	-	-	-
	계	1	1	100.00	0.21			
제 정파·무소속	소선거구	90	11	12.22	3.67	2,779,642	4.67	2.72
	비례대표	0	-	-	-	-	-	-
	계	90	11	12.22	2.29			
총 계	소선거구	1,026	300	29.24	99.99	59,502,373	100.00	58.20
	비례대표	745	180	24.16	100.00	59,102,827		57.77
	계	1,159 (612)	480	41.42 (27.10)	100.00			
투표율	소선거구							59.86
	비례대표							59.81
기권·무효	소선거구					41,036,526		40.14
	비례대표					41,113,468		40.19
당일 유권자수	소선거구					102,232,944		100.00
	비례대표					102,306,684		100.00

주: 괄호는 중복입후보자 수와 중복후보를 각각 별개의 후보로 다룰 경우의 당선율을 표시함.

참의원 의원 총선거 기본수치

제1회 1947. 4. 20

	전국구				지방구				합계				의석률	선거전		전회당선	전전회당선
	후보	당선	비개	합계	후보	당선	비개	합계	후보	당선	비개	합계		의석	의석률		
자 e	19	8	-	-	54	30	-	-	73	38	-	-	15.2				
유 x		+2	-	-		+4	-	-		+6	-	-					
t		10	-	-		34	-	-		44	-	-	17.6	-	-	-	-
민 e	13	8	-	-	41	22	-	-	54	30	-	-	12.0				
주 x		+2	-	-		+9	-	-		+11	-	-					
t		10	-	-		31	-	-		41	-	-	16.4	-	-	-	-
소 e	32	16	-	-	95	52	-	-	127	68	-	-	27.2	-	-		
계 x		+4	-	-		+13	-	-		+17	-	-					
t		20	-	-		65	-	-		85	-	-	34.0	-	-		
국 e	9	3	-	-	14	6	-	-	23	9	-	-	3.6				
협 x		-3	-	-		-6	-	-		-9	-	-					
t		0	-	-		0	-	-		0	-	-	0.0	-	-	-	-
녹 e	-	0	-	-	-	0	-	-	-	0	-	-	0.0				
풍 x		+48	-	-		+44	-	-		+92	-	-					
t		48	-	-		44	-	-		92	-	-	36.8	-	-	-	-
사회	34	17	-	-	67	30	-	-	101	47	-	-	18.8	-	-	-	-
공산	12	3	-	-	30	1	-	-	42	4	-	-	1.6	-	-	-	-
제 e	21	4	-	-	15	7	-	-	36	11	-	-	4.4				
정 x		-4	-	-		-6	-	-		-10	-	-					
파 t		0	-	-		1	-	-		1	-	-	0.4	-	-	-	-
무 e	138	57	-	-	110	54	-	-	248	111	-	-	44.4				
소 x		-45	-	-		-45	-	-		-90	-	-					
속 t		12	-	-		9	-	-		21	-	-	8.4	-	-	-	-
합계	246	100	-	-	331	150	-	-	577	250	-	-	100.0	-	-	-	-

주: 1. e는 선거시기, x는 사후변화, t는 합계.
2. x와 t는 통상 선거 후 첫 국회소집일의 경우.
3. 안분 비례표(按分表)의 소수점이하는 버렸기 때문에, 득표수의 합계가 맞지 않는 경우가 있음
4. '비개'는 비개선(非改選), 즉 재선거를 하지 않은 경우를 의미함-역자 주.

	전국구			지방구		
	득표수	득표율		득표수	득표율	
		상대율	절대율		상대율	절대율
자 유	1,360,456	6.40	3.32	3,765,704	17.10	9.20
사후변화	+233,022			+469,902		
계	1,593,478	7.50	3.89	4,239,606	19.22	10.35
민 주	1,659,631	7.80	4.05	2,989,132	13.56	7.30
사후변화	+202,140			+1,031,119		
계	1,861,771	8.75	4.55	4,020,251	18.23	9.82
국 협	549,916	2.59	1.34	978,522	4.44	2.39
사후변화	-413,565			-700,121		
계	136,351	0.64	0.33	278,401	1.26	0.68
선거결과 소계	3,570,003	16.79	8.71	7,737,358	35.09	18.89
변화 후 소계	3,591,600	16.89	8.77	8,538,258	38.71	20.85
녹 풍	0			0		
사후변화	+8,555,388			+5,097,904		
계	8,555,388	40.22	20.89	5,097,904	23.12	12.45
사 회	3,479,814	16.36	8.50	4,901,341	22.23	11.97
공 산	610,948	2.87	1.49	825,304	3.74	2.01
제 정파	911,709	4.29	2.23	1,058,032	4.80	2.58
사후변화	-502,866			-666,628		
계	408,843	1.92	1.00	391,404	1.78	0.96
무소속	12,698,698	59.70	31.00	7,527,191	34.14	18.38
사후변화	8,074,119			-5,232,176		
계	4,624,579	21.74	11.29	2,295,015	10.41	5.60
합 계	21,271,172	100.00	51.93	22,049,226	100.00	53.83
기권·무효 등의 비율			48.07			46.17
당일유권자수	40,958,588	투표율 61.12%				

	전국구				지방구				합계				의석률	선거전		전회당선	전전회당선
	후보	당선	비개	합계	후보	당선	비개	합계	후보	당선	비개	합계		의석	의석률		
자 e	73	18	1	19	63	34	23	57	136	52	24	76					
유 x		+1		+1						+1		+1					
t		19	1	20		34	23	57		53	24	77	30.8	61	25.6	-	-
민 e	18	1	5	6	28	8	15	23	46	9	20	29					
주 x		+1		+1		0				+1		+1					
t		2	5	7		8	15	23		10	20	30	12.0	42	17.6	-	-
농 e	1	1	0	1	3	2	0	2	4	3	0	3					
협 x		-1		-1		-2		-2		-3		-3					
t		0	0	0		0	0	0		0	0	0	0.0	0	0.0	-	-
소 e	92	20	6	26	94	44	38	82	186	64	44	108					
계 x		+1		+1		-2		-2		-1		-1					
t		21	6	27		42	38	80		63	44	107	42.8	103	43.3	-	-
녹 e	40	6	21	27	18	3	20	23	58	9	41	50					
풍 x		+4		+4		+3		+3		+7		+7					
t		10	21	31		6	20	26		16	41	57	22.8	70	29.4	-	-
사 e	32	15	10	25	43	21	15	36	75	36	25	61					
회 x						+1		+1		+1	·	+1					
t		15	10	25		22	15	37		37	25	62	24.8	42	17.6	-	-
노농	2	1	2	3	7	1	1	2	9	2	3	5	2.0	7	2.9	-	-
소 e	34	16	12	28	50	22	16	38	84	38	28	66					
계 x						+1		+1		+1		+1					
t		16	12	28		23	16	39		39	28	67	26.8	49	20.6	-	-
공산	12	2	2	4	38	0	0	0	50	2	2	4	1.6	5	2.1	-	-
제정파	16	0	0	0	13	0	0	0	29	0	0	0	0.0	0	0.0	-	-
무 e	117	12	3	15	39	7	0	7	156	19	3	22					
소 x		-5		-5		-2		-2		-7		-7					
속 t		7	3	10		5	0	5		12	3	15	6.0	11	4.6	-	-
합계	311	56	44	100	252	76	74	150	563	132	118	250	100.0	238	100.0		

주: 무소속은 제1클럽의 14와 순무소속의 1의 합계.

	전국구			지방구		
	득표수	득표율		득표수	득표율	
		상대율	절대율		상대율	절대율
자 유	8,313,756	29.70	19.13	10,414,995	35.90	23.96
사후변화	+162,737					
계	8,476,493	30.28	19.50			
국민민주	1,368,783	4.89	3.15	2,966,011	10.23	6.82
사후변화	+148,254					
계	1,517,037	5.42	3.49			
농민협동	238,339	0.85	0.55	412,782	1.42	0.95
사후변화	-238,339			-316,830		
계	0	0.00	0.00	95,952	0.33	0.22
선거결과 소계	9,920,878	35.44	22.83	13,793,788	47.56	31.74
변화 후 소계	9,993,530	35.70	22.99	13,476,958	46.46	31.01
녹 풍	3,660,391	13.08	8.42	1,773,576	6.11	4.08
사후변화	+2,268,00			+641,555		
계	5,928,393	21.18	13.64	2,415,131	8.33	5.56
사 회	4,854,629	17.34	11.17	7,316,808	25.23	16.84
사후변화				+180,890		
계				7,497,698	25.85	17.25
노 농	200,066	0.71	0.46	471,649	1.63	1.09
선거결과 소계	5,054,695	18.06	11.63	7,788,457	26.85	17.92
변화 후 소계				7,969,347	27.48	18.34
공 산	1,333,872	4.76	3.07	1,637,451	5.65	3.77
제 정파	391,031	1.40	0.90	545,711	1.88	1.26
무소속	7,632,526	27.27	17.56	3,465,956	11.95	7.97
사후변화	-2,340,654			-505,615		
계	5,291,872	18.90	12.18	2,960,341	10.21	6.81
합 계	27,993,393	100.00	64.41	29,004,939	100.00	66.74
기권·무효 등의 비율			35.58			33.26
당일유권자수	43,461,371	투표율	72.19%			

제3회 1953. 4. 24

정당		전국구				지방구				합계				의석률	선거전		전회당선	전전회당선
		후보	당선	비개	합계	후보	당선	비개	합계	후보	당선	비개	합계		의석	의석률		
요시다자유	e	38	16	15	31	46	30	32	62	84	46	47	93					
	x		+1		+1						+1		+1					
	t		17	15	32		30	32	62		47	47	94	37.6	82	34.2	-	-
하토야마자유		1	0	0	0	8	0	2	2	9	0	2	2	0.8	5	2.1	-	-
개진		17	3	4	7	26	5	3	8	43	8	7	15	6.0	16	6.7	-	-
소계	e	56	19	19	38	80	35	37	72	136	54	56	110					
	x		+1		+1						+1		+1					
	t		20	19	39		35	37	72		55	56	111	44.4	103	42.9	63	-
녹풍	e	23	8	11	19	12	8	7	15	35	16	18	34					
	x		+8		+8		+5		+5		+13		+13					
	t		16	11	27		13	7	20		29	18	47	18.8	55	22.9	16	-
우사		16	3	3	6	24	7	13	20	40	10	16	26	10.4	31	12.9	-	-
좌사	e	24	8	11	19	26	10	11	21	50	18	22	40					
	x		+1		+1		+2		+2		+3		+3					
	t		9	11	20		12	11	23		21	22	43	17.2	31	12.9	-	-
사회소계	e	40	11	14	25	50	17	24	41	90	28	38	66					
	x		+1		+1		+2		+2		+3		+3					
	t		12	14	26		19	24	43		31	38	69	27.6	62	25.8	39	-
공산		3	0	1	1	13	0	0	0	16	0	1	1	0.4	3	1.3	2	-
제정파	e	14	0	1	1	5	1	1	2	19	1	2	3					
	x						-1		-1		-1		-1					
	t		0	1	1		0	1	1		0	2	2	0.8	4	1.7	0	-
무소속	e	104	15	1	16	60	14	6	20	164	29	7	36					
	x		-10		-10		-6		-6		-16		-16					
	t		5	1	6		8	6	14		13	7	20	8.0	13	5.4	12	-
합계		240	53	47	100	220	75	75	150	460	128	122	250	100.0	240	100.0	132	

주: 무소속은 제1클럽의 14와 순무소속의 1의 합계.

	전국구			지방구		
	득표수	득표율		득표수	득표율	
		상대율	절대율		상대율	절대율
요시다 자유	6,149,927	22.75	13.07	8,803,131	31.43	18.72
사후변화	+307,389					
계	6,457,316	23.89	13.73			
하토야마 자유	110,889	0.41	0.24	522,540	1.87	1.11
개 진	1,630,507	6.03	3.47	2,840,345	10.14	6.04
선거결과 소계	7,891,323	29.19	16.78	12,166,016	43.43	25.87
변화 후 소계	8,198,712	30.33	17.43			
녹 풍	3,301,011	12.21	7.02	2,096,103	7.48	4.46
사후변화	+2,378,523			+1,183,508		
계	5,679,534	21.01	12.07	3,279,611	11.71	6.97
우 사	1,740,423	6.44	3.70	2,952,803	10.54	6.28
좌 사	3,858,552	14.27	8.20	3,917,837	13.99	8.33
사후변화	+362,293			+498,103		
계	4,220,845	15.61	8.97	4,415,940	15.77	9.39
선거결과 소계	5,598,975	20.71	11.90	6,870,640	24.53	14.61
변화 후 소계	5,961,268	22.05	12.67	7,368,743	26.31	15.67
공 산	293,877	1.09	0.62	264,729	0.95	0.56
제 정파	445,433	1.65	0.95	600,116	2.14	1.28
사후변화				-256,059		
계				344,057	1.23	0.73
무소속	9,504,220	35.16	20.21	6,013,363	21.47	12.78
사후변화	-3,048,205			-1,425,552		
계	6,456,015	23.88	13.73	4,587,811	16.38	9.75
합 계	27,034,839	100.00	57.48	28,010,967	100.00	59.55
기권·무효 등의 비율			42.52			40.45
당일유권자수	47,036,554	투표율 63.18%				

	전국구				지방구				합계				의석률	선거전		전회당선	전전회당선
	후보	당선	비개	합계	후보	당선	비개	합계	후보	당선	비개	합계		의석	의석률		
자 e	54	19	23	42	64	42	38	80	118	61	61						
민 x		1死	+1	±0	+2	1死	+1	+2	+2	2死	+2						
t		18	24	42		43	39	82		61	63	124	50.0	122	50.0	55	63
녹 e	14	5	13	18	5	0	13	13	19	5	26	31	12.5				
풍 x			-1	-1			-1	-1			-2	-2					
t		5	12	17		0	12	12		5	24	29	11.7	43	17.6	29	16
공명	4	2	0	2	2	1	0	1	6	3	0	3	1.2	0	0.0	0	0
사 e	29	21	10	31	53	28	21	49	82	49	31	80	32.3				
회 x							+1	+1			+1	+1					
t		21	10	31		28	22	50		49	32	81	32.7	68	27.9	31	37
노농	1	0	0	0	2	0	0	0	3	0	0	0	0.0	2	0.8	-	2
사회+노농	30	21	10	31	55	28	22	50	85	49	32	81	32.7	70	28.7	31	39
공산	3	1	0	1	31	1	0	1	34	2	0	2	0.8	1	0.4	0	2
제 e	9	1	0	1	8	0	0	0	17	1	0	1					
정 x		-1		-1						-1		-1					
파 t		0	0	0		0	0	0		0	0	0	0.0	0	0.0	0	0
무 e	36	3	2	5	26	3	3	6	62	6	5	11					
소 x		+1		+1		-2	-1	-3		-1	-1	-2					
속 t		4	2	6		1	2	3		5	4	9	3.6	8	3.3	13	12
합계	150	51	48	99	191	74	75	149	341	125	123	248	100.0	244	100.0	128	132

	전국구			지방구		
	득표수	득표율		득표수	득표율	
		상대율	절대율		상대율	절대율
자 민	11,356,874	39,69	22.63	14,353,960	48.35	28.61
사후변화				+295,706		
계				14,649,666	49.35	29.20
녹 풍	2,877,101	10.05	5.73	653,843	2.20	1.30
공 명	991,547	3.46	1.98	422,538	1.42	0.84
사 회	8,549,939	29.88	17.04	11,156,060	37.58	22.23
노 농	181,518	0.63	0.36	120,414	0.41	0.24
사회+노농	8,731,507	30.51	17.40	11,276,474	37.99	22.47
공 산	599,253	2.09	1.19	1,149,009	3.87	2.29
제 정파	607,838	2.12	1.21	115,862	0.39	0.23
사후변화	-370,389					
계	237,449	0.83	0.47			
무소속	3,452,338	12.06	6.88	1,713,960	5.77	3.42
사후변화	+370,389			-295,706		
계	3,822,727	13.36	7.62	1,418,254	4.78	2.83
합 계	28,616,411	100.00	57.03	29,685,646	100.00	59.16
기권·무효 등의 비율			42.97			40.84
당일유권자수	50,177,888	투표율 62.11%				

제5회

1959. 6. 2

	전국구				지방구				합 계				의석률	선거전		전회당선	전전회당선
	후보	당선	비개	합계	후보	당선	비개	합계	후보	당선	비개	합계		의석	의석률		
자 e 민 x t	36	22 +1 23	17 17	39 +1 40	65	49 +1 50	45 45	94 +1 95	101	71 +2 73	62 62	133 +2 135	54.2	127	52.9	61	55
녹풍	5	4	5	9	7	2	0	2	12	6	5	11	4.4	20	8.3	5	29
공명	5	5	2	7	1	1	1	2	6	6	3	9	3.6	3	1.3	3	-
사 e 회 x t	25	17 17	20 20	37 37	53	21 21	27 -1 26	48 -1 47	78	78 38	47 -1 46	85 -1 84	34.1 33.7	78	32.5	49	31
공산	2	1	1	2	34	0	1	1	36	1	2	3	1.2	2	0.8	2	0
제 e 정 x 파 t	10	1 -1 0	0 0	1 -1 0	13	0 0	0 0	0 0	23	1 -1 0	0 0	1 -1 0	0.0	0	0.0	0	0
무 e 소 x 속 t	39	2 +1,-1 2	3 3	5 5	35	2 -1 1	1 1	3 -1 2	74	4 -1 3	4 4	8 -1 7	2.8	10	4.2	5	13
합계	122	52	48	100	208	75	74	149	330	127	122	249	100.0	240	100.0	125	128

	전국구			지방구		
	득표수	득표율		득표수	득표율	
		상대율	절대율		상대율	절대율
자민	12,120,597	41.20	22.65	15,667,021	52.00	29.28
사후변화	+628,262			+148,701		
계	12,748,859	43.33	23.82	15,815,722	52.49	29.55
녹풍	2,382,703	8.10	4.45	731,383	2.43	1.37
공명	2,486,801	8.45	4.65	471,472	1.56	0.88
사회	7,794,753	26.49	14.57	10,265,393	34.07	19.18
공산	551,915	1.88	1.03	999,255	3.32	1.87
제정파	753,261	2.56	1.41	155,189	0.52	0.29
사후변화	-441,725					
계	311,536	1.06	0.58			
무소속	3,330,386	11.32	6.22	1,839,640	6.11	3.44
사후변화	-186,537			-148,701		
계	3,143,849	10.69	5.87	1,690,939	5.61	3.16
합계	29,420,414	100.00	54.97	30,129,354	100.00	56.30
기권·무효 등의 비율			45.03			43.70
당일유권자수	53,516,473	투표율 58.75%				

제6회 1962. 7. 1

	전국구				지방구				합 계				의석률	선거전		전회당선	전전회당선
	후보	당선	비개	합계	후보	당선	비개	합계	후보	당선	비개	합계		의석	의석률		
자민 e	39	21	24	45	61	48	49	97	100	69	73	142					
x						+1		+1		+1		+1					
t		21	24	45		49	49	98		70	73	143	57.2	137	56.1	73	61
동지회 e	5	2	4	6	1	0	3	3	6	2	7	9					
x		+1		+1		+1		+1		+2		+2					
t		3	4	7		1	3	4		4	7	11	4.4	11	4.5	녹풍6	녹풍5
공명	7	7	5	12	2	2	1	3	9	9	6	15	6.0	9	3.7	6	3
사회	19	15	13	28	50	22	16	38	69	37	29	66	26.4	65	26.6	38	49
민사	5	3	2	5	19	1	5	6	24	4	7	11	4.4	16	6.6	-	-
공산	2	2	1	3	45	1	0	1	47	3	1	4	1.6	3	1.2	1	2
제정파	7	0	0	0	5	0	0	0	12	0	0	0	0.0	0	0.0	0	0
무소속 e	23	1	0	1	38	2	0	2	61	3	0	3					
x		-1		-1		-2		-2		-3		-3					
t		0	0	0		0	0	0		0	0	0	0.0	3	1.2	3	5
합계	107	51	49	100	221	76	74	150	328	127	123	250	100.0	244	100.0	127	125

	전국구			지방구		
	득표수	득표율		득표수	득표율	
		상대율	절대율		상대율	절대율
자민	16,581,636	46.37	29.54	17,112,986	47.13	30.48
사후변화				+171,936		
계				17,284,922	47.60	30.79
동지회	1,660,465	4.64	2.96	128,834	0.35	0.23
사후변화	+518,795			+382,318		
계	2,179,260	6.09	3.88	511,152	1.41	0.91
사회	8,666,909	24.24	15.44	11,917,674	32.82	21.23
공명	4,124,269	11.53	7.35	958,176	2.64	1.17
민사	1,899,756	5.31	3.38	2,649,422	7.30	4.72
공산	1,123,946	3.14	2.00	1,760,257	4.85	3.14
제정파	295,602	0.83	0.53	58,621	0.16	0.10
무소속	1,404,048	3.93	2.50	1,725,947	4.75	3.07
사후변화	-518,795			-554,254		
계	885,253	2.48	1.58	1,171,693	3.23	2.09
합계	35,756,634	100.00	63.69	36,311,922	100.00	64.68
기권·무효 등의 비율			36.31			35.32
당일유권자수	56,137,295	투표율 68.22%				

제7회

1965. 7. 4

	전국구				지방구				합 계				의석률	선거전		전회당선	전전회당선
	후보	당선	비개	합계	후보	당선	비개	합계	후보	당선	비개	합계		의석	의석률		
자민	36	25	20	45	59	46	49	95	95	71	69	140	56.2	144	59.3	70	73
사회	16	12	15	27	50	24	22	46	66	36	37	73	29.3	65	26.7	37	38
공명	9	9	7	16	5	2	2	4	14	11	9	20	8.0	13	5.3	9	6
민사	5	2	3	5	16	1	1	2	21	3	4	7	2.8	9	3.7	4	-
공산	2	2	1	3	46	1	0	1	48	3	1	4	1.6	3	1.2	3	1
제정파	9	0	0	0	27	0	0	0	36	0	0	0	0.0	4	1.6	동지4	녹풍6
무소속	22	2	2	4	30	1	0	1	52	3	2	5	2.0	5	2.1	0	3
합계	99	52	48	100	233	75	74	149	332	127	122	249	100.0	243	100.0	127	127

	전국구			지방구		
	득표수	득표율		득표수	득표율	
		상대율	절대율		상대율	절대율
자민	17,583,490	47.17	29.53	16,651,284	44.20	27.96
사회	8,729,655	23.42	14.66	12,346,650	32.77	20.74
공명	5,097,682	13.68	8.56	1,910,975	5.07	3.21
민사	2,214,375	5.94	3.72	2,303,860	6.12	3.87
공산	1,652,363	4.43	2.78	2,608,771	6.92	4.38
제정파	298,400	0.80	0.50	185,990	0.49	0.31
무소속	1,700,848	4.56	2.86	1,664,639	4.42	2.80
합계	37,276,815	100.00	62.60	37,672,170	100.00	63.27
기권·무효 등의 비율			37.40			36.73
당일유권자수	59,544,407	투표율 67.02%				

제8회

1968. 7. 7

	전국구				지방구				합 계				의석률	선거전		전회당선	전전회당선
	후보	당선	비개	합계	후보	당선	비개	합계	후보	당선	비개	합계		의석	의석률		
자민	34	21	24	45	59	48	44	92	93	69	68	137	54.8	139	56.0	71	70
사회	15	12	11	23	47	16	26	42	62	28	37	65	26.0	73	29.4	36	37
공명	9	9	9	18	5	4	2	6	14	13	11	24	9.6	20	8.1	11	9
민사	4	4	2	6	12	3	1	4	16	7	3	10	4.0	6	2.4	3	4
공산	3	3	2	5	46	1	1	2	49	4	3	7	2.8	4	1.6	3	3
2원 e	0	0	0	0	0	0	0	0	0	0	0	0					
클럽 x		+2	+1	+3			+1	+1		+2	+2	+4					
t		2	1	3			1	1		2	2	4	1.6	3	1.2		-동지회4
제정파	7	0	0		8	0	0		15	0	0	0	0.0	0	0.0	0	0
무 e	21	2	1	3	35	3	1	4	56	5	2	7					
소 x		-2	-1	-3			-1	-1		-2	-2	-4					
속 t		0	0	0		3	0	3		3	0	3	1.2	3	1.2	3	0
합계	93	51	49	100	212	75	75	150	305	126	124	250	100.0	248	100.0	127	127

주: '2원클럽'은 '제2원클럽(第二院クラブ)'를 지칭함-역자 주.

	전국구			지방구		
	득표수	득표율		득표수	득표율	
		상대율	절대율		상대율	절대율
자민	20,120,089	46.71	30.54	19,405,545	44.86	29.45
사회	8,542,199	19.83	12.97	12,617,680	29.17	19.15
공명	6,656,771	15.45	10.10	2,632,528	6.09	4.00
민사	2,578,580	5.99	3.91	3,010,089	6.96	4.57
공산	2,146,878	4.98	3.26	3,577,179	8.27	5.43
2원클럽	0	0.00	0.00	0	0.00	0.00
사후변화	+1,870,596					
계	1,870,596	4.34	2.84			
제정파	157,500	0.37	0.24	106,587	0.25	0.16
무소속	2,872,278	6.67	4.36	1,910,371	4.42	2.90
사후변화	-1,870,596					
계	1,001,682	2.33	1.52			
합계	43,074,295	100.00	65.38	43,259,979	100.00	65.66
기권·무효 등의 비율			34.62			34.34
당일유권자수	65,886,145	투표율	68.94%			

	전국구				지방구				합 계				의석률	선거전		전회당선	전전회당선
	후보	당선	비개	합계	후보	당선	비개	합계	후보	당선	비개	합계		의석	의석률		
자민 e	34	21	21	42	60	42	51	93	94	63	72	135	53.6				
x		+1*		+1		+1		+1		+2		+2					
t		22	21	43		43	51	94		65	72	137	54.4	136	55.5	69	71
사회 e	13	11	11	22	47	28	16	44	60	39	27	66	26.2				
x		-1(사망)		-1						-1		-1					
t		10	11	21		28	16	44		38	27	65	25.8	61	24.9	28	36
공명	8	8	9	17	2	2	4	6	10	10	13	23	9.1	24	9.8	13	11
민사	4	4	4	8	7	2	3	5	11	6	7	13	5.2	9	3.7	7	3
공산	5	5	3	8	46	1	1	2	51	6	4	10	4.0	7	2.9	4	3
제정파	3	0	0	0	7	0	0	0	10	0	0	0	0.0	0	0.0	0	0
무소속 e	39	1	2	3	33	1	1	2	72	2	3	5	2.0				
x						-1		-1		-1		-1					
t		1	2	3		0	1	1		1	3	4	1.6	8	3.3	5	3
합계	106	50	50	100	202	76	76	152	308	126	126	252	100.0	245	100.0	126	127

주: 1. 무소속 총계 4 중 3은 2원클럽.
2. *은 조기선거에 의한 당선(사회당의 야마모토 이사부로의 사망으로, 자민당 구로즈미 다다유키가 당선)

	전국구			지방구		
	득표수	득표율 상대율	득표율 절대율	득표수	득표율 상대율	득표율 절대율
자민	17,759,395	44.47	24.95	17,915,348	44.02	25.17
사후변화				+157,894		
계				18,073,242	44.41	25.39
사회	8,494,264	21.27	11.93	12,597,644	30.95	17.70
공명	5,626,292	14.09	7.90	1,391,855	3.42	1.96
민사	2,441,508	6.11	3.43	1,919,643	4.72	2.70
공산	3,219,306	8.06	4.52	4,878,570	11.99	6.85
제정파	48,299	0.12	0.07	77,376	0.19	0.11
무소속	2,342,516	5.87	3.29	1,916,490	4.71	2.69
사후변화				-157,894		
계				1,758,596	4.32	2.47
합 계	39,931,583	100.00	56.10	40,696,926	100.00	57.18
기권·무효 등의 비율			43.90			42.82
당일유권자수	71,177,667	투표율	59.24%			

제10회 1974. 7. 7

	전국구				지방구				합계				의석률	선거전		전회당선	전전회당선
	후보	당선	비개	합계	후보	당선	비개	합계	후보	당선	비개	합계		의석	의석률		
자민 e	35	19	22	41	60	43	42	85	95	62	64	126	50.0				
x						+1		+1		+1		+1					
t		19	22	41		44	42	86		63	64	127	50.4	134	54.9	65	69
사회	12	10	7	17	45	18	27	45	57	28	34	62	24.6	59	24.2	38	28
공명	9	9	8	17	36	5	2	7	45	14	10	24	9.5	23	9.4	10	13
민사	5	4	3	7	9	1	2	3	14	5	5	10	4.0	11	4.5	6	7
공산	8	8	5	13	46	5	2	7	54	13	7	20	7.9	11	4.5	6	4
2원클럽 e	0	0	1	1	0	0	0	0	0	0	1	1					
x		+2		+2		+1		+1		+3		+3					
t		2	1	3		1	0	1		3	1	4	1.6	4	1.6	-	2
제정파 e	5	0	0	0	6	1	0	1	11	1	0	1					
x						-1		-1		-1		-1					
t		0	0	0		0	0	0		0	0	0	0.0	0	0.0	0	0
무소속 e	38	4	0	4	35	3	1	4	73	7	1	8	3.2				
x		-2		-2		-1		-1		-3		-3					
t		2	0	2		2	1	3		4	1	5	2.0	2	0.8	1	3
합계	112	54	46	100	237	76	76	152	349	130	122	252	100.0	244	100.0	126	126

주: 공산당의 지방구 후보 및 표수에는 가나가와 지방구의 스야마 게이노스케(무소속)을 포함.

	전국구			지방구		
	득표수	득표율		득표수	득표율	
		상대율	절대율		상대율	절대율
자민	23,332,773	44.34	30.96	21,132,372	39.50	28.04
사후변화				+182,363		
계				21,314,735	39.84	28.29
사회	7,990,456	15.18	10.60	13,907,864	26.00	18.46
공명	6,360,419	12.09	8.44	6,732,937	12.59	8.93
공산	4,931,649	9.37	6.54	6,846,468	12.80	9.22
민사	3,114,895	5.92	4.13	2,353,397	4.40	3.12
2원클럽	0	0.00	0.00	0	0.00	0.00
사후변화	+3,771,787			+261,396		
계	3,771,787	7.17	5.01	261,396	0.49	0.35
제정파	74,345	0.14	0.10	332,716	0.62	0.44
사후변화				-294,205		
계				38,511	0.07	0.05
무소속	6,820,199	12.96	9.05	2,191,646	4.10	2.91
사후변화	-3,771,787			-149,554		
계	3,048,412	5.79	4.05	2,042,092	3.82	2.71
합계	52,624,736	100.00	69.83	53,497,401	100.00	71.13
기권·무효 등의 비율			30.17			29.01
당일유권자수	75,356,068	투표율 73.20%				

		전국구				지방구				합 계				의석률	선거전		전회당선	전전회당선
		후보	당선	비개	합계	후보	당선	비개	합계	후보	당선	비개	합계		의석	의석률		
자	e	22	18	16	34	55	45	45	90	77	63	61	124	49.8				
민	x		+1	-1			+2	-1	+1		+3	-2	+1					
	t		19	15	34		47	44	91		66	59	125	50.2	126	50.6	63	65
신	e	4	1	0	1	9	2	1	3	13	3	1	4	1.6				
자	x		+1		+1						+1		+1					
클	t		2	0	2		2	1	3		4	1	5	2.0	1	0.4	-	-
소	e	26	19	16	35	64	47	46	93	90	66	62	128	51.4				
계	x		+2	-1	+1		+2	-1	+1		+4	-2	+2					
	t		21	15	36		49	45	94		70	60	130	52.2	127	51.0	63	65
사회		12	10	11	21	47	17	18	35	59	27	29	56	22.5	61	24.5	28	38
공명		9	9	9	18	6	5	5	10	15	14	14	28	11.2	24	9.6	14	10
공산		7	3	6	9	45	2	5	7	52	5	11	16	6.4	20	8.0	13	6
민사		4	4	4	8	7	2	1	3	11	6	5	11	4.4	10	4.0	5	6
2원	e	0	0	3	3	0	0	1	1	0	0	4	4					
클럽	x		+1		+1						+1		+1					
	t		1	3	4		0	1	1		1	4	5	2.0	4	1.6	3	-
사시련		2	1	0	1	8	0	0	0	10	1	0	1	0.4	0	0.0	-	-
혁	e	5	1	0	1	5	0	0	0	10	1	0	1					
자	x		-1		-1						-1		-1					
련	t		0	0	0		0	0	0		0	0	0	0.0	0	0.0	-	-
제	e	12	0	0	0	15	1	0	1	27	1	0	1					
정	x						-1		-1		-1		-1					
파	t		0	0	0		0	0	0		0	0	0	0.0	0	0.0	0	0
무	e	25	3	0	3	21	2	0	2	46	5	0	5	2.0				
소	x		-2		-2		-1		-1		-3		-3					
속	t		1	0	1		1	0	1		2	0	2	0.8	3	1.2	4	1
합계		102	50	48	98	218	76	75	151	320	126	123	249	100.0	249	100.0	130	126

역자 주: '신자클'은 '신자유클럽'(新自由クラブ), '사시련'은 '사회시민연합'(社會市民連合), '혁자련'은 '혁신자유연합'(革新自由連合)을 지칭함.

	전국구			지방구		
	득표수	득표율		득표수	득표율	
		상대율	절대율		상대율	절대율
자 민	18,160,060	35.83	23.19	20,440,156	39.46	26.10
사후변화	+741,646			+598,689		
계	18,901,706	37.29	24.13	21,038,845	40.62	26.86
신자클	1,957,902	3.86	2.50	2,951,975	5.70	3.77
사후변화	+944,275					
계	2,902,177	5.73	3.71			
선거결과 소계	20,117,962	39.69	25.69	23,392,131	45.16	29.87
변화 후 소계	21,803,883	43.02	27.84	23,990,820	46.32	30.63
사 회	8,805,617	17.37	11.24	13,403,215	25.88	17.11
공 명	7,174,458	14.16	9.16	3,206,719	6.19	4.09
민 사	3,387,540	6.68	4.33	2,318,386	4.48	2.96
공 산	4,260,049	8.41	5.44	5,159,141	9.96	6.59
2원클럽	0	0.00	0.00	0	0.00	0.00
사후변화	+758,911					
계	758,911	1.50	0.97			
사시련	1,418,855	2.80	1.81	610,505	1.18	0.78
혁자련	1,381,699	2.73	1.76	475,560	0.92	0.61
사후변화	-758,911					
계	622,788	1.23	0.80			
제 정파	368,747	0.73	0.47	748,228	1.44	0.96
사후변화				-326,263		
계				421,965	0.81	0.54
무소속	3,767,661	7.43	4.81	2,485,292	4.80	3.17
사후변화	-1,685,921			-272,426		
계	2,081,740	4.11	2.66	2,212,866	4.27	2.83
합 계	50,682,588	100.00	64.71	51,799,177	100.00	66.14
기권·무효 등의 비율			35.29			33.86
당일유권자수	78,321,715	투표율	68.49%			

제12회 1980. 6. 22

		전국구				지방구				합 계				의석률	선거전		전회당선	전전회당선
		후보	당선	비개	합계	후보	당선	비개	합계	후보	당선	비개	합계		의석	의석률		
자민	e	23	21	19	40	54	48	47	95	77	69	66	135	53.8				
	x			+1	+1		+1		+1		+1	+1	+2					
	t		21	20	41		49	47	96		70	67	137	54.6	124	50.4	66	63
신자클		1	0	1	1	1	0	1	1	2	0	2	2	0.8	2	0.8	4	-
소계	e	24	21	20	41	55	48	48	96	79	69	68	137					
	x			+1	+1		+1		+1		+1	+1	+2					
	t		21	21	42		49	48	97		70	69	139	55.4	126	51.2	70	63
사회		10	9	9	18	39	13	16	29	49	22	25	47	18.7	52	21.1	27	28
공명	e	9	9	9	18	5	3	5	8	14	12	14	26					
	x						+1		+1		+1		+1					
	t		9	9	18		4	5	9		13	14	27	10.8	28	11.4	14	14
민사	e	4	4	4	8	7	2	2	4	11	6	6	12					
	x		사망-1		-1		+1		+1		±1		±0					
	t		3	4	7		3	2	5		6	6	12	4.8	10	4.1	6	5
공산		6	3	3	6	46	4	2	6	52	7	5	12	4.8	16	6.5	5	13
2원클럽	e	0	0	1	1	0	0	0	0	0	0	1	1					
	x		+2		+2		+1		+1		+3		+3					
	t		2	1	3		1	0	1		3	1	4	1.6	5	2.0	1	3
사민련	e	1	0	2	2	0	0	0	0	1	0	2	2					
	x		+1*		+1						+1		+1					
	t		1	2	3		0	0	0		1	2	3	1.2	3	1.2	1	-
제정파	e	4	1	0	1	19	1	0	1	23	2	0	2					
	x		-1		-1		-1		-1		-2		-2					
	t		0	0	0		0	0	0		0	0	0	0.0	0	0.0	0	0
무소속	e	35	3	2	5	21	5	2	7	56	8	4	12					
	x		-1	-1	-2		-3		-3		-4	-1	-5					
	t		2	1	3		2	2	4		4	3	7	2.8	6	2.4	2	4
합계		93	50	50	100	192	76	75	151	285	126	125	251	100.0	246	100.0	126	130

주: 1. *는 조기선거 당선(민사당의 무카이 나카토시의 사망으로 사민련의 하타 유타카가 당선).
2. 신자유클럽의 2인과 사민련의 3인, 그 외 2인으로 '신정(新政)클럽'을 만들었다.
3. 정 · 부의장 외 3인은 순 무소속임.

	전국구			지방구		
	득표수	득표율		득표수	득표율	
		상대율	절대율		상대율	절대율
자 민	23,778,189	42.49	29.38	24,533,082	43.27	30.32
사후변화				+1,315,583		
계				25,848,665	45.59	31.94
신자클	351,291	0.63	0.43	349,989	0.62	0.43
선거결과 소계	24,129,480	43.12	29.82	24,883,071	43.89	30.75
변화 후 소계				26,198,654	46.21	32.37
사 회	7,341,827	13.12	9.07	12,715,880	22.43	15.71
공 명	6,669,386	11.92	8.24	2,817,379	4.97	3.48
사후변화				+617,145		
계				3,434,524	6.06	4.24
공 산	4,072,019	7.28	5.03	6,652,310	11.73	8.22
민 사	3,364,478	6.01	4.16	2,917,239	5.14	3.60
사후변화				+943,189		
계				3,860,428	6.81	4.77
2원클럽	0	0.00	0.00	0	0.00	0.00
사후변화	+5,032,155			+282,926		
계	5,032,155	8.99	6.22	282,926	0.50	0.35
사민련	627,272	1.12	0.78	0	0.00	0.00
제정파	1,675,493	2.99	2.07	628,055	1.11	0.78
사후변화	-1,619,629			-282,926		
계	55,864	0.10	0.07	345,129	0.61	0.43
무소속	8,077,785	14.44	9.98	6,086,620	10.73	7.52
사후변화	-3,412,526			-2,875,917		
계	4,665,259	8.34	5.76	3,210,703	5.66	3.97
합 계	55,957,745	100.00	69.15	56,700,556	100.00	70.07
기권·무효 등의 비율			30.85			29.93
당일유권자수	80,925,034	투표율	74.54%			

제13회 1983. 6. 26

	비례대표구				선거구				합 계				의석률	선거전		전회당선	전전회당선
	후보	당선	비개	합계	후보	당선	비개	합계	후보	당선	비개	합계		의석	의석률		
자민	30	19	19	38	60	49	50	99	90	68	69	137	55.0	134	54.5	70	66
사회	18	9	9	18	46	13	13	26	64	22	22	44	17.7	48	19.5	22	27
공명	17	8	9	17	6	6	4	10	23	14	13	27	10.8	27	11.0	13	14
공산	25	5	3	8	46	2	4	6	71	7	7	14	5.6	12	4.9	7	5
민사 e	17	4	3	7	15	2	3	5	32	6	6	12					
x						+1		+1		+1		+1					
t		4	3	7		3	3	6		7	6	13	5.2	12	4.9	6	6
자클련 e	9	1	0	1	1	1	1	2	10	2	1	3					
x						+1		+1		+1		+1					
t		1	0	1		2	1	3		3	1	4	1.6	6	2.4	1	5
2원클럽	10	1	1	2	0	0	0	0	10	1	1	2	0.8	1	0.4	3	1
사라리만	10	2	0	2	0	0	0	0	10	2	0	2	0.8	0	0.0	-	-
복지	10	1	0	1	0	0	0	0	10	1	0	1	0.4	1	0.4	-	-
무당	10	0	1	1	0	0	0	0	10	0	1	1	0.4	2	0.8	-	-
평화	10	0	0	0	0	0	0	0	10	0	0	0	0.0	0	0.0	-	-
제정파 e	25	0	0	0	54	2	0	2	79	2	0	2					
x						-1		-1		-1		-1					
t		0	0	0		1	0	1		1	0	1	0.4	1	0.4	0	0
무소속 e	-	-	2	2	11	1	1	2	11	1	3	4					
x						-1		-1		-1		-1					
t		-	2	2		0	1	1		0	3	3	1.2	2	0.8	4	2
합계	191	50	47	97	239	76	76	152	430	126	123	249	100.0	246	100.0	126	126

주: 1. 무당파, 2원클럽, 사라리만(サラリ・マン, 샐러리맨), 복지(福祉), 제 정파, 무소속의 10인은 원내에 '참의원의 모임'(參議院の會)을 만들었다.
2. 자클련은 '신자유클럽민주연합회'의 약칭-역자 주.

	비례대표구			선거구		
	득표수	득표율		득표수	득표율	
		상대율	절대율		상대율	절대율
자 민	16,441,437	35.33	19.65	19,975,033	43.24	23.87
사 회	7,590,331	16.31	9.07	11,217,515	24.28	13.40
공 명	7,314,465	15.72	8.74	3,615,994	7.83	4.32
공 산	4,163,877	8.95	4.98	4,859,333	10.52	5.81
민 사	3,888,429	8.36	4.65	2,638,780	5.71	3.15
사후변화				+867,308		
계				3,506,088	7.59	4.19
자클련	1,239,169	2.66	1.48	563,811	1.22	0.67
사후변화				+963,146		
계				1,526,957	3.31	1.82
무당파	509,104	1.09	0.61	-	-	-
2원클럽	1,142,349	2.45	1.37	-	-	-
복 지	1,577,630	3.39	1.89	-	-	-
사라리만	1,999,244	4.30	2.39	-	-	-
평 화	155,448	0.33	0.19	-	-	-
제 정파	515,445	1.11	0.62	1,561,835	3.38	1.87
사후변화				-963,146		
계				598,689	1.30	0.72
무소속	-	-	-	1,768,021	3.83	2.11
사후변화				-867,308		
계				900,713	1.95	1.08
합 계	46,536,928	100.00	55.61	46,200,324	100.00	55.21
기권·무효 등의 비율			44.39			44.79
당일유권자수	83,682,416	투표율 57.00%				

	비례대표구				선거구				합계				의석률	선거전		전회당선	전전회당선
	후보	당선	비개	합계	후보	당선	비개	합계	후보	당선	비개	합계		의석	의석률		
자민 e	25	22	20	42	58	50	51	101	83	72	71	143	56.7				
x					+8	+2		+2	+8	+2		+2					
t	25	22	20	42	66	52	51	103	91	74	71	145	57.5	134	55.6	68	70
사회 e	18	9	9	18	40	11	12	23	58	20	21	41	16.3				
x					+3	+1		+1	+3	+1		+1					
t	18	9	9	18	43	12	12	24	61	21	21	42	16.7	41	17.0	22	22
공명 e	17	7	8	15	4	3	6	9	21	10	14	24	9.5				
x					+1	+1		+1	+1	+1		+1					
t	17	7	8	15	5	4	6	10	22	11	14	25	9.0	26	10.8	14	13
공산	25	5	5	10	46	4	2	6	71	9	7	16	6.3	14	5.8	7	7
민사	17	3	4	7	10	2	3	5	27	5	7	12	4.8	14	5.8	7	6
신자클	7	1		1					7	1		1	0.4	1	0.4	1	1
사민		1	1							1	1	0.4	1	0.4	1	3	
2원클럽	10	1	1	2			1	1	10	1	2	3	1.2	3	1.2	1	
사라리만	9	1	2	3					9	1	2	3	1.2	2	0.8	2	
세금	9	1		1	1		1	1	10	1	1	2	0.8	1	0.4		
복지	10								10							1	
제정파	96				81				177							2+4	
무소속 e					23	6		6	23	6		6	2.4				
x					-12	-4		-4	-12	-4		-4					
t					11	2		2	11	2		2	0.8	4	1.7		4
합계	243	50	50	100	263	76	76	152	506	126	126	252	100.0	241	100.0	126	126

주: 비개선 의석은 1986년 8월 10일 사가(佐賀) 지역 보선에서의 자민당 당선자를 포함한다.

	비례대표구			선거구		
	득표수	득표율		득표수	득표율	
		상대율	절대율		상대율	절대율
자 민	22,132,573	38.58	25.61	26,111,258	45.07	30.21
무·보				1,612,850	2.78	1.87
계				27,724,108	47.85	32.08
사 회	9,869,088	17.20	11.42	12,464,578	21.51	14.42
무·사				821,798	1.42	0.95
계				13,286,376	22.93	15.37
공 명	7,438,501	12.97	8.61	2,549,037	4.40	2.95
무·공				629,493	1.09	0.73
계				3,178,530	5.49	3.68
공 산	5,430,838	9.47	6.28	6,617,486	11.42	7.66
민 사	3,940,325	6.87	4.56	2,643,370	4.56	3.06
무·민				549,508	0.95	0.64
계				3,192,878	5.51	3.69
세 금	1,803,051	3.14	2.09	327,444	0.57	0.38
사라리만 신	1,759,484	3.07	2.04			
2원클럽	1,455,532	2.54	1.68			
신자클	1,367,291	2.38	1.58			
복 지	570,995	1.00	0.66			
제 정파	1,595,064	2.78	1.85	1,192,794	2.06	1.38
무소속				6,032,259	10.41	6.98
각 계로				3,613,649	-6.24	-4.18
계				2,418,610	4.17	2.80
합 계	57,362,742	100.00	66.37	57,938,226	100.00	67.04
기권·무효	29,064,103		33.63	28,488,619		32.96
당일유권자수	86,426,845	투표율	71.40%			

	비례대표구				선거구				합 계				의석률	선거전		전회당선	전전회당선
	후보	당선	비개	합계	후보	당선	비개	합계	후보	당선	비개	합계		의석	의석률		
자민 e	25	15	22	37	53	21	51	72	78	36	73	109	43.3				
x					+14	+2		+2	+14	+2		+2					
t	25	15	22	37	67	23	51	74	92	38	73	111	44.0	143	56.7	74	68
사회 e	25	20	9	29	30	26	13	39	55	46	22	68	27.0				
x					+5	+6		+6	+4	+6		+6					
t	25	20	9	29	35	32	13	45	60	52	22	74	29.4	43	17.1	21	22
공명	17	6	7	13	5	4	4	8	22	10	11	21	8.3	25	9.9	11	14
공산	25	4	5	9	46	1	4	5	71	5	9	14	5.6	16	6.3	9	7
연합					12	11	1	12	12	11	1	12	4.8	1	0.4	1	1
민사 e	17	2	3	5	8	1	2	3	25	3	5	8	3.2				
x					+1	+1		+1	+1	+1		+1					
t	17	2	3	5	9	2	2	4	26	4	5	9	3.6	12	4.8	5	7
세금	9	1	1	2	1	1		1	10	2	1	3	1.2	2	0.8	1	
2원클럽	10	1	1	2	1	1		1	11	2	1	3	1.2	3	1.2	1	1
사라리만	9		1	1	1				10		1	1	0.4	2	0.8	1	2
스포츠	10	1		1					10	1		1					
태양	9				1				10					1	0.4		1
사민														1	0.4		
제정파	229		1	1	85				314		1	1		1	0.4		3
무소속 e					42	10	1	11	42	10	1	11	4.4				
x					-20	-9		-9	-20	-9		-9					
t					22	1	1	2	22	1	1	2	0.8	2	0.8	2	
합계	385	50	50	100	285	76	76	152	670	126	126	252	100.0	252	100.0	126	126

	비례대표구			선거구		
	득표수	득표율		득표수	득표율	
		상대율	절대율		상대율	절대율
자 민	15,343,455	27.32	17.07	17,466,406	30.70	19.43
무·보				2,370,308	4.17	2.64
계				19,836,714	34.86	22.07
사 회	19,688,252	35.05	21.90	15,009,451	26.38	16.70
무·사				3,188,276	5.60	3.55
계				18,197,727	31.98	20.24
공 명	6,097,971	10.86	6.78	2,900,947	5.10	3.23
공 산	3,954,408	7.04	4.40	5,012,424	8.81	5.58
무·공				350,784	0.62	0.39
계				5,363,208	9.43	5.97
연 합				3,878,783	6.82	4.31
민 사	2,726,419	4.85	3.03	2,066,533	3.63	2.30
무·민				804,626	1.41	0.90
계				2,871,159	5.05	3.19
세 금	1,179,939	2.10	1.31	889,633	1.56	0.99
2원클럽	1,250,022	2.23	1.39	337,250	0.59	0.38
사라리만 신	872,326	1.55	0.97	256,678	0.45	0.29
스포츠	993,989	1.77	1.11			
태 양	147,090	0.26	0.16	11,226	0.02	0.01
진 보	711,980	1.27	0.79	863,185	1.52	0.96
제 정파	3,205,477	5.71	3.57	844,394	1.48	0.94
무소속				7,362,723	12.94	8.19
각 계로				-6,713,994	-11.80	-7.47
계				648,729	1.14	0.72
합 계	56,171,328	100.00	62.49	56,899,633	100.00	63.30
기권·무효	33,720,030		37.51	32,991,725		36.70
당일유권자수	89,891,358	투표율	65.02%			

주: 2원클럽의 선거구 득표수는 갼 신에이가 얻은 것이다.

제16회 1992. 7. 26

	비례대표구				선거구				합 계				의석률	선거전		전회당선	전전회당선
	후보	당선	비개	합계	후보	당선	비개	합계	후보	당선	비개	합계		의석	의석률		
자민 e	27	19	16	35	55	50	23	73	82	69	39	108	42.9				
x					+8	+1		+1	+8	+1		+1					
t	27	19	16	35	63	51	23	74	90	70	39	109	43.3	114	45.2	40	77
사회 e	25	10	20	30	18	12	29	41	43	22	49	71	28.2				
x					+7	+2		+2	+7	+2		+2					
t	25	10	20	30	25	14	29	43	50	24	49	73	29.0	71	28.2	52	21
공명	17	8	6	14	6	6	4	10	23	14	10	24	9.5	20	7.9	10	11
연합				22	0	12	12	22	0	12	12	4.8	13	5.2	11		
공산	25	4	4	8	46	2	1	3	71	6	5	11		14	5.6	5	9
민사 e	17	3	2	5	3	1	3	4	20	4	5	9	3.6				
x					+2	+1		+1	+2	+1		+1					
t	17	3	2	5	5	2	3	5	22	5	5	10	4.0	8	3.2	4	5
일본신	16	4		4					16	4		4					
스포츠	10	1	1	2					10	1	1	2	0.8	1	0.4	1	
2원클럽 e	10	1	1	2	0	0	1	1	10	1	2	3	1.2		0.0		
x					+2	+2		+2	+2	+2		+2					
t	10	1	1	2	2	2	1	3	12	3	2	5		2	0.8	1	1
사민	9	0	0	0			1	1	9	0	1	1	0.4	1	0.4	0	
진보				1	0	0	0	1	0		0		0	0.0			
제정파 e	173	0	0	0	121	2	0	2	294	2	0	2					
x					-2	-2		-2	-2	-2	0	-2					
t	173	0	0	0	119	0	0	0	292	0	0	0		1	0.4		
무소속 e					39	4	1	5	42	4	1	5	2.0				
x					-17	-4		-4	-20	-4		-4					
t					22	0	1	1	22	0	1	1	0.4	5	2.0	2	2
합계	329	50	50	100	311	77	75	152	640	127	125	252	100.0	250	99.2	126	126

주: 비개선 의석은 1986년 8월 10일 사가 지역 보선에서의 자민당 당선자를 포함한다.

	비례대표구			선거구		
	득표수	득표율		득표수	득표율	
		상대율	절대율		상대율	절대율
자 민	14,961,199	33.29	16.04	19,711,045	43.43	21.14
무·보				817,248	1.80	0.88
계				20,528,293	45.23	22.01
사 회	7,981,726	17.76	8.56	5,846,238	12.88	6.27
무·사				1,300,902	2.87	1.40
계				7,147,140	15.75	7.66
공 명	6,415,503	14.27	6.88	3,550,060	7.82	3.81
연 합				4,399,684	9.69	4.72
공 산	3,532,956	7.86	3.79	4,817,001	10.61	5.17
민 사	2,255,423	5.02	2.42	1,039,979	2.29	1.12
무·공				857,007	1.89	0.92
계				1,896,986	4.18	2.03
일본신	3,617,246	8.05	3.88			
스포츠	1,375,791	3.06	1.48			
2원클럽	1,321,639	2.94	1.42	0		
무·민				1,220,752	2.69	1.31
계				1,220,752	2.69	1.31
사민련	671,594	1.49	0.72			
진 보				348,264	0.77	0.37
제 정파	2,815,620	6.26	3.02	1,225,123	2.70	1.31
각 계로				-495,536	-1.09	-0.53
계				729,587	1.61	0.78
무소속				4,445,793	9.80	4.77
각 계로				-3,700,373	-8.15	-3.97
계				745,420	1.64	0.80
합 계	44,948,697	100.00	48.20	45,383,187	100.00	48.67
기권·무효	48,305,328		51.80	47,870,838		51.33
당일유권자수	93,254,025	투표율 50.72%				

주: 무소속은 기허라 데이코임.

제17회 1995. 7. 23

	비례대표구				선거구				합 계				의석률	선거전		전회당선	전전회당선
	후보	당선	비개	합계	후보	당선	비개	합계	후보	당선	비개	합계		의석	의석률		
자 민	29	15	17	32	37	31	48	79	66	46	65	111	44.1	94	37.3	70	38
신 진	30	18	10	28	32	22	7	29	62	40	17	57	22.7	35	13.9	-	-
사 회	18	9	10	19	22	7	11	18	40	16	21	37	14.7	63	25.0	24	52
공 산	25	5	4	9	47	3	2	5	72	8	6	14	5.6	11	4.4	6	5
사키가케	10	2	0	2	5	1	0	1	15	3	0	3	1.2	1	0.4	-	-
민개련	0	0	0	0	11	2	0	2	11	2	0	2	0.8	8	3.2		
2원클럽	5	1	1	2	0	-	0	0	5	1	1	2	0.8	2	0.8	3	2
평화시민	4	0	0	0	3	1	1	2	7	1	1	2	0.8	4	1.6		
스포츠	3	0	1	1	0	-	0	0	3	0	1	1	0.4	2	0.8	1	1
제 정파·무소속	53	0	2	2	222	9	1	10	275	9	3	12	4.8	18	7.1	23	18
공 명	0	-	5	5	0	-	6	6	0	-	11	11	4.4	12	4.8		10
합계	177	50	50	100	379	76	76	152	556	126	126	252	100.0	250	99.2	127	126

	비례대표구			선거구		
	득표수	득표율		득표수	득표율	
		상대율	절대율		상대율	절대율
자 민	11,096,972	27.29	11.47	10,557,547	25.40	10.91
신 진	12,506,322	30.75	12.93	11,003,681	26.47	11.37
사 회	6,882,919	16.92	7.11	4,926,003	11.85	5.09
공 산	3,873,955	9.53	4.00	4,314,830	10.38	4.46
사키가케	1,455,886	3.58	1.50	1,059,353	2.55	1.09
민개련	-	-	-	1,854,175	4.46	1.92
2원클럽	1,282,596	3.15	1.33	-	-	-
평화시민	377,786	0.93	0.39	579,377	1.39	0.60
스포츠	541,894	1.33	0.56	-	-	-
제 정파·무소속	2,649,930	6.52	2.74	7,278,089	17.51	7.52
합 계	40,668,260	100.00	42.03	41,573,055	100.00	42.97
기권·무효	53,698,904		57.58	53,684,302		55.48
당일유권자수	96,759,025	투표율 비례대표구 44.50% 선거구 44.52%				

	비례대표구				선거구				합 계				의석률	선거전		전회당선	전전회당선
	후보	당선	비개	합계	후보	당선	비개	합계	후보	당선	비개	합계		의석	의석률		
자 민	30	14	17	31	57	30	42	72	87	44	59	103	40.9	119	47.2	46	70
민 주	25	12	7	19	23	15	13	28	48	27	20	47	18.7	38	15.1	-	-
공 산	25	8	5	13	45	7	3	10	70	15	8	23	9.1	14	5.6	8	6
공 명	18	7	7	14	2	2	6	8	20	9	13	22	8.7	24	9.5	0	14
자 유	12	5	4	9	9	1	2	3	21	6	6	12	4.8	11	4.4	-	-
사 민	17	4	4	8	20	1	4	5	37	5	8	13	5.2	20	7.9	16	24
사키가케	3	0	2	2	0	-	1	1	3	0	3	3	1.2	3	1.2	3	-
개혁클럽	0	-	0	0	0	-	3	3	0	-	3	3	1.2	3	1.2		
2원클럽	3	0	1	1	0	-	0	0	3	0	1	1	0.4	2	0.8	1	3
제 정파·무소속	25	0	3	3	160	20	2	22	185	20	5	25	9.9	16	6.4	52	10
합 계	158	50	50	100	316	76	76	152	474	126	126	252	100.0	250	99.2	126	127

	비례대표구			선거구		
	득표수	득표율		득표수	득표율	
		상대율	절대율		상대율	절대율
자 민	14,128,719	25.17	14.26	17,033,851	30.45	17.20
민 주	12,209,685	21.75	12.33	9,063,939	16.20	9.15
공 산	8,195,078	14.60	8.27	8,758,759	15.66	8.84
공 명	7,748,301	13.80	7.82	1,843,479	3.30	1.86
자 유	5,207,813	9.28	5.26	980,249	1.75	0.99
사 민	4,370,763	7.79	4.41	2,403,649	4.30	2.43
사키가케	784,591	1.40	0.79	-	-	-
2원클럽	579,714	1.03	0.59	-	-	-
제 정파·무소속	2,912,359	5.19	2.94	15,852,135	28.34	16.00
합 계	56,137,023	100.00	56.68	55,936,064	100.00	56.47
기권·무효	40,779,740		41.17	40,768,304		41.16
당일유권자수	99,048,700	투표율 비례대표구 58.83% 선거구 58.84%				

제19회 2001. 7. 29

	비례대표구				선거구				합 계				의석률	선거전		전회당선	전전회당선
	후보	당선	비개	합계	후보	당선	비개	합계	후보	당선	비개	합계		의석	의석률		
자 민	27	20	14	34	49	44	33	77	76	64	47	111	44.9	108	42.9	45	46
민 주	28	8	12	20	35	18	21	39	63	26	33	59	23.9	56	22.2	27	-
공 명	17	8	7	15	5	5	3	8	22	13	10	23	9.3	23	9.1	9	0
공 산	25	4	8	12	47	1	7	8	72	5	15	20	8.1	23	6	15	8
자 유	17	4	2	6	14	2	0	2	31	6	2	8	3.2	5	2.0	6	-
사 민	0	3	4	7	14	0	1	1	24	3	5	8	3.2	12	4.8	5	16
무소속의 모임	1	0	0	0	0	-	4	4	1	0	4	4	1.6	4	1.6		-
보 수	5	1	3	4	0	-	1	1	5	1	4	5	2.0	7	2.8	-	-
2원클럽	10	0	0	0	0	-	1	1	10	0	1	1	0.4	1	0.4	0	1
자유연합	47	0	0	0	45	0	0	0	92	0	0	0	0.0	1	0.4	0	-
신 풍	2	0	0	0	8	0	0	0	10	0	0	0	-	0	-		
여 성	2	0	0	0	8	0	0	0	10	0	0	0	-	0	-		
신사회	3	0	0	0	13	0	0	0	16	0	0	0	-	0	-		
자유와 희망	10	0	0	0	0	-	0	0	10	0	0	0	-	0	-		
제 정파·무소속	0	-	0	0	54	3	5	8	54	3	5	8	3.2	10	4.0	19	15
합계	204	48	50	98	292	73	76	149	496	121	126	247	100.0	250	99.2	126	126

	비례대표구			선거구		
	득표수	득표율		득표수	득표율	
		상대율	절대율		상대율	절대율
자 민	21,114,727	38.57	20.84	22,299,825	41.04	22.03
민 주	8,990,524	16.42	8.87	10,066,552	18.53	9.94
공 명	8,187,804	14.96	8.08	3,468,664	6.38	3.43
공 산	4,329,210	7.91	4.27	5,362,958	9.87	5.30
자 유	4,227,148	7.72	4.17	3,011,787	5.54	2.98
사 민	3,628,635	6.63	3.58	1,874,299	3.45	1.85
무소속의 모임	157,204	0.29	0.16	-	-	-
보 수	1,275,002	2.33	1.26	-	-	-
2원클럽	669,872	1.22	0.66	-	-	-
자유연합	780,389	1.43	0.77	1,243,790	2.29	1.23
신 풍	59,385	0.11	0.06	72,066	0.13	0.07
여 성	469,692	0.86	0.46	732,153	1.35	0.72
신사회	377,013	0.69	0.37	386,966	0.71	0.38
자유와 희망	474,885	0.87	0.47	-	-	-
제 정파 · 무소속	-	-	-	5,819,420	10.71	5.75
합 계	54,741,495	100.00	54.03	54,338,483	100.00	53.68
기권 · 무효	44,151,561		43.58	44,097,142		43.56
당일유권자수 비례대표구 선거구	 101,309,680 101,236,029	투표율 비례대표구 56.42% 선거구 56.44%				

	비례대표구				선거구				합 계				의석률	선거전		전회당선	전전회당선
	후보	당선	비개	합계	후보	당선	비개	합계	후보	당선	비개	합계		의석	의석률		
자민	33	15	20	35	50	34	46	80	83	49	66	115	47.5	116	47.7	64	45
민주	26	19	8	27	48	31	24	55	74	50	32	82	33.9	70	28.8	26	27
공명	17	8	8	8	3	3	5	8	20	11	13	24	10.0	23	9.5	13	9
공산	25	4	4	8	46	0	1	1	71	4	5	9	3.7	20	8.2	5	15
사민	5	2	3	5	10	0	0	0	15	2	3	5	2.0	5	2.0	3	5
미도리	10	0	0	0	0	0	0	0	10	0	0	0	0.0	1	0.4		
여성	9	0	0	0	0	0	0	0	9	0	0	0	-				
신풍	2	0	0	0	9	0	0	0	11	0	0	0	-				
제정파·무소속					28	5	2	7	28	5	2	7	2.9	6	2.5	3	19
합계	127	48	43	83	194	73	78	151	321	121	121	242	100.0	241	99.1	114	120

	비례대표구			선거구		
	득표수	득표율		득표수	득표율	
		상대율	절대율		상대율	절대율
자 민	16,797,686	30.03	16.39	19,687,954	35.08	19.21
민 주	21,137,457	37.79	20.62	21,931,984	39.09	21.40
공 명	8,621,265	15.41	8.41	2,161,764	3.85	2.11
공 산	4,362,574	7.80	4.26	5,520,141	9.84	5.39
사 민	2,990,665	5.35	2.91	984,338	1.75	0.96
미도리	903,775	1.62	0.88	-	-	
여 성	989,882	1.77	0.97	-	-	
신 풍	128,478	0.23	0.13	126,162	0.22	0.12
무소속				5,696,505	10.15	5.56
합 계	55,934,785			56,108,848	100.00	54.74
기권 · 무효	46,398,678		45.26	44,516,769		43.43
당일유권자수 비례대표구 선거구	 - 102,507,526	투표율 비례대표구 - 선거구 56.57%				

찾아보기 · 인명

ㄴ

ㄷ

ㄹ

ㅁ

ㅂ

ㅅ

ㅈ

찾아보기 · 일반

ㄱ

ㄴ

ㅅ

ㅇ

ㅈ

ㅊ

ㅋ

ㅌ

ㅍ

ㅎ